神啊，請賜我一個停車位

亨利·葛瑞巴爾
Henry Grabar
呂奕欣 譯

臉譜書房 FS0182

神啊，請賜我一個停車位

違停、塞車、路怒糾紛、車位難尋、行人空間不足……改善「車本位」的都會空間與交通規畫，打造以「人」為本的生活環境

Paved Paradise : How Parking Explains the Word

作　　者　亨利・葛瑞巴爾（Henry Grabar）
譯　　者　呂奕欣
責任編輯　許舒涵
行　　銷　陳彩玉、林詩玟
業　　務　李再星、李振東、林佩瑜
封面設計　木木Lin
內頁插圖　Alfred Twu

副總編輯　陳雨柔
編輯總監　劉麗真
事業群總經理　謝至平
發 行 人　何飛鵬
出　　版　臉譜出版
台北市南港區昆陽街16號4樓
電話：886-2-2500-0888 傳真：886-2-2500-1951
發　　行　英屬蓋曼群島商家庭傳媒股份有限公司城邦分公司
台北市南港區昆陽街16號8樓
客服專線：02-25007718；02-25007719
24小時傳真專線：02-25001990；02-25001991
服務時間：週一至週五上午09:30-12:00；下午13:30-17:00
劃撥帳號：19863813 戶名：書虫股份有限公司
讀者服務信箱：service@readingclub.com.tw
城邦網址：http://www.cite.com.tw
香港發行所　城邦（香港）出版集團有限公司
香港九龍土瓜灣土瓜灣道86號順聯工業大廈6樓A室
電話：852-25086231　傳真：852-25789337
電子信箱：hkcite@biznetvigator.com
新馬發行所　城邦（馬新）出版集團
Cite（M）Sdn. Bhd.（458372U）
41, Jalan Radin Anum, Bandar Baru Seri Petaling,
57000 Kuala Lumpur, Malaysia.
電話：+6(03)-90563833　傳真：+6(03)-90576622
電子信箱：services@cite.my

一版一刷　2024年6月

城邦讀書花園
www.cite.com.tw

ISBN　978-626-315-494-0（紙本書）
EISBN　978-626-315-492-6（EPUB）

定價：NT520

圖書館出版品預行編目資料

神啊，請賜我一個停車位：違停、塞車、路怒糾紛、車位難尋、行人空間不足……改善「車本位」的都會空間與交通規畫，打造以「人」為本的生活環境／亨利・葛瑞巴爾(Henry Grabar)著；呂奕欣譯. -- 一版. -- 臺北市：臉譜出版，城邦文化事業股份有限公司出版：英屬蓋曼群島商家庭傳媒股份有限公司城邦分公司發行, 2024.06
面；　公分. --（臉譜書房；FS0182）
譯自：Paved Paradise : How Parking Explains the Word

ISBN 978-626-315-494-0（平裝）

1. CST：停車問題 2.CST：都市交通 3.CST：美國

557.825　113005033

獻給爸爸媽媽

目次

引言……006

第一部　我們製造出的混亂

第一章　安置車，安置人……020
第二章　為停車空間而戰……038
第三章　紐約王牌交通助理員的困境……051
第四章　置城市於死地而後生……074
第五章　鋪設的天堂……096

第二部　讓免費成為往事

第六章　如何利用停車來洗錢、避稅與偷竊……116
第七章　深入商業停車產業的核心之旅……133
第八章　當華爾街買下芝加哥的停車收費表……153

第三部　如何修正停車空間的問題

第九章　停車教授成立異教……182
第十章　停車建築……210
第十一章　舒普主義者進軍市政廳……240
第十二章　市場現況：最低停車位設置要求取消，然後呢？……259
第十三章　美國人為何住進了車庫……276
第十四章　打造「溝」中花園……297
第十五章　新世界……320
結論……331
致謝……340
注釋……345

引言

十一月的某個下午，鄒傑（Jie Zou）正在紐約皇后區找車位。他來到凱辛娜大道（Kissena Boulevard）雲寶餅店（Rainbow Bakery）斜前方，停下白色奧迪，準備倒車。不過，開在他後面的李宗（Zong Li）也看上同一個車位。這是紐約街頭再平凡不過的一刻，本該是沒什麼大不了的僵局，就像《歡樂單身派對》（*Seinfeld*）影集裡的橋段。然而車上的人一下車，氣氛風雲變色。

雙方爆發爭執，衝突快速升溫。鄒傑朝李宗的頭部揮拳，與鄒傑同車的乘客張強森（Jonathan Zhang）也拿出球棒，揮向李宗與他的同行者。後來，李宗奪下球棒，鄒傑與張強森就先回奧迪車上，把車開到對街。李宗不善罷甘休，追了上去，以球棒猛擊奧迪的引擎蓋。這下子鄒傑猛踩油門。奧迪衝向李宗，他被撞到引擎蓋上翻滾。鄒傑繼續開車衝上人行道，直接撞向雲寶餅店的大片玻璃窗，深入店面六呎（約兩公尺〔本書譯注統一以括號內標楷體文字呈現〕）才停下，導致顧客倒在碎玻璃上。最後總共五人送醫，鄒傑下車後逃逸。後來警方將他逮捕，以攻擊的罪名起訴他。

雲寶餅店的老闆羅約翰（John Lo）可憐兮兮站在那兒，周圍是被撞爛的商品櫃、東倒西歪的牆柱，以及板岩牌（Sheetrock）石膏板的漫天粉塵。「就只為了一個停車位。」他不可置信地說。那天是這間餅店的開張日。

你或許也覺得，為了搶停車位竟然暴力相向，實在離譜。然而這類事件年年上演數十次，甚至鬧出人命。通常來說，這些命案頂多是在地方新聞上隨便帶過，畫面會有個記者搞不清楚狀況，身上映著警車燈光，站在店家或公寓外，提出顯然是修辭性的問題：怎可能有人為了這麼雞毛蒜皮的事，連小命都不保？為了停車位？

這類鬥毆事件不斷發生，顯然**不是**修辭性的問題——要回答也不困難。被停車搞到發神經堪稱美國生活的日常特徵，而且發病的情況可能比我們想像的還要常見。的確，我已漸漸明白，這種發飆的情況是很明顯的停車衝動大爆發，多數無殺人犯罪傾向的駕駛都有這症頭，無論我們在或不在開車時皆然。這些事件傳達出相同的恐懼，只要停車機會受威脅時，就會油然而生，不管是在鄰里附近的停車場，或在你家前面的路邊停車位旁。「關於停車的思考，似乎發生在爬蟲腦皮質，亦即大腦最原始的部分，據信此處牽涉到侵略、主宰、領域感與儀式展現的直覺行為。」

美國最重要的停車學者唐諾．舒普（Donald Shoup）寫道。[1]

不難理解究竟是什麼因素導致停車成為一種固著心態：少了停車位，就別想下車。停車位堪稱是駕車行為與生活本身之間的連結點，你得先通過這個九乘以十八呎的入口，才能去做你當初上了車、想要開車去做的事。不知是誰說過，人生重要的是旅程，而不是目的地，總之那人一定從來不必找停車位。無庸置疑，每趟旅程的起點和終點都是停車位。我們都想要馬上找到停車位，而且要在目的地正前方，最重要的是——免費。這情況堪稱絕無僅有，因為我想不到我們還會對其他何種財貨或勞務秉持這樣的標準。但我們預期停車要完美。我曾在某個夏日午後錯過到海邊走走的機會，就因為不想付停車費。當然囉，我在找停車位時，乘客（很明智地）已拋下我，自個兒去搭島嶼渡輪。

如果你在停車時，覺得停車位必須無條件滿足你的要求，再加上模糊、有爭議的所有權習慣（亦即對路邊停車位、室外停車場與公共車庫有主導權），那麼你的不良行為已經醞釀成形。我開車進入新城市時，常覺得停車指示很難理解，好像在距離二十呎（約六公尺）外閱讀餐廳菜單，不僅隔著窗戶，同時還握著方向盤。美國法律中沒有任何層面像停車法規一樣受到藐視；沒有公務員像交通助理員那樣受到鄙夷，大概也只有這一行的工作者會說，他們去吃午餐時得遮住自己的制服，以免別人朝他們的食物吐口水。[2]前面說的還只是白紙黑字上的法規。有許多社區停車法規是沒寫在書面上的規矩，你得辛苦摸索才學得到。又或者，這些規矩會隱含細密複雜的階級，例如在加州大學柏克萊分校，想要有免費的專屬停車空間，唯一的辦法就是獲得諾貝爾獎。

停車衝動不光是偶爾引發打架爭執。我們對完美停車空間的需求，也造就出美國的實體地景。停車空間的需求成為美國建築的安排原則，從最講究停車場設計的美食購物商城，到辦公大樓都是如此。有的辦公大樓宛若雕像，擺在建築本身的車庫基座上，而車庫往往是立面最大的空間與最主要的特色。在美國大部分地方，興建沒有附設停車空間的住宅是違法的。停車需求主宰地方政治，以及你家前面街道的行為契約。在我們最大都市的中央，有些世上最有價值的公共土地，已專門保留給私家車免費停放。在大量鋪設地面之後，都會區停車空間的供應就會主導洪水的流動路線。停車空間也決定了新建築的大小、形狀與費用、舊建築的命運、交通模式、大眾運輸的可行性，公共空間的壽命、社區性格、城市預算狀態，以及沒車就幾乎活不下去的整體生活。

城市的灰色地區是容易停車的地方，從「**停車**」（parking）這個詞本身可窺知一二。這個詞原本是指路緣充滿綠意的小公園，但現在恰恰相反，指的是毫無生氣的瀝青路面。我們的城市到處是有如月球表面的景色，功能是停放車輛。只是，這份稀缺的感覺卻促使這種空間大量增生，導致在部分城市中，停車場成為單一、最大的土地用途。在一九五〇到一九八〇年之間，洛杉磯是美國成長最快的城市，而洛杉磯郡的停車位就以超乎想像的速度增加——這三十年，每天增加八百五十個新車位。[3]如今，停車位在洛杉磯郡占了兩百平方哩，如果把這些停車位集合成一座

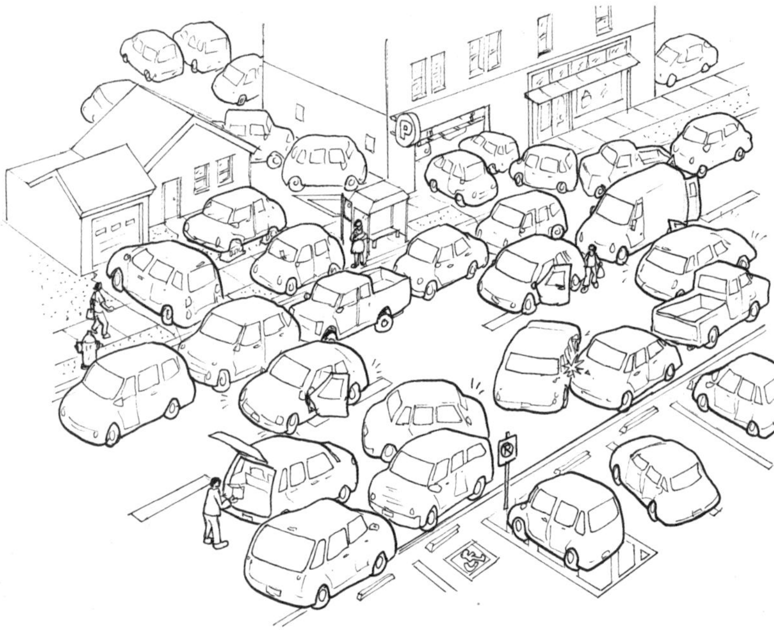

萬福瑪利亞，你充滿聖寵，請幫我找到一個停車位吧！

停車場，就相當於從洛杉磯國際機場延伸到謝爾曼奧克斯（Sherman Oaks）、帕沙第納（Pasadena）與唐尼（Downey）的方形瀝青地面。如果你不是本地人，那就換個說法給你聽：這個範圍相當於和華盛頓哥倫比亞特區面積一樣大的三層樓停車場。然而這地方的人三不五時就抱怨：停車位很難找。

為什麼我們會對自己所愛的地方做出這樣的事？難道停車比其他事情都重要嗎？在波士頓，有位女子在社區會議上說，同一條街上要興建一棟十四戶的新公寓建築，而她反對這個建案，原因就是停車。她說，她已瘦了十一磅（約五公斤），因為她不敢上超市，唯恐回來後發現自己的路邊停車位不見了。為了停車位，她快把自己餓死了。如果要說整個美國的停車情況，這倒是個挺有代表性的例子。

這情況並不美妙。「缺少停車位」會變成政治武器，不讓人開設新商店，擋下新鄰居。要求每棟建築物都要有停車位的法令，讓我們無法興建住宅，尤其是平價住宅，因為停車場會耗費龐大的興建費用與空間。以西雅圖為例，法定停車位占多戶型建築興建成本的百分之十到二十，導致公寓租金提高百分之十五。[4,5]在加州與亞利桑納州，停車空間讓平價住宅的成本提高百分之二十七。[6]提供停車空間的義務導致較舊的建築物無法重新利用，不得不進行非必要的拆除，或者也讓人不可能在小土地上興建東西，而填入式空間就只能荒蕪。停車位是建築這塊麵團中突變的酵母菌株，導致我們的設計變得更大、更醜、彼此分隔得更遠。舉例而言，如果帝國大廈依照當代美國城市的最低停車位設置要求來興建，其路面停車場會涵蓋十二個街區。[7]「停車是一種權力。」建築師安德魯·杜安尼（Andres Duany）向我解釋。[8]「在美國大多數地區，你能興建多大的建築，端視能夠停多少車。會決定你能蓋什麼建築的，不是建築外殼或容積率，」他引用兩條常見的分區法規說，「最後阻礙你的，就是可以提供多少的停車位。」杜安尼的事務所在規畫一座新的城鎮時，基本測量單位是七十呎（約二十一公尺）：整個社會的規畫是依照車道的寬度來設想，且車道兩邊都有停車位。

城市與野生生物、熱、雨水交互作用時，停車空間也是關鍵一環。這是雙倍的環境災難——

首先，停車場會對大自然造成直接衝擊，把大自然踩在腳下；其次，由於有數十億元的強制免費停車補貼，因此每個地方都躲不過排氣管的廢氣（若未特別標示，則譯文中幣值皆為美元）。事實上，我的結論如下：你住的地方看起來如何、散發何種氣息、運作起來如何，主要**就取決於**停車位。雖然在美國，有些角落還是值得爭取停車位，但大多數地區在幾十年前已經大功告成。停車空間多得很。美國興建的三車位車庫比一房的公寓還多。每一輛車專用、以平方呎計算的面積，比容納一個人的空間還大。在這停車空間之海，目的地宛如遙遠的浮標載浮載沉，也讓大眾運輸、單車與步行更加困難或危險。「我們把這麼多土地專門用來停車，真的就沒多少空間蓋房子了。」內布拉斯加州奧馬哈市的前規畫主任史蒂夫·詹森（Steve Jensen）這樣說他的城市。[9] 有人估計過，每一輛車會使用到多達六個停車位，這表示全美國的停車位儲量中，真正使用的不會超過百分之十七。雖然如此，不知怎地，當你需要停車位時，就是難找得不得了。

那些處理停車問題的專業人士有句箴言，或許有助於解釋這情況：人人都希望停車很方便、有空位，又免費。但是在時間、空間與金錢的力量共謀之下，沒有任何熱鬧的地方能符合三個停車條件中的兩個以上。免費、方便，但沒有空位？皇后區法拉盛的路邊停車位或任一座大都市的人口聚集區，都是面臨這種狀況。方便、有空位，但是要錢——那就是我氣呼呼離開的渡輪停車場。免費、有空位，但是不方便？那就是我錯過渡輪之後停車的地方。

正是因為期盼與追求每個目的地都要有這三種停車空間的特質——方便、有空位、免費——

遂導致無論是辦公室、餐廳或商店，每個房地產都要有超過百分之**五十**的面積為停車空間才行。就像那位波士頓的女子，我們日漸消瘦，攀附著明知迂腐的系統，而不願意冒險嘗試更新更好的系統。在苦苦追求好停車之際，我們恐怕很難做其他的事。

「停車問題」由來已久，就和道路一樣古老。[10]在西元前七世紀，亞述國王辛那赫里布（Sennacherib）曾豎立路標，上面寫著「**皇家之路——不得限縮**」，違者會被處以死刑與穿刺之刑示眾。（你還覺得有必要抱怨違停罰單嗎？）龐貝城與赫庫蘭尼姆城的人行道區段，會以高起的石頭來標示，那可能就是早期的停車法規。凱撒大帝（Julius Caesar）在羅馬引進供戰車使用的路外停車場，以減少交通流量。到十七世紀，紐約開始實施拖吊服務——清走街上的動物。如果要把你的豬從拘留欄取回，要花一弗羅林（florin）；如果是馬匹，則要二．五弗羅林。狗拘留所（dog pound）與拖吊場（tow pound）過去都和無人認領的財產有關；而畜欄（pound）原本是圍起來收容動物的區域。

然而，在汽車發明之前，馬匹會移動的天性本身就是一種規則：你不能把馬留在街上一個星期。汽車的降臨，尤其是無論何種天氣都可留在外頭幾天甚至幾週的汽車，卻把停車問題轉變成重大的困境。到二十世紀中，許多專家擔心停車位——更精準地說，是缺乏停車位——會成為美國城市面對的**最**重大問題。

今天這話聽起來相當荒謬。在第二次世界大戰之後的城市發展軌跡中，特色在於出現種族不平等、污染擴散、搖搖欲墜的房子、失業與犯罪等種種危機，然而新聞社論與各種會議提出的焦點是……停車位不夠？《洛杉磯時報》（*Los Angeles Times*）把「停車問題」描述成和金剛一樣大的大猩猩，在市中心笨重移動。[11]只是，我們如今生活的世界，是靠著對缺乏停車位的恐懼打造出的世界；不光是美國如此，許多仿效美國規畫與設計理念的國家也是如此。

如果駕駛行為代表的是自由，可在寬闊的道路上，於無垠的空間呼吸，那麼停車就是駕駛行為那侷促、引起爭議的夥伴，也是壞脾氣的兄弟。你從來不會在電視上看到停車，因為停車既無聊又惹人生氣。在《黑道家族》（*The Sopranos*，描寫美國黑手黨的犯罪電視劇，劇情是談黑幫東尼・索波諾的家族與犯罪組織的種種衝突；故事地點主要是美國紐澤西州北部）的最後幾分鐘，梅朵（Meadow，主角東尼的女兒）努力停車，可說是為這影集平庸與墮落的主題獻上適當妥貼的禮讚。這不可能發生在《四海好傢伙》（*Goodfellas*，美國黑幫犯罪電影，故事地點主要是在紐約的布魯克林）。好幾百部電影都有開車的情節；但是停車在畫面上的時間之短，根本連上廁所都不夠。好的駕駛行為是彬彬有禮的，但好的停車則是割喉戰。不計其數的流行歌曲以駕車為主題；但我還沒聽過有哪首歌在講找停車位。（〈大黃計程車〉〔Big Yellow Taxi〕勉強算數吧。）（Joni Michell 的歌曲，第一句歌詞中就有本書原文名稱 *Paved Paradise*）。

然而，生活中有一大部分是和停著的車子密切相關：包括無數的間隙時刻（interstitial

moment）、聚會、歡慶、學習、欲望、詭譎、恐慌與絕望的場景。在高中、音樂會或便利商店外，停車場是隨興聚集的場所。美國人會在停車場學開車。幾乎每個人都會偶爾在停好的車上吃東西；索尼克（Sonic）這家免下車速食餐廳就是依此概念開了三千五百家分店。青少年會在停好車後，於儀表板燈光旁愛撫，往天堂前進；女生通常會被問：「他準備要停車嗎？」；大學生會在停車場上集結，在足球賽開賽之前喝到醉茫茫。

雖然停車位愈來愈普遍，但或許是因為如此，停車已從重要的研究與關注領域，退居到無人青睞的荒蕪邊緣。在建築師、規畫師與工程師的訓練過程，以及整體的文化中都看不到就停車空間的討論。就連政府與機構也忽視停車位，哪怕妥善安排介於運輸與土地利用之間的停車位，對這些組織來說其實很重要。「那就像沒人要的私生子。」一位長期擔任停車場管理的資深主管說。[12]我們在個人生活中對於良好停車空間很重視，而那卻不及我們對其系統性後果的無知程度。我撰寫關於城市的報導已超過十年，從沒見過哪個主題和一切的運作這麼息息相關，卻又這麼遭到忽視。汽車文化、高速公路及郊區的研究多如牛毛，但是停車相關的書籍卻屈指可數。然而，關於停車的故事一篇接著一篇，不難看出原因何在：即使有這麼多道路與汽車的討論，但每輛車的使用年限估計值當中，有百分之九十五的時間車子都是停在車位上。

這本書某部分要談的，是我們如何為了找停車位而毀了城市，以及哪些人促成這情況：購物中心興建者與黑道、警方與政治人物、停車場大亨，還有社區團體。但這也是一份紀錄：有一些人開始修補損失、發動一場不受歡迎的戰爭，要在美國的需求階級上把停車位往下拉一格，並找回停車空間從我們身邊奪走的東西。

但要注意的是，我們不是要把這需求推翻。我讀過關於汽車文化的著作之多，已超出我的計算範圍，許多禁不太起時間的考驗。他們對於郊區與郊區居民的鄙視，頂多是降尊俯就，而從今天都會房地產的價格來看，那其實就是新的階級歧視。我要把這樣的修辭埋葬起來，不予稱讚。這本書是要對汽車受到的補貼與外部性提出誠懇呼籲，但不是反汽車。停車已把美國城市搞得七葷八素，但這套系統並不是駕駛人構築的；從某方面來看，駕駛人其實是受害者。在最好的時刻，開車感覺很自由，但我們無法選擇開車以外的移動方式時，那就給人類似監獄的感覺。

然而我抱持的第一條原則是，多數人偶爾會放棄開車，改成步行、騎單車、帶著孩子溜直排輪，或推著嬰兒車，而在你需要的時候公車也會載你去想去的地方。我們蓋出什麼樣的建築就會成為什麼樣的人。首要原因是，建築物表達了我們的價值觀；其次是，久而久之，那些建築物會設定我們的生活模式。這個循環在「美國長久以來都在追求免費與好停的車位」這件事上一覽無遺。

美國人會這麼懷念大學生活，原因在於人生只有在這個階段，許多事物都在步行距離範圍內。我們會到可以下車的地方度假——查爾斯頓、迪士尼樂園、曼哈頓、邁阿密海灘、羅馬。房價反映出這些景點多麼討人喜歡，但想在這種地方短期居住都不可能，只有一小群富人做得到。本書的承諾——承諾要處理停車的問題——並不是強迫讀者下車，而是偶爾下車一會兒。在停車環境較好的世界，要找個停車位應該更簡單，而不是更難，並且人也該更無礙地住在根本不需要經常開車的地方。在停車環境較好的地方，孩子能走路上學，大人能走路去食品雜貨店。在停車環境較好的地方，或許能停車的地方比較少，但原本是停車位的地方，會出現一座更富有、完整、公平的城市，你根本不會去思考究竟有失去什麼。

過去二十年，有心人開始尋求改變。建築師、倡議人士、規畫者、建商、研究人員與環保人士開始質疑起美國與停車空間的關係。為什麼和我們每個行動息息相關的事情，會這麼久都缺乏研究，在課本、學校、研究期刊中都不見蹤影——即使那是定義著美國都市環境的特色？「關於停車，駕駛人唯一知道的，就是在排檔桿上的P，」一位商業停車場專家曾告訴我，「有時候他們會把那個字母與R混淆。」[13]停車已經準備好迎接革命了。這些人已經理解到，停車空間扮演重要角色，決定著我們會有更多像格林威治村這樣的地方，或者又來一座帶狀購物商場。希望他們的故事能讓你醒醐灌頂，開始理解到停車會主導身邊一切的一切。

然而對多數人來說，我們對停車的思考程度其實就只有：我的停車位在哪？

第一部

我們製造出的混亂

城市的生活品質和交通運輸系統大有關聯，而運輸系統往往也讓使用者吃了不少苦頭。許多汽車裡可能只有一、兩個人，在整個城市中移動，導致交通堵塞，污染程度提高，並消耗巨量的不可再生能源。這還導致得要開闢更多道路、設立更多停車場，因而破壞了都會景觀。

——教宗方濟各（Pope Francis）[1]

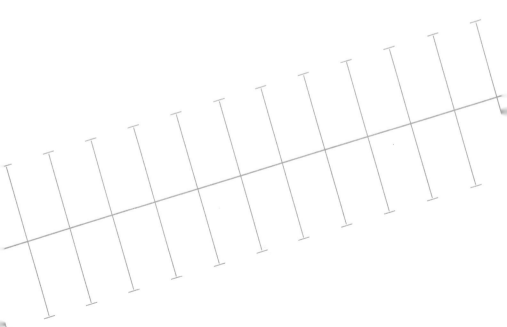

第一章　安置車，安置人

一九九一年，加州索拉納海灘（Solana Beach）發生的一件事透露出停車在美國生活中所扮演的角色，而且那延續了一個世代。這個故事不光是關乎不開車的時候，應該把車放在哪裡；那甚至根本不是重點。這故事說的是，停車需求如何具備所向披靡的力量，左右我們要於何處安家落戶的決定，而這種顯而易見的主張還勝過許多我們重視的東西。停車位是否真的短缺，或只是杞人憂天、其實是仍可處理的問題，眾人的看法莫衷一是。然而，需要停車位是歷久不衰的反擊理由，跨越了真正的通行權與人為虛假藉口之間的界線。一位南加州的開發商告訴我，由於停車具有雙重特質，因此相當棘手，且成為會引爆情緒的導火線。「那就像是平淡無味的義大利麵，你澆什麼醬料上去，就會變成那種口味。停車場變成**其他許多事務**的代理，本身也是真實的存在，於是作為代理的停車場與身為停車場的停車場共舞，兩者相伴，加起來便產生更多壞事與失能。」[2]換言之，有時候人們說的是停車，有時候則是在講其他事情。

說到在索拉納海灘興建平價住宅，那「停車問題」確實是在說其他事情。

索拉納海灘是聖地牙哥的豪華郊區，有附設泳池的分時度假公寓，住宅就在可迴轉的圓形車道（囊底路）旁，公路旁則有商店。早上海霧濛濛，下午則是碧空無垠，懸崖下太平洋海浪拍岸的聲音不絕於耳。《聖地牙哥聯合論壇報》（*The San Diego Union Tribune*）稱，索拉納海灘是「六平方哩的陽光海岸環境。」[3]在戰後，南加州郊區發展的模式相當複雜難解，而這個地方恰好就是此模式的縮影。

不過，南山大道兩二〇四號（204 South Sierra Avenue）的一九二八汽車旅館（1928 motor court）見不到陽光普照。這家汽車旅館位於城市破敗大街的中心地帶，不僅牆面潮濕，到了夜裡，還有老鼠蟑螂在破爛的地板上到處跑。馬桶故障，淋浴間沒有熱水。不負責的房東里昂．波爾（Leon Perl）則住在比佛利山莊。

米格爾．薩摩拉（Miguel Zamora）是個三十九歲的租客，來自墨西哥瓜達拉哈拉（Guadalajara）的他租了一間沒有隔間的公寓套房，和妻子與四個孩子同住。他自己修理東西，自己付錢。他修了水管，安裝抽水馬達。還裝新的門鎖。

一九九一年一月，索拉納海灘市府開始視察這個房產，指出波爾的違規事項，但波爾根本愛理不理。到一九九二年秋天，市府以八十三項罪名指控房東提供的環境不合法。波爾覺得不值得那麼麻煩，倒不如把這個地方鏟平算了。十一月，龜裂的木門上貼了驅逐租客的通知。[4]

租客遭驅逐，建築物拆除，市府也與波爾庭外和解。代表租戶的法律援助協會（The Legal

Aid Society）獲得索拉納海灘的承諾，在一九九九年之前，要幫十三戶遭到驅逐的租戶興建替代住宅。

到了二〇〇五年，只有三戶興建完成。一直要到驅逐租戶後的十六年，房價中位數已超過兩百萬元之際，市府才交出一塊地給剩下十戶住家。市府選的地點不如原本的汽車旅館——汽車旅館的所在地是位於市中心一塊塵土飛揚的空地，此時市區已見復甦景象——但那個地點距離海灘很近，離通勤鐵路也不到一哩路。當時選定的地方是市府的公有停車場，為興建平價住宅的不二之選。

至少金潔．席茲克（Ginger Hitzke）是這樣想的。二〇〇八年，三十三歲的金潔正努力成為平價住宅的開發者。在這之前，她在一家開發商的辦公室當了接待人員差不多十年，而在經濟大衰退之初，她已準備好自行興建建築。金潔在南加州的房地產界是個奇人，在貧困的環境中長大，沒上大學就進入由男性主導的領域中就業。她自立門戶時，銀行帳戶僅有一萬四千元。

不過，有個朋友掃描報上一則關於索拉納海灘建案的剪報，並寄給她看，於是她心想：**我要採行這模式：**在小城市以良善的出發點推行小建案。和多數平價住宅建案不同，這類案件的租戶多半運氣不錯，才能抽籤入住公寓，但索拉納海灘住宅則和特定人士有關，是將近二十年前被驅逐的一群人，例如米格爾．薩摩拉。

金潔勉強湊出一千萬元的資金，而索拉納海灘給她一次嘗試的機會。她把這建案命名為珍珠

（Pearl），也在指涉那位造成整個事件、欺負貧戶的惡劣房東波爾（Perl）。

她取得這份工作並不困難，原因是要在加州興建任何建築，固定成本都很高，因此對多數開發者來說，十戶的平價住宅不怎麼吸引人。在索拉納海灘，正如後來的情況所示，風險並不小，因為這建案的規模很小。

我在二〇二〇年十月拜訪金潔時，是在聖地牙哥另一邊的郊區見面，那裡叫檸檬林（Lemon Grove），她就在這裡上班。她說話語速快，三不五時就飆髒話，而每個句子還會被高八度不連貫的笑聲打斷。只有在談到索拉納海灘時，她的聲音才會沉下來。「我跌了一大跤，別人應該幸災樂禍，」她反思道，「我上了《洛杉磯時報》，還接到《石板》（*Slate*）雜誌的電話。大家打電話來說：『妳還好嗎？』我會說：『去死啦，你明明知道不好。』」[5]

她的辦公室就在她其中一棟公寓建築的一樓。這棟建築是檸檬二號樓（Citronica Two），反映出她活蹦亂跳的行為舉止。門上刻著「**老闆／贊助者女士**」（boss lady/patrona），辦公桌位於一幅鮮豔的壁畫下。那是當地藝術家麥克斯．莫西斯（Maxx Moses）的作品，也算是衝動購物得來的戰利品。二〇一九年，金潔在舊金山現代藝術博物館（San Francisco Museum of Modern Art）的安迪．沃荷展中愣住了，她經歷到自己人生對藝術的深層渴望。當她回到檸檬林時，莫西斯就在她辦公室外，想找一面牆畫畫。她座椅後方的壁畫於焉誕生。一旁還有張鍍金畫框，裡頭把她描繪成斜躺的深色頭髮的好女巫葛琳達（Glinda），在以這棟建築為模型的翡翠市上空撒下彩虹。仙女棒上有個「H」，看起來有點像金潔開發公司的標誌，也有點像二〇一六年希拉蕊．柯林頓（Hillary Clinton）的競選標誌。她喜歡希拉蕊，以前曾開著露營車，載一群青少年前往愛荷華幫她宣傳競選。她的推特自介上寫著：「超棒的房地產開發者＋胖女士。一九九四年以來是驕傲的種族融合者。主張廢除郊區。」金潔是白人，先生是黑人；夫妻育有二子。

嗯，廢除郊區還在進行中。金潔．席茲克的索拉納海灘平價住宅計畫則胎死腹中。死因：停車場。

「停車場是最重要的主題，若想蓋公寓，過程中聽到的其他事都沒有停車場重要。」金潔說。「犯罪、房地產價值、社區特色、停車場都是每天會碰到的事——天哪，我好討厭這個主題，」她捧腹大笑，「我大笑，是因我太討厭它了。」

原本金潔只打算在索拉納海灘市立停車場興建十八戶的公寓。她會提供三十一個停車位，彌補原本的公共停車位，再增加二十二個停車位給住戶，也就是地下停車場會有五十三個停車位。停車費有助於彌補興建成本。這裡也會有小型零售空間，她打算以小型雜貨店來填補這個空間。

我們值得花點時間，了解一下究竟是什麼原因非得要有這五十三個地下停車位不可，而且最後還搞垮了金潔。首先，有二十二個停車位是給住戶的——索拉納海灘市就和美國幾乎每個地方一樣，地方的土地使用分區規定會要求設置停車場，確保住戶不會把車停在路邊。第二，市立停車場原本有三十一個停車位，金潔面臨勢必得重建的壓力，這會是花費很高的地下停車場。這處基地距離太平洋僅有一千呎（約三百公尺），隸屬於加州海岸委員會（California Coastal Commission，簡稱CCC）的管轄範圍。加州海岸委員會當初是出於善意信念而成立，要避免開發商在海邊圍出一個範圍，僅供附近居民使用。委員會是在一九七〇年代的公投之後成立，後來獲得永久權限，可管理加州一千一百哩的海岸建案，包括內陸基地的使用。

加州海岸委員會其實是一股力量強大的新興運動中的一部分，要加州放慢成長速度；他們成功擋下一些原始自然區的開發，例如大蘇爾（Big Sur）。不過，它是雙面刃：一群都會區的住宅屋主，把自稱公平正義的保育觀念帶到都會與郊區一帶。這些屋主利用停車需求、獨立式住宅分區規定、歷史保存、最小宅地面積（minimum lot sizes）等理由，以及利用加州環境法的訴訟，幫加州住宅屋主寫下如何排擠新鄰居的教戰守策——而且這樣做的時候還能顯得公平正義。他們以驚人效率幫聖地牙哥、洛杉磯與舊金山等海岸城市擋下新居民。當然，大家不會不來加州。較新、較年輕與較窮的居民就得遠離海岸，進入容易發生大火的加州北部森林區，以及南方的炙熱沙漠。大家得一直開車，直到你符合房貸的資格，之後再花一輩子的時間——開車上班。

金潔．席茲克就是這樣。雖然她的辦公室是位於聖地牙哥附近的檸檬林，但她和家人則住在北邊七十哩（約一百一十三公里）的特曼庫拉（Temecula）。房地產價格與夏日氣溫呈現負相關：在酷熱的七月天，從索拉納海灘到檸檬林的氣溫會升高十度（約攝氏五點五度），到特曼庫拉又會再升高十度。在二〇二〇年新冠疫情爆發之前，特曼庫拉有一半的工作者每天得花三十分鐘以上的時間去上班。某一段時間，金潔就是加州「超級通勤者」（supercommuter）這個新興階級的一員，每天花三小時以上的時間通勤。（她所在的郡有超過百分之七的人屬於這一類族群，是聖地牙哥郡這類族群比例的三倍以上。）[6]

諷刺的是，正因**如此**，金潔必須在索拉納海灘重建停車場。若沒有停車空間，數百萬名被海岸住宅限制排擠到內陸的人，就無法來到海灘。愈少人獲准在索拉納海灘這樣的地方居住，這裡的免費停車空間會散發出愈強大的平等主義光環。這麼一來，負責保護海岸線的加州海岸委員會也成了加州最大的海濱停車場捍衛者。這般諷刺情形在每座國家公園、山區步道口、每一座海灘與船舶下水處上演：對多數美國人來說，如果沒有停車場，就無法進入自然環境。正因如此，黃石公園的老忠實間歇泉才會座落在巨大的馬蹄形停車場內。在德州，海灘就被當成停車場，而地方機關若想避免車子開到沙灘上，唯一的辦法就是在不對車流開放的海灘上，每十五呎（約四點五公尺）就設立停車位。[7]

限制非住戶停車，或是予以收費——例如漢普敦或鱈魚角等城鎮的做法——那麼富有的住戶甚至不用開口，就能保有自己的沙灘。在紐約市洛克威海灘（Rockaway Beach）沿岸開發的白人社區，緊臨海岸的街道路邊空間就標示著「消防區」——這裡以虛假的邏輯稱消防車需要路邊停車位空空的才能迴轉，導致一大段地區都禁止停車，整個街區都是這樣。一九九五年，在麥克·摩爾（Michael Moore）的《電視帝國》（*TV Nation*）中，喜劇演員詹妮安·吉勞法羅（Janeane

Garofalo）率領一批來自多種文化背景的布魯克林人，前往避險基金公司的大本營——康乃狄克州的格林威治，想顛覆這座城鎮的法規：只有居民可停車與進入海灘。這些想到海灘度假的人被警方擋下，無法進入停車場，所以他們搭著小艇艦隊，打算從海上入侵，迎來當地人噓聲連連。三年後，一位想在格林威治公園慢跑卻被趕走的法律系學生對這座小鎮提訴訟，於是在二〇〇一年，康乃狄克高等法院宣判：海灘與公園是公共場所，不得限制人員進入。不過，像格林威治這樣的城鎮就設定天價的停車費：格林威治的成人每季付四十元即可進出海濱，外來訪客則是一天就要付四十元的海邊停車費，車上每個人還要再加收九元。[8] 在斯坦福（Stamford）與費爾菲爾德（Fairfield），非本地居民要支付的海灘停車費是本地居民的十倍以上。在康州的韋斯特波特（Westport），居民每一季是支付五十元的海灘通行費，而來自紐哈芬（New Haven）或布里奇波特（Bridgeport）的人則要支付七百七十五元。[9] 相較之下，加州海岸委員會根本品德高尚。但這只是因為一開始就不准許窮人住在海邊。

金潔．席茲克的平價住宅計畫在索拉納海灘成形時，她也正在建造現今她的辦公室所在處：位於檸檬林的綜合大樓；這裡有兩棟五層樓的公寓建築，稱為檸檬一號樓（Citronica One）與檸檬二號樓。這些名字都和金潔附近的檸檬廣場（Citron Court）一樣，是以城市名玩文字遊戲，並向坎特一號檸檬口味（Ketel One Citroen）伏特加致敬；當初金潔碰上索拉納海灘的難關時，就是靠這款酒撐下來的。這兩棟建築都鄰近檸檬林的商業中心，以及直通聖地牙哥市中心的輕軌車站。

檸檬一號樓僥倖逃過郊區的停車位設置法規。金潔把加州平價住宅租稅扣抵額度剩下的零頭都用光，自己也只湊了剛好還夠的錢，興建這件有一整層樓停車場的建案。有個這座城市的政治人物告訴她：「我們不會讓停車妨礙這裡的開發。」她不敢置信。對金潔來說，加州的政治總是令她大感震撼，許多人一心一意投入選舉，但要實際做決定時又裹足不前。「從來沒有一個負責核可的公職人員告訴我：『你的租金會漲多少？』他們向來啥都不在乎，但我算都算不出來，他們問了多少次別人來參加生日派對時，要把車停哪裡。沒人在乎租客的生活品質。我從沒遇見哪個人說：『你的天花板會有多高？有最低限度嗎？』天花板高度會造成很大的差異好嗎！」相反地，大家關注的就是停車。「我們比較關心車子住哪，而非我們自己住在哪裡。就這樣。」

不過，檸檬林不是如此。檸檬一號樓有五十六戶平價公寓，而依照法規，每戶只要有一個車位即可，因此她得以蓋出這棟房子。她好愛這棟樓：平滑的灰泥、窗戶有木質窗框，每區有不同的建築立面，於是這棟五層樓的公寓綜合大樓為街道賦予了風情萬種的老派樣貌。她也喜歡見到租戶，有些租戶原本住在市中心街道，現在搬來這裡。金潔談到大家究竟是幫人找房子，還是幫汽車找房子，她的這番話可不是比喻而已。她說的就是在每一份財務預估報表上進行的實際取捨，因為財務報表上的支出與收入會決定開發商如何利用土地。停車場會耗費資金，占用空間。

停車空間愈多，表示居住空間愈少。在一份以加州低收入戶公寓為對象的十年研究中，加州大學柏克萊分校的特納住房創新中心（Terner Center）指出，每個住宅所附設的結構型停車位（structured parking）會讓一戶增加三萬五千九百四十五元的成本。[10] 一項估計值指出，設置法定停車位讓美國租戶每年花費一千七百元，等於是向那些不開車的租戶收取近五億元的罰金。[11] 每一棟附設大量停車位的建築落成，背後都有另一張藍圖，畫著在祭壇上犧牲獻祭、未興建出的結構。

在檸檬巷（Citronica Lane）的另一邊，金潔又興建檸檬二號樓。這棟建築物有八十戶保留給年長者的公寓，並被分類為給「收入極低」租戶的平價宅，部分原因可從金潔在財務預估報表上所揭露的保留條款看出：這些公寓僅一半有自己的停車位。

租戶未必向她回應這份愛。就算她提供了優質、維護良好的平價住宅，但她也是這裡公共停車位的主人，因此這裡的停車煩惱也是她造成的。有幾個人行道旁的停車位是要保留給店面租戶的，於是金潔畫了黃線，並豎立標示，提醒駕駛人這裡會被拖吊。但有些店面是空的，因此很難讓乾渴的旅人遠離綠洲。

「大家一發現有停車位就會瘋狂，」金潔審視著路邊停車位，以旁人聽得到的聲音低語，「這些停車位飽受覬覦。你不會相信有多少人跑進門跟我說他們為何必須停在這裡；他們必須停在這裡，否則祖母就會死；要是不停在這裡，就無法帶她求醫，難道我希望他們的祖母**死掉**嗎？」她會說，少來了——如果你祖母住在市中心，你還會奢望把車停在她家門口嗎？但這就是停車欲的本質；那欲望好強烈，因此在當下它會對抗任何把汽車與路邊停車位分開的外在安排原則。這裡只有這麼個空位，而駕駛人需要它；以後不會有人要停、不會有潛在的緊急狀況、沒有任何通用規則。「我對人造成情緒上的傷害。開放停車空間，讓他們能停在想去的地方旁邊，就像拿水給口渴的人。他們想要停車，而我把持著這些停車位不放。『這個**賤女人**。』」

我問，她是否曾向租客解釋，這是因為每間公寓只有一個停車位，沒有客用停車位，畢竟他們總還有間公寓在這裡——不是在幾百哩外的沙漠，又或者更慘，在高架橋下搭帳篷睡覺。「沒人鳥你！」她在一個空的車位上大嚷，「才沒人在乎。給我停車位就對了！」

金潔不是神聖得高人一等的單車通勤者，因此才抱怨大家滿腦子只有停車位的問題。她是開福特遠征者（Expedition）加長皮卡，這是路上數一數二的大型車款，能讓她有安全感。「瞧我就一個人開這款車到處跑，好像是個超級大混蛋！」她在特曼庫拉有可停三輛車的車庫，車道可以再容納三輛以上的車，在路邊也有兩個停車位。

她解釋，這樣讓她顯得有點偽善，但也不能都怪到她頭上。特曼庫拉是加州都會擴張的前緣，在這邊，開發商還是會把山丘頂端鏟平，在市郊建立小小電路板狀的住宅區。金潔說，特曼庫拉是火熱的聖地牙哥房地產市場宣洩怒氣之處。在涼爽的加州海岸要蓋房子困難重重，是她事業與個人層面上的心頭大患。

對金潔來說，在檸檬林順利進行的每件事，到索拉納海灘就會出問題。金潔從九〇年代在工作上就開始接觸平價住宅，她認為自己什麼事都碰過。你或許會提個二十戶的平價聯排住宅計畫，然後鄰居就會問起芝加哥發生謀殺案的住宅計畫。（金潔就是在芝加哥長大，但社區會議上沒有半個人知道這件事。）「這些王八蛋都在講卡布里尼格林（Cabrini-Green，芝加哥的公共住宅區，一九七〇年代之後因治安不佳而惡名昭彰），好像這輩子去過那裡似的。」她說。在佛利蒙（Fremont），她聽到有人崩潰暴怒，說他們以後再也收不到信，因為郵差不會送件到低收入的鄰里。

在索拉納海灘，說法可不那麼保守。「低收入的人通常車子車況不佳，也會騎摩托車，在『晚上八點熄燈的社區』增加噪音。」鄰居瑪麗蓮．林納迪（Marylyn Rinaldi）在寫給市議會的信件上說。[12]「西班牙裔的人通常隨地亂丟垃圾。」一名分時度假屋主芭芭拉．羅米奇（Barbara Roemmich）對加州海岸委員會說。[13]

有些人認為，低收入的租戶根本不配住在海邊附近。「開發案要蓋十個低收入戶的住宅單位，但是低收入戶住宅不該位於海邊，頂多只能住到I-5公路的另一邊。」沙石度假村

席茲克為加州索拉納海灘的珍珠建案所設計的剖面圖。一項以加州為對象，為期十年的低收入戶公寓研究指出，住宅附設的停車場會讓每戶增加三萬五千九百四十五元的成本。

（Sand Pebbles Resort）附近的分時度假屋主恩尼斯・克斯查特（Ernest Kurschat）在給加州海岸委員會的信件中寫道。[14] 金潔原本想在計畫中實現的小雜貨店讓克斯查特嗤之以鼻。「那是停車場的收費亭嗎？還是服務低收入戶的食物券計畫辦公室？」

「回想起一九七一年，那時我身無分文，」吉兒・赫巴德（Jill Hubbard）寫道，「我住在佛羅里達州的拉哥。沒有人跟我說，因為我很窮，可以住在海濱的對街。我當然住在內陸區，離海邊遠得很，不是城市中的好區。」[15]

在初期舉辦的一場社區會議中，有鄰居告訴金潔：「這一帶不需要提高文化多元性，這條街已有墨西哥公寓了。」另一個人則說，他們不該把低收入者與價值百萬計的自有公寓「混在一起」。「我們的海岸社區是珍貴的資源，一旦被打亂，損害就成定局了。」雷伊・戴爾・皮勒（Ray Del Pilar）在停車場準備興建十戶住宅時寫道。「我看不慣有小孩的家庭要度過整個夏天的地方，前面竟是低收入戶住宅。」琳賽・哈迪森（Lindsay Hardison）說。「我對於每年度假地點的安全與品質感到擔憂。」肯特・布雷克（Kent Blake）寫道。

有些鄰居威脅，如果這建案要進行，那麼他們就要把家庭聚會遷移到別的地方。其他人則擔心，金潔的三層樓建築會「擋住來自海洋的空氣與清涼的微風。」[16]

幾乎每封信都提到停車場多麼神聖不可侵犯，精明一點的人還把這當成自己論點的中心。詆毀窮人有點不得體，但是抱怨停車問題在道德上沒什麼不對。畢竟那塊空地可是初級救生員的集合待命地點呢！難道金潔想要當地青少年在臭臭的車庫學心肺復甦術？

反對聲浪導致建案進度延宕。金潔是在二〇〇九年三月提案，隔年獲得與市府商議的專屬權，於是她遞交出設計圖。在二〇一一年的研討會之後，市府說服她把住宅數量從十八戶降到十戶，並讓公共停車場免費（她被砍了八戶，但只能少蓋一個停車位）。每戶成本大漲百分之五十，一間要花六十六萬四千元。

又過了**三年**，市府才對這項計畫投票表決——二〇一四年四月，在一個只能站立的空間進行了四個小時的會議。[17]市政廳還在大廳加了座位。

市長湯瑪斯．坎貝爾（Thomas Campbell）請群眾起立向國旗致敬，而他們乖乖咕噥著《效忠宣誓》（Pledge of Allegiance）。金潔和團隊在這個空調開太強、冷到令人哆嗦的房間裡報告修正後的計畫：規模縮小，還有新的設計。原本設計圖上的大草原式現代主義風格，以一系列有山形屋頂、就像大富翁桌遊裡的房子取代，他們期盼這種傳統形式能軟化反對勢力。結果沒用。

分時度假屋主紛紛講起低收入戶住宅的恐怖故事。這項案子已進行六年，且承諾會興建二十二個停車位，但他們抱怨建案是在無預警的情況下加諸他們身上。他們說，這棟建築三十五呎高（約十一公尺），實在高聳參天，形體荒謬。而且他們不斷抱怨關於停車的事。鄰居安德烈斯．施洛瑟爾（Andreas Schlosser）告訴市府，這停車空間太小了。比爾．吉福（Bill Gifford）說，珍珠建案的停車空間比市府停車場窄了一．五呎（約四十五公分）。「那很嚴重！」他說。「我去全食超市買東西（Whole Foods）。如果你想看什麼是小停車位、小小的轉彎半徑，就去恩西尼塔斯（Encinitas）看看全食超市。我去過三次，然後就不再造訪。」赫伯・布朗（Herb Brown）說，問題不在低收入戶住宅，而是停車場的迴轉空間太小。許多居民對於停車場設在地下地下室很有疑慮——大家要怎麼**找**？衝浪者得拿著衝浪板，走一層樓的斜坡，再走兩百步到海邊？「我聽了有夠難過的。」市議員麥克・尼可斯（Mike Nichols）回憶道，這時聽證會已進行快五小時。「今天這邊的停車場是這樣、未來的是那樣，就是不會一樣。那就像在電視上看棒球賽，以及到棒球場觀看，不可能是相同的經驗。」

穿著白襯衫與黑色西裝外套的金潔在講台後面坐著，咬著嘴唇記筆記。並非人人都持反對意見。由於大家是在現場，又有攝影機，所以態度比投書時克制。沒有人再提起墨西哥人——大家多半在講停車。終於，金潔起身發言，聽起來相當受傷。「這不是個好玩的地方。我喜歡我的工作，做我想做的事，也確實引以為傲。聽到大家不喜歡我的提案，我覺得很不好受，但我認為這案子是好的。我有很好的實績，很認真當優良的開發商，凡事親力而為。若我不在乎，根本不可能走到這一步。這是我的謀生之道，也是我的人生。人生苦短，世界不大，你必須做好事。」

過了九十分鐘，市議會再次要求她重新設計停車場，她也提出最後的懇求：「我可以請求一件事嗎：拜託考慮一下讓人有房子住，而不是車子有地方住。我要說的就這樣。謝謝。」

案件獲准通過。

此時距離金潔與市府初次接觸已過了五年半。她為了興建十戶公寓，耗費五年半的光陰。最後，她獲得許可。金潔最好的朋友（墨裔美國人）開始想像起隆重的落成情景。他們會找來低底盤車及北方音樂（Norteño，一種墨西哥當地音樂類型，盛行於墨西哥與美國的西語裔社群），揶揄一路走來所碰到的刻板印象……

不過，分時度假屋的主人可不打算放過她。

對街的豪華公寓：海景衝浪（Seascape Surf）控告席茲克與市府。一群居民集結起來，以「拯救海灘通行權」為口號，主張市府違反契約限制（deed restriction），他們聲稱這項限制規定這塊地必須是永久停車場。他們也說，金潔的十戶建築物應該要經過《加州環境品質法案》（California Environmental Quality Act，簡稱CEQA）評估，說得好像金潔在蓋發電廠或高速公路一樣。他們說，會要求以《加州環境品質法案》評估的理由之一，是因為街上看不到地下停車位，因此居民、訪客及零售商店的員工可能在尋找路邊停車位時排放廢氣。

對芝加哥黑道的恐懼不足以構成法律訴訟的基礎。但停車位短缺呢？當然可以。「我認為人們很容易一看這件事，便以為這些鄰居之所以抱怨，是因為低收入戶住宅的建案要進駐，」海景的律師艾伏列特．迪拉諾（Everett DeLano）告訴《德馬爾時報》（*Del Mar*），「但不是的。他們樂於看到這項建案成為另一個市府停車場。純粹因為那片基地就是專供公共停車用的。」[18]

市府與金潔在二〇一五年勝訴，但是原告提起上訴，於是此案一直到二〇一六年才由第四地區上訴法院（Fourth District Court of Appeals）裁決——已是市府核准通過後兩年。法院判定：「關於評論者擔心未來可能失去停車場的證詞，海景並未提出任何事實基礎。」不僅如此，也沒有任何契約限制指出，在太平洋的高聳懸崖上需永久設立地面停車場。

在那個時候，金潔不得不償還為索拉納海灘申請的貸款。她已錯過截止期。案子起初是在經濟衰退期推動的，當時勞力與材料不貴，而現在排定的興建時間，則是美國自二次大戰以來，工作機會連續成長最久的階段。

經過這麼多風風雨雨之後，金潔就是差了一百萬——如果她之前不必彌補地面停車場的車位，只提供車位給新住戶的話，建案早就完成了。但那又會有風險，因為過程可能得砍掉重練。索拉納海灘的市議員大衛．吉托（David Zito）這時是市府支持原提案的民選官員中唯一還留下來的人，他辯解地下停車場的必要性。他告訴《洛杉磯時報》，那些停車位「在倫理道德上必須要建」，才能彌補地面停車場，以維持「居民和諧」。（吉托也提到了卡布里尼格林。）諷刺的是，在這過渡期間，市府砸了五百萬元改善這個地區，使之成為對行人更友善的區域。[19]

二〇二〇年，距離當初取得索拉納海灘市許可過了十二年，金潔認輸了。「他們做到當初要做的事：阻礙這項計畫，使之失去意義。」索拉納海灘提供的市府停車場依舊是停車場。她的建案每戶成本飆漲到一百一十萬元，得到不光彩的名聲。加州的房價在美國是最高的，而《洛杉磯時報》的調查顯示，金潔的三層樓共十戶的建案是加州最昂貴的平價住宅——說不定也是全國最貴的。[20]背後的理由很多，包括延宕太久、加州占有優勢的工資法，以及建材費用暴增。不過打破財務預估報表的最大因素在於，金潔其實要興建有五十三個停車位的地下停車場，上面再加個幾戶的公寓。

這城市對於自己需求的理解再清楚不過；對當初被驅逐的居民所欠下的債，根本不值一提。他們的家只可能在地理、財務與政治上符合索拉納海灘的主要考量時才可能獲准安排，而這項主要考量就是停車空間。但就連這種保證有時也並非穩定、好掌握的目標。要了解停車空間短缺如何壓抑平價住宅的產生，光是知道每個市郊都有像珍珠這種被擱置的建案還不夠。你也必須了解，每出現一個金潔・席茲克，就有十個寧可不要那麼麻煩的建商。若你發現自己也處於她的立場，和鄰居磋商著停車位的事，那麼你已經輸了。在這個國家亟需更多住宅、爭論是否該允許新住戶進入社區時，經常會被歸結為一個問題，還可以大言不慚、更輕易給予否定的答案：停車空間夠嗎？

索拉納海灘住宅的奇特之處並非花了五年才獲得市府許可，或者之後耗費三十二個月的時間進行停車空間訴訟，而是新建案的目標居民並非某群有幸抽中平價住宅的未來無名贏家。他們曾經是鄰居，是有面貌、有名有姓、家就住在遠一點內陸區活生生的人。在市府視察過薩摩拉破敗的公寓之後，過了三十年，他已經成為銀髮祖父，也不住在距海灘一個街區遠的地方了。他住在五哩之外，渴望回家。[21]也有人在等待索拉納海灘履行承諾的時候，先離開了人間。

第二章　為停車空間而戰

美國社區有一條基本真理：大家都認知到停車空間有限。這個道理會以具體型態表現出來，例如以棒球棍打破擋風玻璃，也可能是在社區的居民會議上，與會者抵抗歷史洪流，嚷道：「給我停車位！」這些怨懟來自於一套範圍遍及全國的隱藏體系。無論停車問題是真實的，或只是處心積慮構思出來的，都透過這個體系掌控著美國新住宅的建造，在極少數可選擇是否要擁有車子的地方更是如此。雖然美國到處都有枯燥、充滿技術性敘述的停車法規，且城市預算也靠著違規停車的罰款收益而增加，但這些制度其實只是起點，讓人一窺美國日常停車管理的真實狀況。這體制大部分是由駕駛人與鄰居所執行，至於是透過給市議會的信件，或是用椅子來標示人行道的所有權，就只是行事風格的問題。

事實上，許多高價位的停車場是遊走於壓力、傳統與竊盜的灰色地帶，不受法律支配。商業停車場充斥著竊盜與管理不善的問題。法定的路邊停車位則廣泛受到警方、政治人物、公務員、外交官與假冒身障者的濫用。未經核准的路邊停車則很粗糙，由當地習慣來管理，並由不明言的暴力威脅來強制執行。當然，多管閒事的鄰居會告訴要蓋房子的人，他們**真正**獲准做哪些事。金潔・席茲克並不是讓自己那艘船撞向「停車位短缺」岩石的唯一平價宅開發商。

二〇二〇年八月，波士頓就發生了這樣的情況。[1]非營利組織松街客棧（Pine Street Inn）找到一塊基地，可興建兩百零二戶的建築（其中一百四十戶是供原本無家可歸者居住的公寓），以及六十二戶平價公寓。松街客棧耗費一年與附近居民團體協商，結果這計畫得少建一層樓與二十三戶。後來，附近一棟建築物的主人提出訴訟，要求中止這項計畫，他稱該計畫的三十九個停車空位——這是經過城市的土地使用分區管理處特許，以鼓勵興建平價住宅——不敷使用，而他的租戶是一家地方啤酒釀造廠，很仰賴路邊停車，問題是建案會危及這些車位。

再那之前的一個月，丹佛也發生這樣的事情。[2]那是在非裔美國人仕紳化的社區：五點區（Five Points），艾蒂・伍爾福克（Eddie Woolfolk）在此經營愛加倍基督教會（Agape Christian Church）已有數十年。伍爾福克是黑人，夢想能興建三十六戶平價住宅給年收入不到一萬九千五百元的人，尤其是原本的街友與更生人。那塊地是她所持有，就在教會附近。法定的停車位設置規定會導致這個成本為一千三百萬元的計畫更加花錢，而且還得減少公寓戶數。因此伍爾福克尋求城市規畫部門變更計畫內容，這樣就只要提供六個停車位。她認為，多數租戶很窮，根本買不起車。她得到當地的女議員與城市土地使用分區主管的支持。但有十幾個鄰居向市府訴願委員會抱怨停車位的問題，而在經過投票之後，他們以三比二的比數讓計畫胎死腹中。

再回溯到更早之前一個月，水牛城也發生過這種事。當地非營利機構想興建九戶公寓給當地的家庭，候補名單上有超過六百人，包括會建兩個停車位。超過五十個鄰居寫信到市政府抱怨，於是水牛城的規畫者就擱置這項計畫。[3]

這些故事並非特例，只是在二〇二〇年夏天引起某地方記者注意的其中三件。要求新建案提供更多停車位的鄰里，基本上就像在徵收稅款，推升新住宅的成本，甚至導致無數的新房根本無法興建。這種互動張力會發生在遙遠的市郊，也會發生在都市核心地區，但最常發生的地點是比較老舊、以中層高度建築為主、可行走的鄰里，這種區域很難找到路邊停車位——換言之，這些鄰里是在需要停車位之前就已經存在，附近又有相應的便利設施。選擇住在舊鄰里與舊建築的居民會仰賴公共停車位的供給，不願與他人共用。在這些地方，對於新建築的停車位設置要求就像在收保護費，強迫新鄰居支付舊鄰居原本在街上可以免費得到的東西。這種停車焦慮會讓人在思考社區與城市時，出現馬爾薩斯式（Malthusian，指英國人口與政治經濟學家馬爾薩斯〔Thomas Robert Malthus〕。他在一七九八年發表的《人口學原理》中提到，人口增長超越食物供應，會導致每個人能獲得的食物減少，因此要設法限制人口增長）的想法：他們會以停車空間來思索新鄰居帶來的影響；這麼一來，每個地方看起來都很擁擠。[4]

憤怒的鄰居究竟帶來多少程度的拖累很難確切衡量，但幾乎無法避免。❶二〇二二年，有項調查以一萬兩千名美國成年人為對象，其中超過一半以上是嬰兒潮世代，這群人往往會主宰地方政治，他們說免費停車在鄰里間比平價住宅更重要。[5]（這還寫在調查的摘要中！）正如索拉納海灘，每一則阻止人蓋房子的故事都顯示了，在停車法規（名義上，就和建築法規要求要有灑水器一樣科學、不偏頗）以及民眾臨時興起反抗要決定事情的運作方向，這兩者之間存在細微的界線。

停車理論家莎拉・馬魯薩克（Sarah Marusek）曾把停車視為「邊境法律」[6]，意思是說，人們會覺得大可忽略冗長的規則，不用管法規說誰可以在哪停車、停多久、要多少錢。若以較實際的觀點來看，美國的停車位供給就像是永遠的邊境，大家在鋪設瀝青的領土上天天爭搶黃金地段。只是，殖民者只要插樁宣告土地所有權一次就好；美國駕駛則是每隔幾小時就得動用探測術，宛如古代人拿著占卜棒在尋找水源。

因此，很遺憾地，美國太常有人因為停車位而遭殺害。前國家美式足球聯盟的安全衛坎寧漢（T. J. Cunningham）從聯盟退休之後，到丹佛地區某中學擔任副校長，深受師生愛戴，卻在一次停車位的爭執中遭鄰居殺害。在拉斯維加斯，夏恩・潘卡達（Shane Pacada）也是在停車位遭到

---

❶ 澳洲墨爾本在二〇一四年提出一項研究（這個地方的土地運用政策和美國城市類似），發現在二〇一二年的四個月內所發生的三百二十五起新房屋上訴中，有超過一半指稱停車是「重大議題：是導致抗議、拒絕或決斷的理由。」參見 Elizabeth Taylor, "'Fight the Towers! Or Kiss Your C Park Goodbye': How Often Do Residents Assert Car Parking Rights in Melbourne Plan- ning Appeals?," *Planning Theory & Practice* 15, no. 3 (2014): 328–48.

子彈射穿胸口身亡。在華盛頓特區的市郊，有個人對停在他車位的鄰居開槍，因此遭到以企圖謀殺的罪名起訴（所幸受害者並未因槍擊身故）。二十八歲的湯瑪斯・羅德里蓋茲（Thomas Rodriguez）在達拉斯為了停車位和人起爭執，最後命喪黃泉。

這還只是二〇一九年二月發生的事件。

克雷格・希克斯（Craig Hicks）是惡名昭彰的持槍惡霸，在二〇一五年殺害三位北卡羅來納大學的穆斯林學生，引來國際間一陣撻伐。而他攻擊性強的天性令鄰居多年來恐懼不已。他滿腦子都是停車位。有近十年的時間，在搬進妻子的二樓公寓之後，他會到停在公寓建築區域的車子車窗上留下字條，要人注意停車禮儀。希克斯若不是沒有工作，就是半失業狀態，時常保養自己蒐集的武器，並監視鄰居的聚會與停車情形。他偶爾會巡視停車場，把手槍插在腰部的手槍皮套中。當地的拖吊公司知道這號人物，已不再理會他的來電；芬利森林住宅協會（Finley Forest housing association）也叫他別再打電話。警方逮捕他之後曾搜過他的公寓，找到了「關於停車活動的圖片與詳細紀錄。」[7]

尤索・穆罕默德・阿布薩拉（Yusor Mohammad Abu-Salha）在遇害前傳了簡訊給先生迪亞・沙迪・巴拉凱特（Deah Shaddy Barakat）：「剛剛那個說我們只能有兩個車位的瘋鄰居對我咆哮。」巴拉凱特印出地圖給親友，清楚標示有五個不屬於私人的停車位，他們造訪時可自由停上去。其中一個空位就是巴拉凱特遇害時車子所停的車位。那晚，這幾個年輕人在公寓坐著吃晚餐，巴拉凱特以手機錄下這次致命的衝突：希克斯敲門，咆哮說停車場已經滿了。「你們在停車場停了三輛車，我卻沒有停車位。」話才說完，他就開槍了。

希克斯是一種美國人典型。雖然許多停車爭議是一次性的，但有不少爭議會牽涉到年紀較大、攜帶著好些武器的人，他們一再與人起衝突。與其說他們是自我本位的駕駛，不如說他們自命為停車場警長。種族歧視也是這些攻擊中一再出現的特徵。二〇一九年十月，佛羅里達州一個名叫保羅．麥克魯爾（Paul McClure）的男子先是詆毀，之後朝著在酒品店外違停的兩名黑人男子開槍。事隔一個月，在密爾瓦基（Milwaukee），克里夫頓．布萊克威爾（Clifton Blackwell）瞥見一名祕魯裔美國人在餐廳外停車。「你為何入侵我的國家？」他嚷道，「為什麼不尊重我的法律？」他朝著那人的臉潑酸。二十八歲的黑人男子馬基斯．麥克羅頓（Markeis McGlockton）在二〇一八年七月於便利商店停車場的身障人士保留位停車，遂遭殺害。開槍的麥克．德瑞卡（Michael Drejka）想援引佛羅里達州為人詬病的堅守陣地法（stand your ground，當事人認為有必要保護自己或他人免受死亡威脅、不遭嚴重的人身侵害時，可採用武力抵抗；也稱為「不退讓法」）。結果發現，僅僅兩個月前，他也威脅要殺害另一個人。法院判德瑞卡監禁二十年。[8]

前面所說的都是極端案例，但我們許多人都曾和這些想鞏固停車位所有權的威脅擦肩而過（之後還是繼續開車）。在波士頓、芝加哥與匹茲堡，政府官員勉強容忍這類做法。在暴風雪過後，剛鏟過雪的停車位上若擺了張椅子，那可不是邀請你來坐一坐。波士頓曾試著把這種占位的做法限制在下雪後四十八小時，卻引來一名市議員抗議：「這個問題涉及了何謂美國人的基本原則……就像當年挖金礦的人與拓荒者，居民有權主張自己的所有權。」[9]

在夏威夷，你可能看到某個地方放了個倒置的水桶，上面寫著「kapu」（卡普），這是援引自古代夏威夷的習俗，代表禁忌行為。現在違反卡普已不再是死罪，但仍不得等閒視之。在費城會看到「savesies」（占位），即使此舉並不合法，但費城人可不善罷甘休。在芝加哥，暴風雪之後會出現「dibs」（我的）（在Tumblr的「Chicago Dibs」上，版主辛苦記錄下好幾百筆資料），而用來占位的東西可能包括鋼琴椅、輪椅、車門、兩個吸塵器、一張椅子與幾瓶免費啤酒、烤肉架、一整套餐桌、各式各樣的基督誕生像，例如把模特兒的軀幹放在紙板上，紙板兩邊以煤渣磚壓住，而模特兒胸部以麥克筆潦草寫著：「基督之身強制你不得停在我的車位上。」芝加哥人最常以椅子占位。我腦海中總是想像這傳達的訊息是，你或你的車子可能會被用來占位的東西攻擊。有時候，威脅話語可是說得清清楚楚。「禁止停車，」有個標誌寫道，「我在天亮之前冒著心肌梗塞的風險鏟雪那麼久，可不是為了幫你留停車位。若你傲慢到把車停在這裡，但願你買得起一整套新輪胎。」這既是威脅，也是

懇求，明明白白且一本正經闡述著他認為這是自己的地盤。「這是我奮鬥來的土地。這些椅子是我的成就。」

在離開停車位時，如果後面有人在等，駕駛人就會多花百分之二十一的時間才離開，好像別人想停這裡，占用這個車位瞬間就變得更有價值，而這種欲望會提升他們的權力感與掌控感。如果晚來的駕駛按喇叭，原來的駕駛就會多花百分之三十三的時間逗留。[10] 暫時擁有一個車位都能引來那麼多覬覦，停車位要賣幾十萬元又有什麼好奇怪的？

我們開車到某個地方，卻發現這趟旅程中最難的部分仍在前方，而且得在沒有地圖的情況下探索，那種挫折感是多麼強烈，全美國人都知道。通勤者常說，能不能快速找到車位，就決定了這天到底過得好或不好。有些伴侶不會一起停車，因為看著對方的停車策略時，再美好的關係也會告吹。二〇二〇年七月，猶他州帕克城（Park City）有人打電話給九一一，說他找不到停車位。[11] 維吉尼亞州的紐波特紐斯造船廠（Newport News Shipbuilding）是全美最大的其中一間工廠，有員工甚至在輪班前提早好幾個小時來卡位，上班前最後幾小時就睡在車上補眠，以覓得最好的停車位。（這還是那片會出現在明信片上、風景如畫的市中心被剷平，以建出二十座方形停車場之後所發生的事。）一旦要分配停車位，沒有人會不申請。一九八七年，德蕾莎修女（Mother Teresa）在造訪紐約市政廳時，曾趁機為她的西村愛滋病患收容所爭取兩個專用停車位。[12]

在美國東北部與中西部較古老、人口較密集的城市，這個問題尤其嚴重，例如費城與芝加哥，而美國停車格言往往帶有天主教色彩並非巧合，反映著這些地方的社會地理特徵。「小花呀、小花呀、讓我獲得像你一樣的停車力吧。」「卡比里尼修女（Mother Cabrini，指第一個由天主教廷封聖的美國人聖方濟・卡比里），別小氣，請幫我的車車找位子。」「萬福瑪利亞，你充滿聖寵，請幫我找個停車位。」

在這些老態龍鍾的環境裡，找到完美的停車位是純粹的喜悅，也是驕傲的來源。紐約藝術家茱莉亞・希基（Julia Hickey）在Flickr上有個相簿，裡頭展示了她最高超的停車技巧。停車的技術總是激發出自吹自擂的表現（要是沒有技術，就會引來嘲諷），雖然汽車製造商說自駕科技就是要來處理這個問題。現代汽車（Hyundai）在二〇二〇年的超級盃廣告中，找來出生於波士頓的演員瑞秋・德拉徹（Rachel Dratch）、克里斯・伊凡（Chris Evans）與約翰・卡拉辛斯基（John Krasinski）嘗試該公司的新「智慧停車」（Smaht Pahk）技術，讓紅襪隊的強棒大衛・歐提茲（David Ortiz）深感佩服。「只要按下這個按鈕，車子就會自己停車。」這可稀奇了，因為汽車廣告通常是強調在寬闊道路上開起來多暢快，忽略後續的停車多麼麻煩。大眾文化更嚴重，因為主角似乎總是能在餐廳前面找到停車位——怎麼停到的倒是沒說。

讓車子卡進狹小停車位的技能固然厲害，但還是比不上那種不可言喻的覺察，一開始就知道停車位在哪。在紐約，駕駛人會尋找握著拳的路人——這個跡象表示她抓著車鑰匙，正準備變出一個停車位。紐約和芝加哥各有各的「停車密報者」，也就是公認尋找路邊車位的專家。紐約人的停車精神官能症甚至能成書——凱文・特里林（Calvin Trillin）的《泰伯不出來》（*Tepper Isn't Going Out*）是描述一名男子以搶優質車位為嗜好——之後就……坐在那邊，看報紙、給人建議，甚至成為地方名人。莫瑞・泰伯（Murray Tepper）在氣噗噗的城市中坐禪：

正當他走在街上，要找個讓必須換邊停車者（Alternate Side Parking，是指要進行道路清潔的時間，期間不得在路邊停車，只能停在對面；例如一三五只能停在奇數門牌、二日六只能停在偶數門牌前）認為「適合明天停」的車位時，他口中唸著「星期二、星期二、星期二」，彷彿吟唱某種密咒。他凝神聆聽點火裝置開啟的聲音。他會快速掃視兩邊，希望瞥見儀表板亮起閃爍，那說明了某人剛打開車門，可能是要開車離去的跡象。在某些夜裡，他信心滿滿，認為可以找到停車位。有些夜晚他幾乎可以想像自己的手臂上有刺青，刺著「天生就會停車」。有些夜裡他知道只需要一點時間，他就會溜到「一三五不得停車」的地點，而等到車子停在路邊時，他會從口中爆發出最後一次「星期二」，聲音大得嚇著路人。[13]

但是大多數時候，在尋找方向、餐廳推薦，甚至叫計程車都已數位民主化的世界裡，路邊停車的地方專家依然無可取代。

停車技巧會因為需求、季節與駕駛人的個性而出現變化。亞利桑那州的人會把車停在樹蔭下，並在烈日下走一段長長的路，認為這是投資未來的幸福。[14]但除了亞利桑那州，幾乎每個地方的人都喜歡尋找最近的停車位，因為他們低估了開車的時間，也高估了走路的時間。神經科學家安德魯．威爾基（Andrew Velkey）曾把停車場的尋找策略與動物行為相比。[15]你的尋找策略若不是積極，就是被動；你是禿鷹，或是西倉鴞。一條路徑會通往比較簡單，但是比較不營養的獵物（例如在家得寶〔Home Depot〕停車場角落的停車位比較靠近車道）；花愈久時間，更仔細獵捕，就會帶回更可口的食物。

如果把停車規則視為多半有邊境法則特質好似違反直覺——畢竟有卡普、海灘椅、汽油槍、顧車人（franelero，他們會分配墨西哥城的路邊停車位），或是在阿爾及爾做同樣事情的「泊車哥」（parkingeur），又或是我在法國滑雪城停到別人的車位時，有天早上發現我的擋風玻璃上有嚇人的十字交叉痕——那是因為停車的很一小部分是以停車費、罰單或拖吊收尾，因此造成了令人誤會的印象，以為停車是很受法規規範的事情。

就連居民的停車許可證（把路邊保留給附近居民的監理計畫），也是源自於和阻撓新的平價住宅出現相同的力量，是一個個街區所發起的反抗。許多住宅區確實就是這樣廢除公共的路邊停車位，即使阻擋訪客停車的合法性從來就不是這麼清楚明確。最早的居民停車許可證計畫是在一九七〇年代實施，那時各州法院對於究竟是否該允許實施，仍莫衷一是。街道畢竟屬於公共路權，而法院向來維護美國人移動的權利。維吉尼亞高等法院指出，在華盛頓特區的市郊阿靈頓，這種地方條例違反了憲法第十四修正案的平等保護條款，歧視非當地居民。不過美國高等法院在一九七七年推翻這項判決，理由是阿靈頓的目標——保護住宅區不受噪音、垃圾、交通與房地產價值降低——是合法的，沒有歧視之虞。[16]

停車許可證是本位主義的。雖然許可證或許符合某街區屋主的喜好，但通常無法符合更廣大的城市利益。比方說，獨棟住宅區的路邊停車位沒什麼人停，但附近公寓大樓區的停車位壅塞，而停車證讓兩者的路邊停車供給各自為政，使得地方四分五裂、彼此敵對。不公平的停車區劃分，也可能讓部分居民有進入繁忙社區的優先權。更嚴重的是，居民停車證可以便宜售出，也不管停車位供應量到底有多少。一年只要五十元，就可以在華盛頓特區的街道上停車，而在某些鄰里，市府當局賣出的停車證是街上停車位的四倍。[17]為了收拾這團混亂，特區可以拍賣固定數量的許可證——或更損人利己的，許可證變成可交易的限量資產，其價值會增加，而不是減少，因為城市裡會有新的居民，現有的許可證持有者就有動機對新鄰居說歡迎光臨。[18]

或想想看德州奧斯汀的南國會大道（South Congress Avenue），這條適合漫步的知名街道小商家林立，位於科羅拉多河的南邊。這裡的商家長久以來就提倡免費路邊停車，把這當成某種胡蘿蔔，以吸引習慣郊區停車規範的顧客。不過，免費路邊停車位——無論在哪裡，都沒有人注意時間限制——一早就被商家員工甚至市中心工作者停滿，他們會停好車再搭巴士過河，省下一天二十元的停車費。路邊停車位在早上十點已經停滿，因此餐廳與商店的顧客會蔓延到附近的街道。這下子鄰居不高興了。之後，一個個街區接連要求實施停車許可證規定，這麼一來，又迫使訪客停到空間更小、沒有法規限制的住宅區街道——結果又促成更多鄰里採用許可證規定。結果呢？在住宅區，路邊幾乎完全沒有車子，即使一個街區外的商業區車滿為患。城市的園藝工作人員與清潔隊員沒有辦法停車。

蘇珊·赫格蘭（Susan Holgren）是當地的店面房東，她跟我說了個陰謀論：那些鄰居會爭取自己的路邊停車位，是因為他們把自家車庫改造成Airbnb——之所以要搶公共停車位，是因為他們決定把自己合法持有的空間轉變成更有利可圖的用途。她說，那些鄰里居民的態度是：「『如果我們把停車位還給你們，那**你們**要拿什麼東西給**我們**？』他們說話時真是不懷好意。市議會呢，就像商店櫥窗裡的小狗，只會點點頭。」[19]最後造成的停車系統是每個街區不一樣，連當地人都搞不清楚，完全代表著自私自利、胡搞一通的美國停車政策。這種委屈與懷疑之感是理所當然的，也遍及停車體系內上上下下——從大街的停車計時收費表、共有車道，到城市會議都是如此。我們是個充滿駕駛人的國家，因此需要停車位，有時候這表示需要為停車位而戰。

第三章　紐約王牌交通助理員的困境

誰若覺得停車位應該要有秩序可言，肯定會想到交通助理員。這位暴君會把判決夾在擋風玻璃的雨刷下。然而，沒有任何事情能像停車執法一樣，展現出停車所具有的蠻荒西部特質；交通助理員這份工作堪稱世上數一數二危險，且飽受侮辱。在美國最大、人口最密集的城市紐約，這份工作尤其令人不快。由於曼哈頓街道與人行道常有很活躍的活動，因此這城市有強烈的倡議文化，要對抗長久以來停車導致公共路權受損的現象：環保人士、公車乘客、單車騎士與商家同心協力，讓曼哈頓成為美國最難停車的地方之一。不過，這座城市的駕駛人毫不畏縮，這些變化反而激發強烈的違停反文化。倡議人士展現出追求公平正義的決心，但駕駛人的抵抗行為狡詐無恥，程度不相上下。對駕駛人來說，紐約的公園、遊樂場、街道、人行道都可以停車，只要知道如何打破規矩就行。

我在曼哈頓下城長大，停車場會把附近方方正正的鋼構大樓分開。每個街區都像是咖啡店的蛋糕，有幾片已售出，不見了。久而久之，相鄰建築物的居民就會從側面磚牆開出地界窗（lot-line window，沿著與鄰居共享的地界所開設的窗戶），以利採光。這些散亂的孔隙彷彿打孔卡上凌亂的模式，俯視著每個鄰里的停車場。

那些停車場上通常停滿車子，但也兼具公共空間的用途。百老匯大街與莫瑟街（Mercer）之間的一個街區被一座狹長的停車場貫穿，這裡的交通助理員會默許爸爸教我投擲棒球。往南一個街區的格蘭街（Grand Street）北側有座巨大的停車場，星期六會舉辦跳蚤市場。在附近的下東城，每年夏天皆看得到演員在停車場表演莎士比亞戲劇。

在當時，路邊停車不是好選項：一九九〇年，紐約市有十四萬七千輛汽車遭竊，相當於每五十名居民就會碰到一次竊案。[1]在一九九三年聖誕節前不久，我父母也「躬逢其盛」。於是，他們把新買的車停到室內停車場。那是一棟戰前的建築，靠著纜線拖拉的汽車升降梯來運作，共有三層樓的停車場。後來，那棟建築物拆了，改建為公寓。

曼哈頓大約在千禧年之際開始重現生機，通常是公寓取代停車場，偷車案件也同時減少了。一九九〇年到二〇一三年，汽車遭竊率減少高達百分之九十六，相當驚人，也對路邊停車帶來很大的壓力。我父親若想在路邊停車，會要我們先在建築物前下車，他再自己去找車位。這差事太辛苦，他不願別人共同承擔。

自從一九五〇年以來，紐約在這方面一直是個異類。在美國大多數地區，繁忙的街道會取消路邊停車，以求提高車流速度，而停車場則會蠶食建築物的空間，「宛如蛾吞噬結婚禮服上的蕾絲。」[2]紐約市運氣不錯，保留了存許多老建築——我長大時住的那棟本來為了興建快速道路要拆除——最後反而播下市中心再生的種子。

免費的路邊停車與一般價位的房地產之間，向來存在著價格差異，對比最明顯的莫過於曼哈頓。我母親在格羅夫街長大，住在一間租金管制（rent-controlled）的建築中，那棟建築在二〇一一年改建成巨大的獨棟住宅，以一千一百萬元的價格售出。但是這棟建築物前面一百七十平方呎（大約五坪）的空間，價格卻和她在一九六〇年代的童年時期一樣：免費。曼哈頓的土地價值堪稱世界最高，但如果只是把這塊地當作路邊停車位，就完全免費。

到了二〇二〇年，紐約只有百分之五的停車位需要收費，星期天則是完全免費。[3]路邊停車不僅比較方便，就算在最貴的時段，也比最便宜的室內停車場要划算。路邊停車頂多每小時五元，而室內停車的中位數是每小時十九元。換言之，在這個地方，到處巡視、尋找停車位會比其他地方都划算：無論你打算停多久，每小時都會賺回十四元。

所以紐約人很愛到處找停車位。那不光是錢的問題：我們已預付的室內停車位是在五個街區之外，因此我父母常把車停在樓下，這麼容易找到車位的地方很罕見。這是因為，大約在我成為青少年時，紐約市把這裡改成從早上八點開始收費的停車空間。若早晨的例行公事出現延宕，那我就得負責坐到這輛冷颼颼的旅行車方向盤後面，在晨光中呼氣，期盼自己不必在警察來開單之前移車。那時我年紀還太小，不能開車。

在紐約市路邊停車位這塊開放的沃土上，負責守護秩序與混亂間那道細細界線的，就是交通助理員。

有許多年，最厲害的交通助理員是一位下東區的單親媽媽，名叫安娜・羅西（Ana Russi）。一九八三年，羅西要負責巡邏鑽石區（Diamond District）——這街區位於曼哈頓中城，每天都有價值幾千萬甚至幾億元進口到美國的寶石在此交易。她一天會開出一百三十五張違停罰單。這座城市其他一千五百個交通助理員，平均每天每人只開出三十五張。一九八七年，紐約市長郭德華（Ed Koch）頒發城市的「年度傑出女性獎」（Woman of the Year Award）給她——即使她曾在市長吃午餐時把他的司機從違停處趕走。

這是一份辛苦的工作，但羅西是家中八個孩子中的老大，面對幾個弟弟，她早已深諳如何捍衛自己。在華埠，曾有一名男子不滿被開罰單，遂搶走羅西的無線電；羅西就往那男人的下體一踢，另一名同事旋即報警。還有一回，有個計程車司機準備朝她的背踢過去，幸而一名主管衝過來保護她。「那是錯誤動作，」她回憶道，「千萬不要轉身。」[4]有一次，有個手持棒球棒的人說要打爆她的頭。羅西只好離去，但已記下車牌，於是那人收到郵寄的罰單。另一個犯錯的司機想誣賴她，說她讓擋風玻璃出現裂痕。「你這傢伙有病！」她反駁。還有個人說，他不該吃罰單，因為他的狗還在車上。「能給我牠的駕照和車牌號碼嗎？」她問。

「我不在意別人講什麼，」她說，「只管兵來將擋，水來土掩。他們想說什麼就隨他們吧，反正我就是繼續寫、繼續走。有些人只會叫囂，有些人則會求饒。『沒辦法，』我說，『那會違反每一條法規。』有時候他們會生氣地說：『你們這些人都一個樣。』我不知道他們在說什麼。」她微笑道：「你們這些人？到底在講誰？像我這樣可愛的波多黎各女孩嗎？」[5]

「有些交通助理員會被痛打、罰單本被撕爛，衣服、無線電……被破壞的東西不勝枚舉。他們遭受虐待。」我們在二〇二一年談話時她回憶道。[6]「虐待。」警方每年會碰到超過五百件的報案是和紐約市交通助理員有關，其中將近百件是重大攻擊。有個交通助理員在長島對警察開罰單，後來發現自己的輪胎被刺破。兩名主管開車去跟警方高層討論這次事件，離開會議時，發現**他們自己的**輪胎也被刺破。紐約市建議紐約州把攻擊交通助理員定為重罪，布朗克斯區的議員拉菲爾・柯隆（Rafael Colon）卻反對。「要是他們挨揍，」據說他這樣說，「那也是活該。」[7]

這份工作沒有獲得認真看待，有誰若是想在崗位上展現紀律，不免碰到嘲弄與暴力。一九六七年五月，三十八歲的艾斯特・尼爾（Esther Neal）在布朗克斯對一輛車開罰單，結果車主揮拳過來打斷她鼻子。[8]在尼爾出院後，違停開單小姐發動罷工，爭取到工作時與搭檔出勤的權利。[9]有個違停執法人員遭到戴著領圈的神父攻擊；另一個人被攻擊後送醫，到了醫院，赫然發現原來X光師就是攻擊他的人。[10]違停取締人員唐恩・戴維斯（Dawn Davis）的手臂遭到刮鬍刀割傷，縫了二十二針。她也曾在執勤時被車子撞，下顎斷裂。這份工作她做了三年。

約翰．凡．霍恩（John Van Horn）提出一個理論，說明為什麼人那麼痛恨違停罰單。凡．霍恩是《今日停車》（*Parking Today*）的創辦人，那是印刷精美、廣告滿滿的月刊，彷彿是有自卑情結的行業從業者聚集的公共廣場。（二〇一九年三月的封面故事是〈停車不必那麼『爛』〉〔Parking Doesn't Have to 'Suck'〕）。打開每一期刊物，首先映入眼簾的就是凡．霍恩親自寫的長信。「為什麼交通助理員在城市中最惹人厭？」[11] 二〇二〇年，這個易怒的出版者問我。「違停執法者是法官、陪審團與劊子手，算老幾啊！我繳了稅點亮路燈、鋪柏油路，為什麼還得付更多錢呢？我完全知道大家對停車有何看法：他們討厭停車，認為停車應該免費，在憲法或大憲章裡面的某個地方就有寫；他們相信，收費停車是世上最嚴重的敲竹槓之舉。」

究竟是什麼因素，讓安娜．羅西變成紐約市最不討喜的人？她有競爭心、聰明又難搞。她有雄心壯志，也是強硬派，心中對這項任務懷有信念。在公車站停一分鐘？幾十個巴士乘客會上班遲到。在消防栓前面停一分鐘？失火的大樓可不能等。她沒車也是原因之一。停車權利對她來說很陌生，幾乎無法理解。

以前，許多紐約人都和她一樣。一九四七年，警察局長亞瑟．華蘭德（Arthur Wallander）信誓旦旦說紐約人堅決反對把「公共街道當停車場。」[12] 紐約環境衛生局認為，停在街上的車子會導致街道髒亂；警方認為，停著的車會成為三教九流的庇護所，也成為盜賊的誘餌；消防隊則認為不可以擋到消防栓。孩子們討厭這些高價值的障礙物妨礙他們打棍球，年長者則抱怨這些停在街上的車子讓他們很難過馬路。然而，來自汽車車主的壓力仍勢不可當，於是在一九五〇年代初期，隔夜停車在紐約市合法了。[13]

在一九五〇年代晚期，違停開單小姐（meter maid）出現了，她們是一百位開著道奇汽車的女子。紐約市的違停開單小姐穿著羊毛裙套裝、戴藥盒帽與領結，看起來像空服員，與其說是代表主管機關的人物，其實更被視為妖嬌美麗的俏女郎。「小姐」這個名稱（以及更現代的**交通助理員**——因為一九六七年，男性也加入這行列）意味著家庭女僕，而不是執法官員。[14]她們的薪資只有警察的一半，沒有警棍，而是攜帶捲尺，要用來測量與消防栓的距離。肩上的斜背包或許讓她們更散發出威風凜凜的軍事感，但是可愛的麗塔（Lovely Rita，源自披頭四的歌曲《可愛的麗塔》，歌詞中描述她是違停開單小姐，是個想讓人與她交往的對象）依然是個讓人想約會的對象。

警方無法帶來幫助。這些違停開單小姐團成立不久之後，就對警局附近違停的警員私人車輛開單，無視長久以來有如免費停車證的警察工會卡。警方的反應是對違停開單小姐猛開罰單，告上法庭，指她們違規行駛。[15]一九六九年，艾蜜莉亞．雷希（Amelia Lacey）把一張罰單放到布朗克斯區一輛已逾時停車的車子上，而車主——巡警大衛．瓦克斯曼（David Waksman）一把抓住她，撕破她的制服，將她手臂扭到背後並上手銬。雷希因為騷擾與行為不當被逮捕，警官指控她發出「不合理的聲音」、「濫用不雅污穢語言」，並「進行一連串沒有合法目的的行為，令瓦克斯曼警官提高警覺與憤怒。」[16]違停開單小姐惹毛紐約市警局的人而遭到攻擊或逮捕，這不是最後一次。

想當然爾，士氣會低落。一九七七年，這項職業迎來罕見的光榮時刻，因為有一對情侶在停好的車內親熱，卻遭到連環殺手山姆之子（Son of Sam）攻擊。那年八月，有個人在布魯克林的消防栓前違停，而舉發單促使大衛・伯科維茨（David Berkowitz）後續遭到逮捕。他馬上承認，自己就是犯下殺人罪的山姆之子。開這張罰單的是史泰登島（Staten Island）的警官麥克・卡塔尼奧（Mike Cataneo）。卡塔尼奧終其一生都收到來自世界各地的交通助理員寫的加油信。[17]

《紐約時報》稱違停執法者是這城市「最不受歡迎的公務員」，[18]雖然這工作缺乏名望，但要等待職缺卻得等很久，因為這是進入市府公職的起點——有政府工作這艘救生艇，就能幫助一整世代的紐約黑人與波多黎各裔提升為中產階級。安娜・羅西考公務員考試時，是和兒子住在可眺望威廉斯堡大橋（Williamsburg Bridge）的公共住宅。她之前曾在晚上上課，而後才能做牙醫助理的工作，但領的薪水太過微薄，因此她還得在夜裡縫製衣服。她甚至找了一個寄養男孩，以獲得政府補貼，幫助維持生計。最後，她收養了這男孩。

羅西在下東城看過那些穿著時髦制服的女士——黑人女子、與她同樣膚色的女子，雖然她們說話不會像她這樣，仍帶著西班牙語母語腔。她問其中一個人該怎麼獲得這份工作，並填寫了申請表，帶到市中心。等了五年，她終於獲聘成為交通助理員。做這一身制服得花牙科助理一整個月的薪水，於是她向親友借錢，並速速償還。身為違停開單小姐，她一夜之間薪水翻倍，而郭德華市長在一九八〇年提高助理員的薪資後，她的薪水忽然成為了牙醫助理的三倍。

羅西是紐約與各地的交通助理員典型：這份工作不像以前一樣有明顯的性別分野，但是在大都市，負責開罰單的通常是黑人或西班牙裔。（相對地，警方通常是白人——多數住在史泰登島與市郊，而交通助理員多半住在城市裡。）這也說明了，「妖嬌美麗的違停開單小姐」蜜月期過了之後，交通助理員的待遇並不好。

一九七四年，為賦予助理員更多權威，紐約市首位非裔美籍的警察局長班傑明・沃德（Benjamin Ward）讓違停執法者穿上時髦的棕色制服。但那並未減少騷擾與攻擊事件；這些助理員反而還被稱為「小棕棕」（Brownies），助理員與後來的警長都認為這可愛的綽號根本充滿種族歧視。一九九〇年，市府把制服從棕色改成藍色，盼能消滅這惹人厭的「小棕棕」渾名。

大約在這時候，皇后區的心理學教授伊莉莎白・布朗多洛（Elizabeth Brondolo）想研究人際衝突如何影響血壓。她發現，交通助理員就是最好的研究對象。「他們幾乎是在類似實驗室設定的情境下面對衝突。」她觀察道。[19]他們和警察不一樣，因為警察的身體強力活動通常會伴隨著壓力。「助理員的手臂是往下的，之後有人出現，對他們叫囂。這個系統十分有助於了解你受到攻擊時，心血管作何反應。」布朗多洛博士研究紐約市的交通助理員將近十年，在助理員身上裝血壓監測器、給他們日記本書寫，並與研究對象一起在路上巡視。[20]「交通執法的積極層面，」她在一次衝突解決的文章中寫道，包括「執法的榮耀感、自由／自主。能待在戶外、幫助大眾、讓交通暢通。和大眾接觸。看看紐約市的景象。」[21]有種思維能帶來效果：「我依然在做重要的工作，即使這位駕駛無法承認這一點。」這篇文章也總結了交通助理員可能遭受的羞辱，並提出如何回應的解決之道，從肌肉放鬆到冥想都有。

為了回饋參與研究的對象，布朗多洛承諾要提供治療。交通助理員——多為女性、多為黑人——會寫下別人對他們說過最損人的話，之後再請一名同事唸回去給他們聽。「你是豬。一隻胖豬。」布朗多洛擔心助理員會因為把這些事壓抑在心裡而生病；相對地，她希望他們能夠在這些治療期間好好放鬆。在治療過程中，大部分都有見效，只有種族歧視例外。「種族歧視會造成悲傷與不快，得加以制止，」她說，「真不敢相信，這些人居然得承受這樣的事情。」[22]

那些開罰單的人比任何人都更加意識到停車時的種種情緒，且這情況遠不僅發生在脾氣暴躁的紐約人身上。二〇〇一年，英國針對八百名交通助理員進行研究，發現有百分之九十的人在過去一年經歷到暴力事件，百分之十的人遭到武器攻擊。[23]走一趟紐奧良，還能買到違停開單小姐的巫毒娃娃。二〇〇〇年代中期曾出現過一波襲警浪潮，那時加州政治人物還警告車主要冷靜；「切莫襲擊警察，否則我們會提告。」年輕的舊金山地方檢察官賀錦麗（Kamala Harris）警告。[24]有些人曾在拍賣會買下舊金山助理員使用過的二手三輪攔截車，這場風波也讓這些買主受到波及；就算裝上迪斯可舞廳的球燈、芭比娃娃與假皮草，都無法隱藏停車執法的污點。[25]二〇〇八年，聖路易斯郡有個男子因為違停罰單而陷入瘋狂、欠債累累，竟持手槍到當地市政廳射殺五名市府官員，之後又被警方射殺。

關於停車執法的審判，最完整的紀錄是《停車大戰》（*Parking Wars*），這是在藝術娛樂電視網（A&E）上映七季的實境秀，一百多集的節目是以費城停車管理局（Philadelphia Parking Authority）的員工為主角。（最後兩季則是在底特律。）這節目是經典的美國實境秀，充滿費城人痛哭流涕的原始畫面。就像實境節目《警察》（*Cops*）一樣，牟利之道是靠著羞辱深陷罰款循環的低收入者，以及不得不控制暴怒脾氣的低薪員工。這節目對於「友愛之城」（City of Brotherly Love，費城的別名）的描述很不討喜，因此費城觀光局長梅莉．萊維茲（Meryl Levitz）說，她收到超過兩百封觀眾來信，表示看了這節目之後再也不願回到這座城市。《費城詢問報》（*The Philadelphia Inquirer*）呼籲市長與州長停播《停車大戰》。[26]一位停車場顧問告訴我，《停車大戰》「是我們這產業中發生過最糟的其中一件事。」[27]

正如影集的名稱所暗示的，《停車大戰》並非記錄停車執法的公平與中立性。相反地，這節目的結論勢必不脫：法規不僅懲罰過當，執行時又過度草率。最後，停車系統的不平等與僵化引發眾怒：某人因為某事受罰，但別人都沒事，這樣實在不公平；某人自我厭惡地察覺到，別人違停都沒事，就只有自己笨到被逮到。（如果你稍微了解費城停車管理局，印象恐怕只會更糟——

當初成立這個機構，是為了提供經費給這座城市的公立學校，但該機構卻撈起油水，讓民選官員的親友分贓。）[28]

話雖如此，這份工作仍有好處。許多年後，七十六歲的安娜・羅西感染難纏的新冠肺炎住院，在出院時她向醫生解釋自己如何保持身材。「我在紐約街頭走了好幾年，」她說，「他可能以為我是賣淫的！」

一九九六年，紐約交通助理員被納入紐約市警局，結束了四十年來平民違停執法的試驗。（不過交通助理員仍不得進入警方強大的工會。）這份工作依然薪水微薄，但不需要大學學歷，對於初來到紐約的人來說，仍有社會向上流動的吸引力。二〇二二年，在三千名交通警察中占比最高的，是來自孟加拉的移民。[29]

紐約市的駕駛人幾乎滿腦子都在想怎麼找停車位、怎麼避免被開單，這些問題甚至比開車本身還重要。「我們沒有那麼常使用車輛，」一位記者在地方八卦報上對自己的車提出觀察，「因為在布魯克林，我們不想失去自己的路邊停車位。對，就是這樣。我們開車之前會問：失去停車位值得嗎？回來時還找得到車位嗎？」[30]在較小的城市，或許以粉筆在輪胎上做個記號，就能看出一輛車究竟停了多久，但在紐約，停車的時間尺度根本截然不同：擋風玻璃上有結塊的花粉、浸水的秋葉或污黑的雪，說明車主已占用路邊停車位好幾個星期。

雖然紐約市每週清潔街道的時程會迫使停車者保持警覺，不得不換個地方停，但情況差不多。不過停車規則繁多（畢竟這座城市有各個種族聚集的區域，每個區域又各有鮮為人知的假日，因此清潔街道的時程會暫停實施），因此目前在早晨廣播和天氣預報時，會一起報告停車規則的最新狀態，地方民代也會寄出停車位時程表給選民。這座城市還有罰單律師、找車位專家，以及古老的傳統專業。「若你想要講求方法來處理這件事，」一份一九六九年的典型雜誌專欄寫道，「接下來幾年，你可以繼續當曼哈頓車主，享受受虐的好處。」[31]（把車放在停車場是「最終的犧牲。」）瑪麗．諾里斯（Mary Norris）是《紐約客》的文稿編輯，曾開設談紐約市停車主題的部落格，以超過三百篇貼文訴說著她九年的換邊停車史。傑瑞．史菲德（Jerry Seinfeld）說，在曼哈頓停車「就像大風吹，只不過大家在大約一九六四年都坐好了。」[32]

曼哈頓駕駛人想回擊紐約市的停車規則，但方法不是毆打違停開單小姐，也不是吸完古柯鹼、拿出棒球棒來打架，或像貓頭鷹般監視著手裡抓著車鑰匙的人——而是靠欺騙。

紐約的停車證濫用史就和停車證本身一樣古老，起初是警察工會卡的狡猾暗示，但不久之後，就擴充到儀表板上五花八門的小裝飾，從M&M巧克力包裝袋（被認為可以傳送祕密訊息給違停開單小姐）到九一一相關物品（證明自己的愛國心，並支持警察）都包括在內。

威廉．懷特（William H. Whyte）是第一位研究這個議題的社會學家，曾在一九七七年的十

到了二〇〇〇年，紐約市、州與聯邦雇員已獲發約十萬張許可證，不受停車限制的干預。

月清晨，派一批哥倫比亞大學的學生調查曼哈頓中城一平方哩的所有停車位。[33]這個團隊走了三十六哩（約五十八公里）的路邊停車位，發現四千零三十一輛車併排停放——約有一半是汽車與計程車，一半是卡車，造成的交通阻塞影響難以估計。在每一條街、每一條大道，至少有一線道是因為併排停車而無法通行，妨礙到城市的交通循環系統。知名的交通科學家威廉・菲爾普斯・伊諾（William Phelps Eno，一八五八－一九四五，美國商人，即使沒有學會開車，仍有交通安全之父的美名）曾寫道，這種情況是「最討人厭的麻煩事與最危險的駕駛行為。」[34]只要有一輛併排停車，等於縮減了一整條車道。

這些違停車泰半都有停車證。許多都屬於外交人員：一九五〇年，聯合國總部在紐約設立，為曼哈頓引來不可教化、藐視法律的違停慣犯，他們以奧斯卡・尼邁耶（Oscar Niemeyer，一九〇七－二〇一二，巴西重要的現代主義建築師，是一九八八年的普立茲克建築獎得主）在東河（East River）河畔建造的摩天大樓為中心，在城市東邊星羅棋布的領事館與辦事處周圍出沒。外交官不必對違停負責，但這不會阻止像羅西這樣的助理員對他們的豪華轎車開單。

在一九七七年三月到十月之間，駐紐約的蘇聯代表收過逾六千五百張違規停車罰單，以色列則是累積了近五千張。奈及利亞、迦納與土耳其也差不多。[35]兩個來自西非幾內亞的外交官，則各自累積五百二十六張與五百二十五張違停罰單。

後來有一項一九九七到二〇〇二年間進行的研究發現：外交官的違停次數和各國貪腐程度有強烈相關性——而在美國，他們給大眾觀感也比較差。以色列與土耳其在當時已改邪歸正——布吉納法索、哥倫比亞、加拿大、愛爾蘭、日本與荷蘭亦然——沒有違停紀錄。[36]這時違停紀錄的前幾名包括科威特、埃及、查德、蘇丹與保加利亞。在九一一攻擊之後，穆斯林國家的外交官違停情況減少八成，雖然不久之後又反彈。

到一九八〇年代晚期，安娜・羅西獲得晉升，並在正式場合擔任上司——交通局長山姆・史瓦茲（Sam Schwartz）的司機。史瓦茲原本是計程車司機，後來成為交通界的獨裁者。他之所以成名，是因為打造出「**大塞車**」（gridlock）一詞，描述中城每天下午陷入膠著的狀態。當然，史瓦茲**念茲在茲**的，就是違停。

無論是廣場飯店（Plaza）與麗晶飯店（Regency）前的加長型禮車、薩克斯第五大道（Saks Fifth Avenue）與市中心法院前的豪華轎車、電影拍攝團隊，或是載著特勤幹員的廂型車，甚至市長本人——史瓦茲都會開單拖吊，那股霸氣在紐約市堪稱前所未見。他回憶道：「如果你會詮釋的話，**禁止停車**標示表示人人都不可以停車，除了醫生、送報貨車、記者、警察、軍隊、聯邦調查局幹員、特勤人員、計程車、送貨卡車、聯合愛迪生公司、電話公司、塔式起重機、郵政公司、身障駕駛人、外交官與加長型禮車。」[37]所以他引介**休想在此停車**的標誌，卯起來抓違停者——正因為這個理由，他很青睞「檢舉違停界」的巨星羅西。

史瓦茲深知，聯合國是世界級的治理機構，理論上該負責崇高的任務，例如調查戰爭罪；但事實上，這機構卻是由冥頑不靈、目無法紀的人組成。因此在郭德華市長的支持下，他告訴拖吊車，現在是對外交人員特權車牌開鍘的時候了。於是，中城區東邊街道的車流開始動了起來；西邊拖吊場滿是賓士、積架與BMW，瞬間變得像許多鄉村俱樂部的停車場。國務院駐聯合國的聯絡人氣急敗壞打電話市府。「英國說，基於安全需求，他們無法消受你們的計畫。蘇聯氣瘋了。

你們知道吧，我們的外交官在國外可是享有各種特權的；有些國家已揚言報復。」[38]

在美國國務院的代表陪伴下，史瓦茲被請到聯合國大會，答覆他為何採取如此激烈的拖吊政策——該政策也促成國際間難得一見的祥和氣氛。「以色列人與阿拉伯人和平相處；當時在交戰的伊朗與伊拉克也請彼此喝咖啡。大家有志一同抨擊我，」他回憶道，「若那一刻有人去參觀聯合國，大概會以為我對世界和平心中有答案。」房間裡眾人是那樣全神貫注。

不過，外交仍占了優勢。一直要到二〇〇二年，在技術官僚市長麥克・彭博（Michael Bloomberg）的要求下，美國參議院通過柯林頓－舒默（Clinton-Schumer）修正案，允許市府拖吊外交人員的車輛，並指示國務院從美國政府的援助中扣除尚未支付的罰鍰。於是違規停車數量銳減。[39]

外國的不速之客減少了，但是城市上班族的情況又是另外一回事。到了二〇〇〇年左右，這座城市、州與聯邦的員工已獲得約十萬張的路邊停車許可證，於是他們的車子不必受到諸多限制。在特里林的小說《泰伯不出來》中，市長震怒道：「停車是都市秩序的關鍵，但我似乎搞不定停車。」[40]一份二〇〇六年的城市研究則下了結論，如果政府員工開車的比例和民營企業的員工一樣，那麼每天進入曼哈頓的車輛會減少將近兩萬輛。但每個公部門員工都有理由，會說**他們**為什麼和其他曼哈頓上班族不同，需要把車停在辦公室前面。當政治人物試著削減停車補助的時候，公部門的工會就會說這是他們應得的福利。

如果在紐約市路邊停車不受限是工會權益，那麼其價值究竟是多少？有時小偷會砸破車窗，竊取許可證。[41]州警工會發出警醫的識別證，給任何願意支付四百元費用的醫生。二〇一七年，曼哈頓有兩千名「警醫」隨處停車。[42]不妨粗略估計一下，看看熱鬧的偽造證件黑市有多少錢在流通。這些偽造證件能發揮功用，是因為低薪的違停警察搞不清楚豁免者大雜燴。的確，調查人員有時能逮到造假者，發現許可證在黑市以五百到兩千六百元的價格賣出。即使是高價版仍然划算，因為市中心室內停車位一年要價兩千六百元，也就是每月就要兩百二十元！二〇一一年有一項研究發現，每四張許可證中就有一張是偽造的，表示紐約市中有高達一萬到兩萬五千張許可證是假的。[43]

「使用這種偽造證件，就是竊取城市資源。」紐約調查總監在二〇一七年說道。[44]不過，這還是很奇特的竊盜行為，因為是在光天化日之下、於政府建築物前面，由政府員工所犯下——且證據保留一整天。

除了許可證鑑識員之外，恐怕誰都不太能分辨出哪些許可證是真的，哪些是假的，因此監視者會把焦點放在非法使用上。許可證可以讓你不必理會收費表與某些限制，但你不可以擋住行人穿越道、消防栓或公車站牌。不過，市府員工就改以中學操場當作停車場，直到公共議政員貝琪・戈特包姆（Betsy Gotbaum）在二〇〇四年出手阻止；二〇二一年，布魯克林區政廳的員工繼續把車子停在公園步道上。一份針對曼哈頓下城市政中心區的研究顯示，兩百四十四張許可證當中，只有十一張是正當使用。[45]

二〇〇六年，自行車與行人倡議團體「交通替代」（Transportation Alternatives）在整個市區展開許可證使用的調查，發現每四名許可證持有者當中，就有三名會違法使用。違規停車有整整一半是屬於警察的車輛。當汽車會危害安全時，有百分之六十一是警察的私人車輛。「交通替代」派出二十二位研究者進行這項計畫；每一位研究者都在研究過程中遭逮捕，並被要求出示身分證明，其中兩人遭到拘留。最常濫用許可證的就是警方，而警方還要負責停車執法。小棕棕和警察間的衝突時代在很久以前就已經結束。

約翰．凱尼（John Kaehny）是「交通替代」的前主任，他後來去主掌「改造奧爾巴尼」（Reinvent Albany），這個團體致力於推動州政府改革。「停車政策是增加歷練的絕佳方式，」他回憶道，「那其實是一小群人壟斷公共資源，簡言之，就是州政府。」[46]根據保守估計，這種造假就讓紐約短收數百萬元的違停罰款、收費機付款、停車位稅與轉乘費用——更別說對交通造成的影響。

即使你能接受警察與法院人員或許出於某種特殊需求需要開車工作的想法，但這種特權帶來的小型腐敗行為就比較說不過去了。只要有許可證的地方，就一定會出現違規使用的情況；你也會發現車牌擺在霧濛濛的塑膠蓋後方，或角落凹折，以逃過測速照相機與收費。對於追蹤許可證的監察人員來說，停車腐敗也是不祥徵兆，說明警方不認為自己得和其他人遵守同樣的規則。

監督者也看出到底發生了什麼事。二〇〇七年，「交通替代」成立網站「不文明的公僕」（Uncivil Servants），讓民眾把市府官員（多半是警察）明目張膽違規停車的情況刊登上去。結果有超過一千六百位檢舉達人貢獻貼文。紐約市警局大感震怒。

推特也成為指出停車濫權的人氣平台。推特有個匿名帳戶「濫用許可證」（@PlacardAbuse）尤其熱衷於監督警方。二〇一八年，我們首度與這個帳號的創建者對話；他不願告訴我他叫什麼名字，但他說，他的工作（在推特上張貼違規停車的照片）讓他陷入幾次肢體衝突，也有人向他老闆告狀，紐約市警局督察單位也不懷好意造訪他家。他認為，認真看待這問題所能帶來的最佳效果和違規停車的後果無關，而在於那對警力而言有何意義。「這些人獲得不成比例的公眾信任，對其他人執法，但自己實際上卻在欺騙，養成了作弊的習慣。我們擔心的問題之一，」——他使用複數的「我們」，代表寄送照片到@PlacardAbuse的人不在少數——「在於應該要有人舉起紀律紅旗。應該更仔細審視他們的行為，趁機把爛蘋果挑出來，以免他們為非作歹。」[47]

若外交官違停可當作國外貪贓枉法的有效指標，那麼紐約市本身的執法階級卻違法猖獗，又代表什麼意思？許可證、註銷罰單與罰款徵收，確實開了一扇門給更嚴重的犯罪行為。羅伊．柯恩（Roy Cohn）是個知名的黑幫律師、川普的個人律師，也是《天使在美國》（*Angels in America*）的反派英雄，他就是從註銷罰單起家的。

二〇一一年，十一位紐約市警局的警察因為替親友註銷罰單而遭起訴，布朗克斯區的地方檢察官指控，他們搶奪紐約市一百萬到兩百萬元。結果數以百計下班的警察在法院外聚集。他們舉起寫著**只是遵從命令**的牌子，還攻擊攝影師，以防同事被拍攝，因此《時代》雜誌稱這個場面「展現出驚人的尖酸之舉」。[48]警察工會會長派翠克・林奇（Patrick Lynch）說，這些警官是因為某種「各階級行之有年的事」而成為受害者。檢察官說，註銷罰單的情況太普遍，因此他們考慮以紐約州敲詐勒索法來控告警察工會，彷彿紐約市警局是個組織犯罪家族，不再能代表法律。

幾年後，城市的另一端出現針對城市警察的重大貪腐調查。有個明星證人是房地產開發商喬納・瑞奇尼茲（Jona Rechnitz）。瑞奇尼茲注意到，他公司客戶中有一人有「警長」車牌，這樣他想把車停在哪就能停在哪。「他來找我的時候，車想停哪就停哪，」瑞奇尼茲證實，「我覺得那樣挺酷的。」[49]這名年輕的地產商追蹤到布魯克林社區聯絡人，這人會收購許可證，並讓停車罰單消失無蹤。原本單純的交換利益，不久就升溫為賄賂警察的模式，而警察做的也遠不僅註銷停車罰單。等到瑞奇尼茲二〇一七年作證時，已間接送給警察的禮物包括超級盃門票、鑽石珠寶、度假村假期，還有扮成空服員的妓女，在飛往拉斯維加斯的私人飛機上與警察發生性關係。

「正如幾十年來，我們一直在演講中聽到無數關於紐約市警局的『破窗』現象，」備受信賴的地方新聞主播艾羅・路易斯（Errol Louis）在案件審理期間，於《紐約每日新聞》（*New York Daily News*）寫道，「容忍小罪，就會豢養出無法無天的態度，發出『繼續做』的信號給惡棍，導致更大、更嚴重的犯罪。」[50]停車腐敗是有成本的；路易斯寫道，公職候選人「應提出計畫，根除違法的竊賊，不再放任他們每天從我們其他人身上偷竊。」正如他後來所說：「如果我們知道公務員日復一日從城市各處的超市與酒館偷牛奶——警察不僅視而不見，甚至參與其中——沒有人應該聳聳肩說：『管他的！』在紐約市停車，花費比一加侖牛奶要多出許多。」[51]這些違法者會以一個常見的理由來反駁，簡言之：如果我可以違規停車，那就有多一個合法停車位給你。

紐約政客本身就是難以教化的識別證濫用者。二〇二一年十月，在一次布魯克林民主黨早餐會中，有個資深黨員在介紹即將上任的地區檢察官時，說了一句很具代表性的離題話語：「如果你收到停車罰單，別擔心，我們會處理。」[52]他們大部分都重視改革的形象，每隔幾年也會對這個主題宣布新的方案。支持毆打違停開單助理員當然不再合法，但這些改革向來沒什麼殺傷力。事實上，紐約市並未真的想更努力取締違規停車。二〇二〇年，紐約市警局收到的數千件違規停車檢舉，會在不到五分鐘內就結案——這表示根本沒有人去調查。[53]在安娜・羅西走上街頭巡視之後的那幾年，雷射車牌辨識技術出現了，讓鄰近路邊的駕駛能在幾秒鐘內掃描街區的每個車牌。理論上，這項資訊可立刻交叉比對，檢查識別證的狀態，一方面也檢查停車收費表的付費情況，以及是否違反每個街區的停車限制。但是紐約雖使用這種技術追蹤尚未繳納的罰單（後續對車子使用車輪固定夾，或者找拖吊車過來），官員卻拒絕把這種技術應用到停車執法的實務上。

二〇二〇年，一位布魯克林的議員提議，要讓市民舉報違法停車。「多年來，我試著要求警政部門確實執法，」議員史蒂芬・萊文（Stephen Levin）說，「但現在，最有效的處理辦法似乎是讓民眾自己來。」[54]紐約最大的警察工會在推特上回應：「想像一下，要是每個警察都要對每輛違停的車，或者違反車輛與交通法的車開單，我們就可能挽救紐約市、紐約州，甚至給無家可歸者吃東西！」[55]警方設法讓嚴格的停車執法顯得荒謬、不可思議，就像要餵飽無家可歸者一樣瘋狂。但是在不到一半的家庭擁車的城市，這裡的警方似乎以威脅紐約人為樂。

最大的問題依然是那個最老的問題，也就是那些收費小姐在一九六〇年剛踏上街頭時就縈繞不去的衝突：警察。正如「大塞車山姆」史瓦茲所稱，為了保護交通助理員，這座城市把執法交給違停最嚴重、並把此舉當成地位象徵與生活方式的一群人。負責執行停車法規的組織，也是最頻繁、最公開違規的組織：紐約市警局。

濫用識別證的怪象是警政改革的棘手挑戰之一，但是停車執法的官司訴說著關於停車與城市更基本的事實。識別證系統的好處被集中在城市一群有影響力的工作者身上，尤其是警方。同時，這造成的傷害卻更廣泛，在數百萬紐約人之間擴散——他們沒有免罪停車卡，得推著嬰兒推車，繞過停在人行道的休旅車保險桿，承受停車亂象所造成的交通情形。這問題一而再、再而三發生在整體的停車執法上：一輛違規停車沒直接侵犯到多少個受害者，吃下一百二十五元的罰單似乎是不公不義到了極點。但如果在一座城市，違規停車變成一種生活方式呢？那些車集結起來之後會阻塞，堵住城市的動脈，讓維持運作所不可少的機能中斷。

第四章　置城市於死地而後生

為何美國的城市會有那樣的外觀、予人那樣的感受、具備那樣的機能？美國城市的形式多可追溯回二十世紀中期所受到的錯誤引導——努力追求更便利的停車。在一九五〇與六〇年代，車要停哪裡的問題讓美國政治人物、店家、交通工程師與都市規畫者傷透腦筋。在戰後一份「去中心化」（decentralization，指商業、人口與金錢流向郊區）的報告中，房地產開發者的全國性組織——美國城市土地學會（Urban Land Institute）提出結論：停車是「今日大城市中心商業區所面對的最重要問題。」[1]回顧起來，這項主張似乎很可笑，但以前的都市規畫者卻是依照這種觀念來行動。城市試圖模擬郊區的停車模式，結果在過程中差點自我毀滅。維克多．格魯恩（Victor Gruen，一九〇三－一九八〇）曾大力提倡這種方式，也曾是商場開發者，想藉以拯救市中心；不過他後來對這種做法深感後悔。從二十世紀初擁擠的路緣可以畫一條直線，直通二十世紀末許多美國城市中心有如遭火山灰淹沒的荒原。

一九〇八年，亨利．福特（Henry Ford）的T型車問世，其耐用度與可靠度日後持續改善，因此全年皆可停在室外。只是這麼一來，停車卻成為重大的都會問題。在二十世紀的前幾十年，商人和鄉下人很快捨棄對馬匹的依賴；富有的通勤者可自行開車，不再與沒洗澡的人、扒手與聒噪者一起擠在有軌電車上。美國人對這種新的通勤方式旋即展現出極高的熱忱。在一九二〇年代，印第安納州的蒙夕（Muncie）有個女子道出全國人的心聲。她說，她尚未替房子裝設室內管線就先行買車，因為「你不能坐在浴缸裡進城。」[2]

為了避免有人整天占著車位，市政機關限制了停車時間。底特律在一九一五年設定停車時限，波士頓則在一九二〇年設限。紐約市則規定，在百老匯與其他大型街道只能停車二十分鐘，而洛杉磯市中心則是四十五分鐘。然而，要執法幾乎是不可能的。以芝加哥為例，罰單必須親自交給違法者，因此駕駛人要躲掉罰單很簡單。「你能怎麼辦？」一名警官抱怨，「如果違停者被逮，頂多是繳個一兩元的罰款，但如果要逮到他們，就得要一個日薪八元的警察站在車子旁，或許得站個五小時。然後呢？他們明天又回來了。」[3]為了追蹤一輛車究竟停了多久，有些警察會在輪胎上以粉筆做記號。不過，駕駛人通常的反應並不是去找新的停車位，而是把車往前開幾呎，這樣就能隱藏粉筆記號。這個問題在每座城市都一樣：路邊停車位被霸占一整天，對於能滋養地方商業、每小時來來去去的車子來說毫無用處。「一項針對交通阻塞區的停車情況調查發現，違規者鮮少是為了購物而停車，」紐約州綺色佳（Ithaca）的一份報告顯示，「最大的問題是來自商人、律師、速記員、職員與整個專業人士階級，他們會在路邊停車，想停多久就停多久。」[4]

這樣顯然就會在市中心造成大塞車，汽車幾乎無法移動。太多車輛塞在街上，何況街上本來就有喧嚷的街車、單車、馬拉車與行人，壓力已經很大。於是，城市開始拓寬道路：芝加哥在一九一五到一九三〇年間，拓寬了一百一十二哩（約一百八十公里）路。[5]在紐約，都市規畫者敲掉萊辛頓與麥迪遜大道的聯排住宅門階，讓出更多車道供車流使用（今天看起來依然怪怪的），也修掉蜿蜒的公園步道（這裡的步道正是公園大道的名稱由來），使之成為一套裝飾性的狹窄中央分隔島。數不清的行道樹被成排砍下，好讓街道更寬闊。這些路邊的綠地原本有小公園的名號。[6]

當代分析者認為，交通問題的根源是停車。「除了天氣之外，」按照一九二八年的美國城市會議（U.S. Conference of Cities）所言，「如今在我們的城市中，討論最多的問題就是汽車停車位。」[7]在華盛頓特區，到一九一〇年代，停車占去市中心街道空間的三成，而官員還想把車停在國家廣場（Mall）。[8]紐約交通局長伊諾想要把廣場飯店前的公園鏟平，變成停車場。變寬的街道還想要奪回原本被併排停車占去的車道。

在汽車產業的資金挹注之下，交通工程師米勒．麥克林托克（Miller McClintock，一九八四－一九六〇）在一九二五年成立哈佛大學道路交通研究局（Bureau for Street Traffic Research）。麥克林托克計算，在併排停車、尋找停車位、倒車、駛離的過程中，路邊停車會導致一般市中心街道容量減少百分之三十到五十。[9]在第一次世界大戰期間，併排停車已很常見，而麥克林托克認為「那是整體交通問題中最嚴重的威脅。」這時也出現了三排停車，有些下午，街車駕駛員甚至得臨時改變路線，讓電車繞過滿是貨車、汽車與卡車的街道，以免電車無法前進。[10]「在這樣的情況下，停車必須和花生貨車及人行道櫥窗一樣，成為過往雲煙。」麥克林托克主張。他在表達一整個世代交通工程師的共識，建議禁止路邊停車。

一九二〇年，洛杉磯是世上汽車持有率最高的地方，而城市的領導者就曾想禁止路邊停車。他們提出簡單的解方，要應對「汽車車流帶來令人難以忍受的狀況」：在市中心核心地帶取消路邊停車。這道禁令在四月十日執行，車流速度提升了百分之五十。不過，市中心商家很不高興，聲稱銷售業績也掉了百分之五十。《洛杉磯時報》寫道，這項改變「在商業區覆上掃興的氣氛。」房地產持有者立刻拆了舊房子改建停車場來回應。[11]有人謠傳，一名女子為了購買價值兩萬三千元的家具，得一路開車到十哩（約十六公里）外的帕沙第納。[12]短短不到三個星期，這項禁令就取消了，情況依然沒獲得多少改善：在一九二四年的喜劇《別在那邊停車》（*Don't Park There*）中，演員威爾．羅傑斯（Will Rogers）大費周章想在洛杉磯的藥局前找個停車位，最後停到西雅圖去了。

洛杉磯停車禁令所掀起的軒然大波正是個跡象，代表路邊停車的權利有多麼根深蒂固，這不是福特T型車上市後二十年才出現的。但是，洛杉磯停車禁令失敗，在某些方面來看卻很異常。在多數城市，趨勢是朝更多、更嚴格的規範前進，以期保持車流暢通。到了一九二五年，緬因州的波特蘭在路邊停車位上畫了三種不同圖樣，以傳達停車規則。一九二七年，芝加哥禁止市中心停車，於是街車速度加快，讓零售業租戶大讚。[13]警政監認為，以後芝加哥人回想起停在街上的車子時，就會像咆哮的二〇年代（Roaring Twenties）芝加哥人回想到街上的豬隻一樣：太扯了！到一九四〇年，美國城市中超過八成的交通標誌都和停車有關。[14]

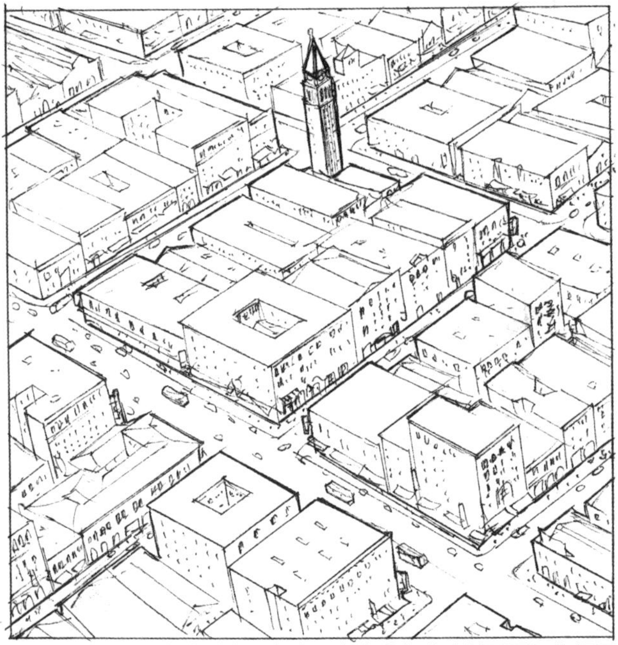

丹佛在一九二〇年代（上圖）與一九七〇年代（對頁圖）的相同地區之景觀。在二十世紀下半葉，停車場侵蝕了市中心，馬克·柴爾斯（Mark Childs）說：「宛如蛾吞噬結婚禮服上的蕾絲。」

在第二次世界大戰結束之後，社會欣欣向榮，城市停車問題也從交通危機變成生存危機。有一項調查以兩百座城市為對象：有三分之一的商人認為，停車就是他們城市最重大的問題。[15]「在獲得和平之後，」一名記者在一九五五年挖苦道，「美國接下來的頭號問題是如何戰勝停車問題。」[16]在紐約市警局長亞瑟·華蘭德（Arthur Wallander）眼中，「在公共大街上停車成為這城市

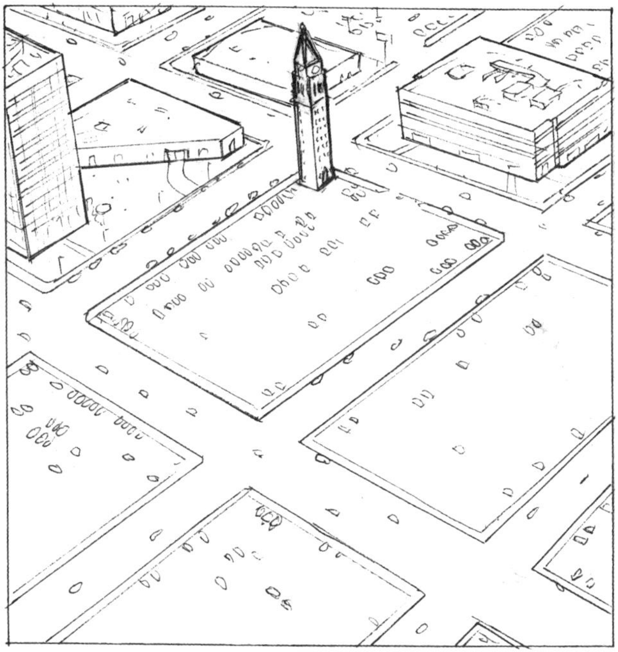

要面對的一大問題。」[17]到了此時，市區最關注的問題已演變成只聚焦在如何停車。「亨利・福特或許從沒料到這一點，」明尼亞波里斯商會會長回憶道，「汽車量產對走到腳痠的行人來說固然是一大福音，卻會在任何車主大量匯聚之處，形成令人頭痛的問題。」[18]他寫道，明尼亞波里斯商會「提出結論：建立幾座立體停車場或許能讓明尼亞波里斯〔市區〕避免去中心化。」更多停車位不僅能解決交通問題，還能幫助城市對抗市郊。

把路外停車當成靈藥仙丹，修補市郊為城市造成的傷口是很常見的想法。無庸置疑，這也會帶來危機：一九三〇與四〇年代之間，巴爾的摩、底特律與芝加哥的課稅估值下滑了二位數百分比。[19]美國的大都會居民住在市郊的比例從一九四〇年的百分之三十二，上升到一九五〇年的百分之四十二；而剛進入一九六〇年之後不久，就超越百分之五十。[20]工作場所跟著商店與住家，進入了綠地開發區（greenfield，意指在過去尚未開發的地帶發展房地產）；而到了一九七〇年，有愈來愈多美國人在市郊之間通勤，不再從市郊前往市區。[21]產業也跟著白領階級移動，從一九四八年到一九六三年，若以大都會的製造、服務與批發業來看，城市就業比例都大幅下降。零售部門是往市郊發展速度最快的。[22]在報紙與電視上，城市經常被貼上「奄奄一息」、「腐敗」、「崩壞」的標籤，是「即將死亡的星星，綻放出巨大的火焰與能量光暈，然而中央核心地帶正快速冷卻。」[23]「由於去中心化，城市的整體財務結構，以及無數個人與企業的投資都面臨危機。」都市規畫者哈蘭德．巴塞羅謬（Harland Bartholomew）在一九四〇年寫道，可說有先見之明。[24]市中心只占美國城市的小部分，卻貢獻高比例的房地產稅收，以支應學校、警政及其他公務的運作。市中心的生存很重要，不光對百貨公司鉅子、房地產持有者與達官貴人是如此，對更廣泛的城市財務健全來說更是關鍵。

伊諾在四十年前就幫紐約市起草全球首份交通法規。他寫道，「不成熟的去中心化」之所以會出現，是因為無法提供「足夠的停車設施。」[25]「若有足夠的停車設施，」他寫道，「多數人會很高興，願意光顧他們在中心商業區熟悉的老店家等等。然而，生意是跟著人流走的。」伊諾認為，停車可能改善交通、郊區化與其他問題。「在市中心地區缺乏足夠停車位，造成上述狀況頻繁發生。」規畫者巴著不放的觀念是，距離市中心復甦只有一個停車場之遙，於是他們就這樣規畫。[26]他們把焦點放在停車有多困難，提出的政策正好符合尤吉．貝拉（Yogi Berra）的格言：

「沒人會去那邊了；那邊太過擁擠。」

這麼多城市模仿市郊、之後又後悔的故事，體現在一個呼籲要滿足停車需求以挽救美國城市的人身上。他一輩子的工作生涯正好能說明這則故事。這人就是維克多．格魯恩——購物中心的發明者。格魯恩打造出市郊發展模式，並把它帶入城市。只是，他從未原諒自己。

格魯恩年輕時，於兩次世界大戰之間待在維也納，白天擔任建築師，晚上則是演員。到了晚上，他會在城市知名的咖啡館經營左翼劇團，推出常見的卡巴萊（cabaret）表演：鬧劇、音樂、戲劇。[27]一九三八年，他為了逃避納粹迫害，遂來到紐約，成立了難民藝術家集團（Refugee Artists Group）。在格魯恩親自請求下，愛因斯坦（Albert Einstein）曾為這個團體的演出寫過支持信[28]；知名作曲家歐文．柏林（Irving Berlin）也協助他們在百老匯兩次連演之前，讓歌曲變得更洗鍊動聽。

格魯恩在建築界的運氣更好。為了支付玩音樂劇的花費，這位維也納難民在一九三九年紐約世界博覽會引起轟動的通用汽車「發現未來」（Futurama）展館找到工作。諾曼．貝爾．紀迪斯（Norman Bel Geddes）的模型城市成為這次展覽中的吸睛焦點，參觀者深愛這套對於未來的願景，汽車與城市中的行人生活會無縫融合，但又彼此分離。

一九四一年，他把原名格魯恩包姆（Gruenbaum）縮短，這時格魯恩的英文已經夠好，開始在美國行業刊物提綱挈領，勾勒購物心理學理論，之後他的事業就會以此為基礎發展。他的曼哈頓店面也引起注意。《建築紀錄》（*Architectural Record*）雜誌找上格魯恩與艾西．克魯梅克（Elsie Krummeck，他的新事業夥伴，不久後會成為第二任妻子）重新設計紐約州的雪城，當作〈一九四X〉（194X）這一期的內容，討論美國都市的未來。（〈一九四X〉的X代表戰爭將結束的一年，那時美國城市終於可開始積極更新。）他和一群打造美國一九五〇與六〇年代城市的現代主義大師並列齊名，包括路德維希．密斯．凡．德．羅（Ludwig Mies van der Rohe）、查爾斯與雷．伊姆斯（Charles and Ray Eames）、路易斯．康（Louis Kahn）與威廉．萊斯卡茲（William Lescaze）。雜誌請格魯恩與克魯梅克把焦點放在未來的購物中心上。

「市中心的商家擔心生意被停車方便的新購物區搶走。」雜誌編輯寫道。[29] 雜誌提議，大街的「商店街」應該禁止停車。格魯恩與克魯梅克提議在附近興建購物中心，並納入幼兒園、郵局、俱樂部會所、圖書館與小馬的馬廄。與其說是購物中心，不如說是城鎮中心——還有更棒的停車空間。格魯恩就帶著這個想法打磨出心目中購物中心的理想。隨著市中心這顆明星落下，格魯恩的光芒升起。

一九四九年，他為米勒隆百貨公司（Milliron's）在洛杉磯的塞普爾維達大道（Sepulveda Boulevard）設計出巨大的箱式店面。在這間百貨公司的頂樓有三百個停車位，建築物還有吸睛的X形交叉斜坡往上延伸。之後，他說服底特律的哈德森百貨公司（Hudson's）進軍、擴張至郊區，第一個據點就是一九五四年開幕的諾斯蘭購物中心（Northland shopping center）。他的合夥人賴瑞．史密斯（Larry Smith）在美國頻繁搭機飛行，以確保停車場的規畫妥當執行，最後完成了一座有超過八千個車位的停車場，並以顏色編碼，幫助駕駛人在暈頭轉向的時刻，能在巨大停車場的茫茫車海中有全新的找車體驗。格魯恩可不謙虛，他告訴記者：「這不只是一家購物中心開幕；對都市規畫者、建築師、經濟學家、商人及整體美國大眾來說，這是重要里程碑。」[30]看著這座位於可能是世上最大停車場中央的購物中心時，他認為那「基本上是個都會環境。」這座購物中心的確給了新世代美國人熱鬧的市民空間，但那樣的光澤並未延伸到無窗的牆外。

正如傑佛瑞．哈德維克（Jeffrey Hardwick）在《商場建造者》（*Mall Maker*）這本傳記中所寫，雖然購物中心周圍都有柏油路圍起，但格魯恩認為這是朝「美國歐洲化」邁進一步。[31]他認為購物中心主要目的並不是與市中心為敵，而是取代從一九二〇年代開始在底特律與洛杉磯出現的那種無窮無盡、以汽車為中心的帶狀商業區；格魯恩正是在大戰期間遷居到洛杉磯的。幾年後，他住在比佛利山莊、陷入第二次離婚的困境時抱怨道，自從他十年前來到紐約之後，就沒看見美國零售業有何進步。「唯一的進展，就是比戰前有更多停車位。」他寫道。[32]媒體對諾斯蘭德的接受度肯定了格魯恩的理想（波希米亞知識分子對郊區的反彈還要過幾年才會出現）。德國腔沒有問題。一名作者不得不誇張地表示：「諾斯蘭德瀰漫著維也納華爾滋的氣氛。」[33]格魯恩會把諾斯蘭德比喻成聖馬可廣場（Piazza San Marco），畢竟他讓美國人——「通常不願意從車庫走到房子」，他嘲諷道——起身，並且像在巴黎與羅馬度假時那樣快樂散步。[34]即使實際上不可能**走到**諾斯蘭德也無妨。

兩年後，這位建築師又完成更大的成就：明尼蘇達州伊代納（Edina）的南谷（Southdale）購物中心。《時代》雜誌稱之為「設有停車場的逍遙宮。」[35]這裡有五千兩百個停車位，並以十五種動物圖案來編號：鵝停車場、虎停車場等等。南谷購物中心在一九五六年開幕之後，一天有高達五萬人造訪，相當驚人。格魯恩起初想像，這座購物中心是在小型社區的中心，附近還有公寓與辦公大樓，且有行人步道穿插於停車空間中。不過，這種情況並未發生，因為打造南谷購物中心的戴頓百貨公司（Dayton's）發現周圍土地升值時，就把地賣給了房地產開發商。

到了一九五〇年代中期，這個眼眶深、黑色油頭往後梳、活力旺盛的出走者，已經有美國最高瞻遠矚的購物中心建築師名號，為美國社交生活打造出半個世紀的模板。他的名氣與雄心壯志是要直視市郊成長的另一面，他也對這時代的大哉問提出答案：美國日益衰頹的城市該如何是好？

一九五六年四月，格魯恩來到德州沃思堡（Fort Worth），展開都更的總體規畫。當地有權有勢的人若早點知道的話，無疑會覺得他的戲劇背景有點愚蠢，且帶有社會主義的可疑色彩。他的贊助者是德州電力服務公司（Texas Electric Service Company），公司總裁湯瑪斯（J. B. Thomas）

聘來了格魯恩，因為他發現沃思堡遭逢美國許多其他城市的狀況：中產階級的白人逃到了市郊。

在沃思堡俱樂部（Fort Worth Club），湯瑪斯警告在大廳聚集的聽眾：「我確信，這計畫會挑戰你們的想像力，就像我當初受到挑戰一樣。若要適當評價這個計畫，還請保持開放的心胸。」[36]說完，他那火力十足的賓客就展開了他的演出：格魯恩身上是平時常穿的西裝與領帶，時而比出激昂的手勢，時而皺起眉頭，雙手手指互碰思索著。他傳達出的訊息既是鄙視這座美國城市，同時又對這城市的未來寄予厚望。他那強烈的知識分子形象的自我展現——那種腔調；滔滔不絕提及洛克斐勒中心、威尼斯運河、希臘廣場——會因為身為獲利導向的零售業行家而減弱，畢竟他的設計可讓女人打開錢包。沃思堡的病症比表面上還要嚴重，然而這位建築師有治療方法。他的計畫「有百老匯作品的氣派、戲劇性與熱鬧，」會讓沃思堡變成「美國夢幻城市。」[37]

格魯恩還增加些許讓人興奮的東西。他的沃思堡正式報告中，開頭是一首八十七行的頌詩，要獻給這「年輕有活力的城市。」[38]他花了幾個月的時間吊美國媒體的胃口，允諾要展開 X 城市計畫（City X），卻沒透露究竟是為哪座城市準備的。這做法挺不錯的。格魯恩對於美國城市的一大理論在於，這些城市基本上可相互替換（他的巡迴演說投影片當中，有個寫給自己的註記：「**在此插入當地資料**」。）[39]而都會與市郊的問題，基本上也雷同。《商業週刊》（*BusinessWeek*）有一篇關於 X 城市的報導，指稱市中心需要向郊區「學一課。」[40]以市郊零售建築師在轉進都市規畫領域的過程而言，這是很恰當的說法。在沃思堡，他試著把購物中心帶到市中心。

格魯恩的計畫有四個中心元素：市中心專屬於行人，他們利用電車與有空調的通道來通行，而地下隧道則用來運送貨物與垃圾。[41]在無車區域的周圍有一條快速道路環繞，這條道路可以通往六座巨型室內停車場。這個概念會確保從市中心任何一處都能在一百五十秒內步行到停車場。為了容納市中心的交通，這項計畫會需要六萬個停車位，因為格魯恩預期，到一九七〇年，這裡需要的街道空間會比整個沃思堡市區建築物的總面積還大。

這數字超乎想像。格魯恩說，沃思堡市中心要蓋更多停車場，其數量甚至超過面積為沃思堡七倍大的洛杉磯市區。格魯恩要把這座城市現有停車空間擴增四倍，哪怕這裡街道寬敞，開起車來頗為輕鬆，牛隻也可在路上走。一九五六年，沃思堡市中心每個人所擁有的停車位是亞特蘭大的兩倍（這裡的停車部門可不輕鬆）。不過，沃思堡雇用的城外停車工程師在評估格魯恩的設計時，仍擔心駕駛人要走太遠。「我們不知道有哪個情況下，步行距離是經過測試的……或許在格魯恩計畫中所構想出來的環境條件，會**形成新的步行習慣**。」[42]要說有哪個人能讓美國人走路到商店，這人就是格魯恩——他的購物中心證明了，只要有適當的環境，是能讓美國人步行購物的。另一方面，他們也寫道，或許市府只需要把室內停車場蓋得近一點就好。

電力公司大亨湯瑪斯倒是不需要擔心大家的接受程度：格魯恩的報告掀起一陣旋風。這個郡的報紙讚賞沃思堡的遠見；地方領袖樂見自己成為眾所矚目的焦點。開發者詹姆斯・羅斯（James Rouse）將會策畫市中心的更新計畫，就像巴爾的摩的港口廣場（Harborplace）及波士頓的法尼爾廳（Faneuil Hall）那樣；而他寫道，這「最神奇的計畫」是「處理諸多美國城市時，最大、最勇敢、最完整的一項。」[43]珍・雅各（Jane Jacobs）是日後推出反都市規畫里程碑之作《偉大城市的誕生與衰亡：美國都市街道生活的啟發》（*The Death and Life of Great American Cities*）的觀念先驅，但在尚未推出此書之前，她也寫過一封自稱為「粉絲信」的信件給格魯恩，說他的沃思堡計畫具有「無可計量的價值」，會讓美國回歸到「屬於人的市中心」的時代。[44]

不過，格魯恩並未實現沃思堡計畫：德州立法機構沒那麼容易受這位從洛杉磯飛來的維也納建築師的理想打動，並拒絕了格魯恩盟友的都市更新法案。後來，致命一擊出現：議會禁止德州興建市立室內停車場。在一份一九八〇年的評鑑中，《華盛頓郵報》（*The Washington Post*）指責私人停車場業者破壞了這場美夢。

然而報紙指出，沃思堡是「唯一尚未誕生於世的孩子，卻有數以百計的孫子。」[45]格魯恩成功把購物中心帶進市中心，正如《建築紀錄》的編輯在〈一九四X〉所想像的那樣。密西根州的卡拉馬祖（Kalamazoo）市府聘請格魯恩，要他為破敗的市中心起草一份迷你的沃思堡計畫。他在一九五八年交出計畫，準備在市中心建立行人徒步區，並拆除倉庫與輕工業廠房，以打造室內停車場。卡拉馬祖的首長以有限預算執行格魯恩的計畫：花六萬五千元造景，於一九五九年八月開通行人徒步區。格魯恩會設法（最後並未成功）和這城市半吊子的做法保持距離，但是卡拉馬祖計畫引起轟動。在一九五九到一九八五年間，美國有一百四十座城市在市中心設立行人徒步購物區。有些演變成市民的寶藏，例如加州聖塔莫尼卡的第三街行人徒步區（Third Street Promenade），以及維吉尼亞州夏綠蒂鎮的市中心購物區。但大部分以失敗告終。卡拉馬祖的計畫也被縮減成一個車輛禁止進入的街區，徒步街道剩不到三分之一。[46]

格魯恩登峰造極的成就，會在幾年後於中城廣場（Midtown Plaza）出現，這是位於紐約州羅徹斯特（Rochester）市中心的主力商場。格魯恩認為這座城市「被室內外停車場、二手車場、拓寬道路與其他汽車設施」糟蹋。[47]格魯恩的中城廣場在市中心打造出室內市民空間。許多其他城市也想效法，於是聘請格魯恩的事務所（舊金山、波士頓），或是會依循類似的計畫（紐哈芬）來建設。

格魯恩市中心設計的缺失，確實也就是戰後多數規畫者的策畫——試著以市郊的條件和市郊競爭：提供寧靜、乾淨、單一用途的購物場所，且只能靠著開車才能輕鬆到達。在當時，郊區居民大可前往南谷或諾斯蘭德，也的確如此。事實上，格魯恩對美國市中心應該是什麼模樣並沒有從歷史層面來思考。他想到的是瑞士噴泉與露天咖啡座的濃縮咖啡，卻很少讚揚華盛頓特區的喬治城或社會山，抑或是紐奧良波旁街（Bourbon Street），或芝加哥密西根大道（Michigan Avenue）等地的魅力。就在珍．雅各大力為凌亂熱鬧的美國社區鄰里說話，且廣受歡迎、深具影響力之際，維克多．格魯恩卻苦苦走上相反方向，並下了結論：「美國城市及其相對較短的歷史與傳統，頂多只帶給人塞車。」[48]

美國的汽車文化以及建築師對汽車文化的需求不置可否，再再令格魯恩看不下去。一九六〇年，也就是卡拉馬祖完成後的隔年，他於全國都市聯盟（National Municipal League）的年度會議上發表演說，大力抨擊「汽車專政」（autocrazity）——這是格魯恩主義諸多主張中的第一條。「汽車專政的瘋狂程度，已成功輾平市中心核心地帶很大一部分，如今，我們的城市有如遭到最嚴重轟炸的歐洲城市戰後的景象。事實上，有些城市核心區域只呈現出龐大的停車場與道路的集合，並靠著少數幾棟為莫名理由而抵抗的建築，無力對抗著大屠殺。」[49]同一年，他在《紐約時報》投書，主張要在曼哈頓中城與下城禁止汽車。[50]他喜歡一講再講汽車之星（Motorius）的寓言故事。在這個星球上，汽車駕駛人拆掉所有東西，一輩子都在路上度過：在車上吃，在車上睡。之後，有人車子爆胎，於是所有汽車駕駛在車上餓死。

四年後，格魯恩在他的著作《城市之心》（*The Heart of Our Cities*）也鎖定了一個類似的標的：交通狂（traffickist）。「於是他繼續把大眾原本生活、工作、看戲劇表演及從事其他都會活動的地方，變成室內與露天停車場，導致城市紋理鬆弛。」他抱怨道。[51]他經常到歐洲旅行——到他維也納的臨時住所，或者踏上遠行考察之路，前往米蘭。他親自測量拱廊，並把量出的結果寫在明信片上寄回，供羅徹斯特購物中心參考。再一次，他把戰後重生的歐洲城市，與似乎正在解體的美國城市相互比較。到底是哪個大陸再度受到轟炸？

究竟是什麼因素改變了這人的想法？才不過十年前，他還想在沃思堡附近興建有六萬個停車位的環城大道。格魯恩不肯承認自己犯下任何錯誤。他認為，購物中心的開發商有辱他的概念；他曾想像零售店家能與住宅及社區設施相伴，但開發商不買單。一九六五年，他回到諾斯蘭德，從「雜亂無章的成長」中，體會到「嚴重情感衝擊」。[52]「在規畫諾斯蘭德的時候，我們早該知道會這樣的。」他私底下承認。關於這些購物中心，他主要有兩個後悔之處。第一，這裡缺乏市民可使用的機能。第二：「浪費土地的停車場之海既醜陋，又令人不舒服。」[53]空的車子存在感格外強烈。

一九六八年，就在民權運動達到巔峰，一波波反抗浪潮暴露出美國戰後都市規畫多麼有害、多麼短視之前，維克多．格魯恩搬回了維也納。豈料，他在維也納遇到好些令人不快的驚愕之事。他在街上遇到接掌他事務所的納粹人士，逼得這位建築師落下眼淚。後來，一座「巨大的購物機器」在城市南部開幕，弱化了維也納傳統的核心地帶，也剝奪市中心周圍的零售商店生意。[54]格魯恩當然察覺到了其中的諷刺。他在逝世前不久，於一九七八年並未深思熟慮，就再度跨越大西洋，想當個證人，對抗佛蒙特州柏靈頓的郊區商場提案。他說，那將會「讓幾乎所有的零售業無以為繼，形同預謀殺害一座城市。」[55]

「常有人稱我是購物中心之父，」他在一次最後的公開訪談中說，「我想趁此機會，永遠斷絕父子關係。我拒絕給予那些雜種開發案贍養費。那些計畫毀了我們的城市。」[56]

並非所有城市都有格魯恩的計畫，但是所有城市都會竭盡所能，讓市中心核心地區的停車狀況能比得上市郊的標準。城市會以三種方式來達成。第一，美國城市領導者會積極支持公路及格魯恩式的都會更新計畫，拆除較老舊的社區鄰里。無論是哪一種介入方式，地方規畫者都會獲得很大的權力，並依照兩條二十世紀中期的都市主義信條重建城市：把住宅區與工商業分開，並安頓駕駛人，以免他們把商業活動帶到市郊。

都更計畫會鎖定破舊卻熱鬧的住宅與商業街區，予以拆除。取而代之的是以汽車為導向的購物中心、辦公大樓與公寓。有些計畫成功，有些失敗。所有的計畫都把目標放在滿足一項期待：在市中心輕鬆駕駛、輕鬆停車。對當代人來說，都市更新真正顯眼之處，在於其所跨越的時長：從正式規畫的那一刻開始（確定沒有進一步的鄰里抗爭會發生）到計畫完成，平均需要十二年的時間。那失去的十年卻能符合駕駛人的利益：清除掉的土地可提供大家都很需要的停車場。在水牛城，有個商會職員觀察到，拆了這麼多建築物，使得城市看起來似乎不是在為停車場鋪路，而是要讓飛機降落。[57]許多建築師相信，他們正種下新的都市成長的種子。舉例來說，傑克・弗列特（Jack Follett）是約翰・葛蘭姆建築事務所（John Graham & Co）的合夥人，曾參與波特蘭的洛伊德購物中心（Lloyd Center mall，有八千個停車位）的建造，他就把一塊塊鋪著瀝青的土地視為格魯恩式的機會。「既然今天的購物中心終將成為都會中心，那麼我們現在專門用來停放汽車的土地，都該被多層建築取代，這樣釋放出來的土地就能供未來的建築物使用。」[58]在許多城市，就算會發生這樣的過程，往往也需要經過幾十年。

同時，一九五六年核准興建的州際公路系統（Interstate Highway System）據說是有史以來最大的公共工程計畫。快速道路摧毀雪城、巴爾的摩與底特律等地的黑人社區。有些地方官員很失望，因為這些大條道路並未讓聯邦撥出經費以供興建室內停車場，但那確實鞏固了市中心對郊區駕駛人的依賴，而沿著公路分布的毀壞房屋旋即拆除，改建成停車場，這樣就能輕鬆賺錢。聯邦政府斥資補貼駕駛，而城市則忙著賺取足夠的錢，經營破產的路面電車公司。

第二，城市也入局玩起了停車遊戲。在一九五一年，休士頓、密爾瓦基、哥倫布市、鳳凰城、普洛威頓斯（Providence）與沙加緬度等城市開始興建市立停車場。[59]匹茲堡、芝加哥與舊金山都資助巨型地下停車場。世界各地都看得到公共空間被徵收，好讓人有地方停車，從底特律的凱迪拉克廣場（Cadillac Square）、加州海灘，到巴黎的芳登廣場（Place Vendôme）與羅馬納沃納廣場（Piazza Navona）都是如此。一九五〇年代初期，美國大城市的停車空間只有百分之五為公有的，但是到一九六八年，在美國大都市中心已有三分之二的路外停車空間是公有的；而公有室內停車場的占比為近百分之九十。[60,61]私人停車業者對抗著公有停車場的連鎖體系，但只有德州成功如願。一九六六年，華盛頓特區發生公共停車的爭議——「停放汽車的問題已經來到了危險的程度。」[62]主管機關聯邦市議會如此聲稱——室內停車場大亨喬治．德夫林（George Devlin）坦率指出為何城市不該介入：「從我們在底特律打造汽車的速度來看，〔停車〕可能會成為城市房地產的最大用途。」[63]若這些都是免稅的公共土地，那就太糟了。

規畫者進行獨立的研究，說明停車是如何推升了房地產價值。不出意料，多數監督過拆除工作、建立室內外停車空間的規畫者，都會為自己的工作辯護。❶一九五二年，認為停車空間有適意價值（amenity value，透過營造環境的特徵，例如種植大量植物，帶來舒適與吸引人的感受）的那種時代精神，從北卡羅來納州格林斯伯勒市經理（city manager）詹姆斯．湯山德（J. R. Townsend）的說法可見一斑。他說：「我們從來都沒找到能證明這一點的資料，但**就是**知道是如此。」（他又說：「我們應該要取得這項證明。」）[64]

第三，城市開始規定在興建新住宅、辦公室與商業空間時，必須要設停車空間。❷雖然生意人對於停車的關注從未真正減少，卻搭不上美國人難以滿足的駕車渴望，以及不願意支付停車費的情緒。不僅如此，有空位的停車場通常集中在市中心外圍。洛杉磯的布洛克百貨公司

❶一九五三年，馬里蘭州銀泉市（Silver Spring）的弗烈德．杜姆勒（Fred Tuemmler）聲稱，華盛頓特區市郊的九個公有停車場，吸引赫克特（Hecht's）百貨公司來這裡開設分店，也讓這一帶的預估價值飆漲十倍。資料來源：Fred W. Tuemmler, "Boomtown's Parking Bonanza," American City, July 1953.

❷還有老建築——如果你計畫改變用途，例如把地毯店變成餐廳，或是把辦公室變成公寓建築，那就需要依據法規來設定停車位。

（Bullock's）是城市停車故事的要角，與當地業者達成了有效協議。這間百貨會從你的帳單中扣除停車費，而廣告上還有張地圖，顯示這間百貨公司在五個街區之內，有超過一萬八千個停車位。不過，如果手上拎著大包小包，五個街區還挺遠的。市中心的商家認為得為客戶做更多，於是贊同新建築必須設置停車場的法令。有個紐約的零售店商主管直言不諱：「比起街上只從店門口經過的一萬個人，我們對一位開車前來光顧我們店裡的客戶比較有興趣。」[65]在一九五〇年，只有五分之一的城市有規畫停車位。到了一九七〇年，人口超過兩萬五千的美國城市中，百分之九十五會立法規定前門一定要設有停車位。[66]

在美國，停車確實是亂無章法，但也不會僅是讓氣呼呼的鄰居與持槍的駕駛人在拼個你死我活。美國也有強大的停車法規——一九五〇與六〇年代，幾乎每個美國轄區都會採取第三步，那就是規定要設停車位，包括每一間新住宅、商店、學校、辦公室、甜甜圈店、電影院或網球場。久而久之，時間會證明二十世紀中葉，市中心停車危機最有影響力的遺緒就是這個決定，而不是高速公路、購物中心或竊取稅金的市郊。這個稱為最低停車位設置要求的法律（後文會詳加討論）在設計時所進行的研究數量，就和你要上超市心中所預期能找到的停車位數量一樣：零。要是爸爸停得了車，全國都停得了車。

到頭來，過多停車位對城市的傷害，比停車位短缺帶來的傷害還嚴重。一九四五年，恐怕沒有人能**想像**市區有太多停車位——他們不是故意要把市中心弄得灰濛濛的——但這種地方到了一九六〇年卻愈來愈常見。「市中心因為室內外停車場而支離破碎，外觀也益發呆板、死氣沉沉。」珍．雅各在一九六一年寫道。[67]這樣的地方不僅帶來的稅收低，也缺乏魅力。這些城市還失去了許多雅各認為有活力的城市所不可或缺的老建築，那些空間改成了地面停車場。在紐約蘇活區（SoHo）或芝加哥的林肯公園（Lincoln Park），老建築會成為都會人口恢復時仰賴的主要建築，由新移民、藝術家與雅痞進駐。諷刺的是，許多城市**確實**完成了戰前的共識，將路邊停車位逐日淘汰，每年讓路邊停車位減少百分之七，改為以停車場與車庫滿足這些需求。[68]這麼一來，交通工程師就剝奪了地方商家重要的路邊進出點，讓行人暴露於快速的車流中。這些寬敞快速的街道適合公車行駛，但多半來說，是幫助通勤者飛快從室內停車場開車上路、趕回郊區吃晚餐。

為了保持路邊淨空，城市只是把停車問題從街上搬進建築物裡。把停車變成每個目的地私人與獨有的責任，後果遠比任何併排停車的情況都更具毀滅性。

第五章　鋪設的天堂

當然，美國人多半不必為了停車而奮鬥。相對地，都市更新、公共停車場及私人開發案的停車位規定結合起來之後，效果出奇驚人，成功打造出充分的停車空間。若以平方呎計算，美國每輛車所分配到的容納空間比每一個人還多。[1]這些瀝青路面本身就有自己的生態，還會改變空氣、水與動物和人類文明的互動方式，也改變我們的行為。《建築模式語言》（*A Pattern Language*）是一本關於人類地景的重要著作，作者克里斯多福・亞歷山大（Christopher Alexander）寫道：「汽車的影響遠超過汽車本身。汽車創造出車道、車庫門、柏油路與混凝土表面的迷宮，以及人類無法使用的建築元素。當密度超出限制，我們懷疑，人們會覺得環境的社會潛能消失了。」[2]或許最重要的是，就算停車更便利了，我們仍舊無法擺脫被交通榨乾生活的經驗。相反地，停車會帶來更多車流量。

格魯恩的苦惱反映出城市之父在覺醒時，往往會感到遺憾。半個世紀的規畫宛如宿醉，讓人醒來時發現周圍都是停車場：老兄，我的城鎮去哪了？一九六〇年代末出現的共識是，我們永遠無法興建充足的停車場，恢復戰前大都會的活力。回顧起來，把焦點放在停車上，以為那是恢復大都會生氣的關鍵，似乎相當荒謬。市區商業利益及其所支持的政客根本如夢幻泡影，舉例來說，車位數破紀錄的格蘭特公園停車場（Grant Park Garage）於一九五四年啟用之後，芝加哥人普遍認為，這樣會確保風城的人口不被洛杉磯超越。[3]（實則非也。）

一九五七年，一場在哈特福舉辦的會議中，城市歷史學家劉易斯．芒福德（Lewis Mumford，一八九五－一九九〇，美國重要歷史學家與評論家）提出假設，說城市**永遠無法**擺脫汽車的車流。他說，城市會持續發展，「直到造成交通堵塞的所有商業與工業都移出城市，以免窒息，最後就是留下高速公路與車庫的廢墟。」[4]有規畫者說，來到市區的汽車就像咖啡——你得提供杯子（停車位）。芒福德的比喻可沒那麼好聽。他說，車流就像是「把整個孤兒院扔到一戶擁擠又破產的家中。」[5]

即使是對汽車懷抱好感的工程師，也從不相信美國會就這樣捨棄大眾運輸。法蘭克．透納（Frank Turner）是州際公路之父，他多半是搭公車上班，在一九六〇年代晚期擔任聯邦公路管理局（Federal Highway Administration）局長時，會在管理局總部的會議上劈頭就問：「你們有多少人今天是搭公車來的？」[6]在一九五三年，每天來到亞特蘭大市區的五萬七千人當中，只有不到半數是開車前來，而在那年的停車評估當中，城市領導者認為，運輸乘客數量將會維持穩定。

但是，城市興建愈多停車場，就會有愈多人開車。交通部門高層主管長久以來地位獨大（也飽受鄙棄）的時代結束了，恰恰是他們最早提出這個警告。克里夫蘭交通系統的總經理唐諾．海德（D. C. Hyde）在一九五二年指出，停車位做的事情違背了當初興建者的理想：「為了興建愈來愈多室內外停車場，因此摧毀建築物、使用有價值的土地，只會**加速去中心化**……那就好比阻止已喝醉的人繼續買酒，阻止壅塞區域出現更多汽車才是合理之舉。」[7] 一如底特律與其他地方的交通官員，海德也提醒聽眾，街車與巴士顯然才能最有效利用珍貴的街道空間——現在那些設施因為車流量而變得沒有用處。紐約交通局長還進一步主張，他認為要有更**良好的交通**，而不是更良好的停車設施，那才是遏止市郊優勢的關鍵。[8]

一九六五年，波士頓財政委員會主席砲轟城市的室內停車場計畫。喬治．柏克利（George Berkley）寫道，為了把市郊的購物者拉過來，波士頓興建出室內停車場，「想對城市經濟提供支撐力道」，但當時「民營部門並未對此表達興趣。」[9] 就算整體來說能推升零售活動，但這座城市依然花了非常龐大的經費補貼室內停車場的營運支出。波士頓徵收不動產以取得停車空間，卻放棄稅收；為了補貼停車空間，波士頓也放棄了交通運輸的收入。柏克利說，室內停車場也造成交通堵塞，損害街道的「風光魅力」，同時降低交通設施之地產的徵稅價值。

在整個一九六〇年代，這種觀念會進入主流。大眾運輸乘客數量往下滑。居民、商店、工廠與辦公室遺棄城市。都市更新造成損害；公路的損害更嚴重。由珍．雅各與芒福德為首的知識分子抨擊以汽車為中心的規畫，而在巴爾的摩與舊金山的地方倡議人士則進行「公路反抗」，阻止內城興建高速公路。就連德懷特・艾森豪總統（Dwight D. Eisenhower）似乎也後悔讓州際公路法案（Interstate Highway Act）通過，他從來不想以大條道路穿過美國社區。[10]但侵蝕美國市中心的並非高速公路或清除貧民窟的計畫，而是對停放汽車的需求。

到了一九七二年，底特律都市規畫委員會悲觀評估，認為這座汽車之城的市區最終會如何貢獻出百分之七十四的土地，供車輛移動與停放：「汽車對於空間的胃口是不會滿足的，在停放於車主住處時會需要大約三百平方呎（約八・四坪），在目的地也要有三百平方呎的停放空間，而在途中則需要六百平方呎（約十七坪）。出售、修理與提供服務的地方尚需額外約二百平方呎的空間（約五・六坪）。因此一輛汽車需要一千四百平方呎（約三十九坪）的生活空間，相當於一戶家庭的生活空間。」[11]地面式停車場是市區土地使用成本最低的方式，但是到了千禧年，底特律的停車空間相對於商業活動的比例甚高，連停車場都被遺棄了。[12]

無論你是以街道、城市或整個國家的尺度來看，停車就是一團亂。華盛頓州會付錢蓋高速公路，卻沒處理停車問題。華盛頓州會追蹤路上有多少車子，以及興建了多少哩路。但是，沒有人追蹤有多少的停車位供給量，那樣的空間就是一輛車幾乎終其使用年限所待得最多的地方。多數研究估計，美國的停車位將近十億個。[13]假設每個停車位（包括出入口）占三百三十平方呎（約九・二坪），如果我們把停車位攤平，那麼柏油路面將會覆蓋整個康乃狄克州——而且是覆蓋兩次。鳳凰城的沙漠有一千兩百二十萬個停車位，相當於每個人有三個停車位、每輛車有四・三個停車位、每份工作有六．六個停車位，這些車位在街道、商業設施與家庭車庫之間大致上平均分布。[14]在亞利桑那州的太陽谷（Valley of the Sun），停車位占人造地景的百分之十。矽谷是美國最富有也最有生產力的區域，停車位占土地的百分之十三——這還不包括路邊停車位。[15]根據一項估計，這些浪費的空間讓這區域付出了原本可賺到的幾十億元薪資。在灣區有一千五百萬個停車位，每輛車有二．四個停車位，連成一條車道的話，足以繞地球兩圈有餘。[16]

美國最有價值的土地在紐約市，所以你或許認為，紐約人實在該好好計算一下停車位才對。但沒有人數過。紐約市停車位的估計值從一百三十萬到三百萬個都有，範圍之大，代表不確定性非常強——這還只是路邊停車位的數量。[17]無論如何，紐約停車位很少，在美國城市中堪稱異數。舊金山是美國人口密度第二高的大城，有四十四萬一千五百四十一個路邊停車位，等於家家戶戶都有超過一個，若把室內停車場也納入估計值，數字則會往上攀升。[18]根據保守估計，費城有兩百二十萬個停車位，亦即每一戶有三．七個停車位。[19]西雅圖有一百六十萬個停車位，亦即每一戶有超過五個停車位。這三座城市可是美國密度最高的城市；每一座都有穩健的公共運輸系統，多數家庭和學校、商店的距離都在步行範圍內。愛荷華州首府狄蒙（Des Moines）的停車位數量和西雅圖差不多，雖然面積不到三分之一，幾乎每一戶能配到高達二十個停車位。許多美國市區如小岩城、紐波特紐斯、水牛城與托彼卡，供停車使用的土地都大於供建築物使用的土地。

在二十一世紀的最初十年，馬西斯（Maxis）電腦遊戲軟體公司的程式設計師團隊在著手本

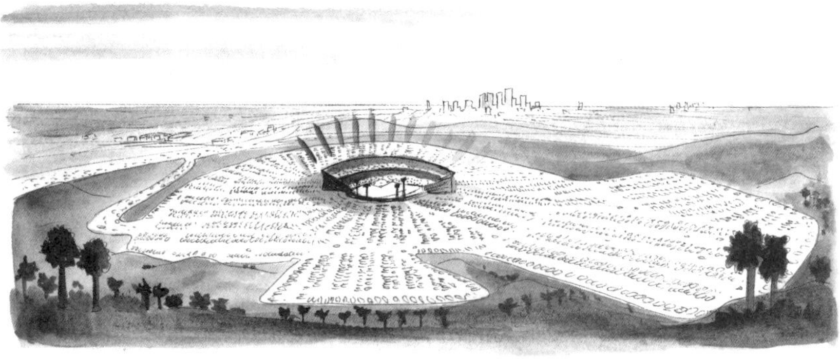

洛杉磯道奇球場。這座棒球場的停車空間足以再容納十座球場。

世紀第一份新版的《模擬城市》（*SimCity*）時，研究過美國的公共建築、政治、都會設計，他們想要做出維妙維肖的遊戲。首席設計師史東・利布蘭德（Stone Librande）利用Google Earth測量其周圍環境時，令他最感驚訝的就是停車場的面積。「我開始測量附近的食品商店時，並不認為店家有那麼大，但卻發現，原來停車場的面積比實際店面大那麼多，實在讓我跌破眼鏡，」他說，「問題來了：我們原本是要模擬真實的城市，赫然發現現實世界有太多停車場；要是真正依照停車場的比例來設計，遊戲會變超無聊。」[20]他說，在遊戲中，他們會設法把停車場安排在地下室：「我們得盡力而為，讓遊戲看起來好玩一點。」

這些鋪面會對環境帶來直接影響，其中一項就是生產過程所造成的代價：水泥生產過程占全球溫室氣體排放量將近百分之十，而室內外停車場就是那排放量的一部分，而都市擴張時不可或缺的基礎建設也都免不了這種氣體的排放。[21]

第二則是在發展市郊時，會造成自然土地流失。[22]舉例而言，美國在一九五〇與六〇年代，每年都會失去四十六萬畝濕地，七〇與八〇年代則是每年失去二十九萬畝濕地。這種轉變也與動物的密度急遽下滑有關，尤其是鳥類與蟲類。[23]即使是國內最古老、成長最慢的部分地區也在發生這種情況，舉例而言，麻薩諸塞州在二十世紀下半葉五十年所開發的土地，比一九五〇年前的三百年來還要多。[24]

第三則是都市熱島效應。鋪面與屋頂會吸收都市生活中發熱元素所產生的能量，例如建築物與車輛；這表示，城市會比自然地帶熱得快、冷得慢。

第四則是洪患。首先，城市是複雜的新水文區域，水會以難以預測的方式匯集與流動。休士頓在過去五十年是美國成長最快的城市，以瀝青、混凝土與草坪封住的草地面積和比利時一樣大。這裡的地勢與磁磚一樣平，幾乎也和磁磚一樣不透水，因此成為屢屢發生水患的美國都會中一處重災區。在氣候變遷之下，暴雨頻率與強度日益提升，而雨水行經這緊鄰墨西哥灣的內陸人口密集區時，水根本無處可去。許多研究估計過，諸如停車場等「不透水」的表面，可能會讓逕流與氾濫增加到十倍。[25]在哈維颶風（Hurricane Harvey，發生在二〇一七年的颶風，造成了嚴重的經濟損失與流離失所）之前的二十年，大休士頓地區人口增加了兩百七十萬人——相當於在短短二十年間增加了整個芝加哥市的人口，那些區域原本多是草原、農地與森林。這段期間內，大約開發了七百七十平方哩的土地，約有一半變得不透水。[26,27]從一九九六到二〇一一年，哈里斯郡（Harris County）的不透水表面增加了四分之一，而從一九九二到二〇一〇年，這一帶失去將近三分之一的濕地，大約是一萬六千畝。[28]布雷斯河（Brays Bayou）是休士頓的主要河川，雨量在過去四十年增加百分之二十六——但逕流卻增加百分之兩百零四。[29]逕流增加到三倍的原因，是由於人們在這個區域鋪設路面，於是出現了地圖上沒有的人造沖積平原。在上游興建的住宅群造成下游百年古宅初次面臨洪水威脅。

這樣的問題遠不僅僅休士頓得面對，諸如芝加哥與聖路易斯都挖鑿巨大的地下隧道，以容納雨水。在費城與西雅圖，屋主則會採用雨桶澆灌原生植物，四處都有建築師裝設綠屋頂，城市規畫者則把街道乾燥的樹坑變成讓蘆葦植物生長的窪地。即使是停車場的工程師也會以碎石或是皂土等多孔隙的材料，盡力因應暴雨氣候。如果你必須開車通勤，但不忘秉持瓦爾登湖（Walden Pond，亨利．梭羅在波士頓附近的退隱處）的美國環境主義精神，你就會把車子停在美國最先進的可透水停車場。

鋪面的第五項後果是水污染。在城市之外，道路與停車場的逕流通常會直接流入湖泊與溪流。在美國北部的冬天與春天，逕流會被路鹽（為防止道路結冰而在路面上鋪撒的鹽）污染。到了夏天，在悶熱的瀝青路面加熱之下，流出的水可能比降雨時高十到二十度。一年四季，湖泊、溪流還會被機油、輪胎的橡皮碎屑、動物排泄物、殺蟲劑、空氣污染殘餘物與重金屬等污染物破壞。許多地方急於減緩此現象；到了二〇二〇年，美國各地已建造超過一千八百處暴雨設施，設法處理或引導逕流到其他地方，不要衝擊敏感的生物棲地。[30]

第六則是地下水吸收——這是氾濫的另一面。最大的暴雨處理系統是由陽光普照的洛杉磯所徵收的「車道稅」（driveway tax）來支應，二〇二一年對每平方呎收取二・五美分的年度徵稅。這還不足以鼓勵更大規模的建築綠化——但將足以在整個鄉間建立基礎設施，為城市保留珍貴的雨水，不讓雨水從混凝土之河直接流進太平洋。這樣也能讓海灘維持潔淨。但重要的是，這能保存數百萬加侖的暴雨降水，供非飲用水使用，例如幫草坪灑水，並避免鹹水進入地下含水層。若是碰上時機不好的時期，也可過濾後再釋回輸水管。

鋪面最大的環境影響，就是會鼓勵人開車上路。交通運輸是美國最大的溫室氣體排放來源，光是德州的駕駛人就占全球碳排放的百分之〇・五。[31]地面的空氣污染每年導致不計其數的人死亡，也和數種公衛問題有關，包括孩子的考試成績較低，以及老年人罹患阿茲海默症。聚落擴張模式通常和肥胖比例提高有關。車禍是美國年輕人的頭號殺手，且每年還導致三百萬人受傷——包括許多行人與單車族，其中的少數族群與低收入美國人得承受損失的直接衝擊。不出意料，以汽車為中心的環境是導致駕駛人與行人受傷的主因。[32]

都市擴張是建立在法律基礎（紅線區、土地使用分區、駕車犯罪免罪）與政府津貼（公路、賦稅優惠與便宜用油）之上，其範圍之廣泛複雜，很難在此以圖表說明。❶不過在誘因的迷宮中，停車政策向來很有力量，也容易達成。如果想降低碳排放量、減少車禍，停車會是個好起點。這不是唯一讓人減少開車的辦法，但因為每一趟旅程的終點都必須是停車位，因此會是最簡單的方法。「控制停車位的可得性，是限制汽車旅程的關鍵政策，也是目前最容易實行、最容易接受的方法。」英國公路運輸學會（Institution of Highways and Transportation）如此主張。[33]經典的《洋蔥報》（*Onion*）標題說得沒錯：**都市規畫者卡在自己打造出來的車流中**。都市規畫者不該要求設置那麼多停車位的。

停車政策或許可解釋美國人在駕車這件事上何以堪稱世界上的異類。二〇一七年，美國人均汽車擁有率（大約每千位居民有八百輛車）只比西歐（約每千位居民有六百輛）或加拿大（大約六百五十五輛）略高。[34]不過，美國人每年開車的哩程數為歐洲國家的兩倍。這不是因為美國幅員遼闊——美國人比澳洲與加拿大人多開百分之六十的哩程；[35]部分原因在於，我們建立的國家會給予駕車者超好的獎賞，並對採取其他通勤方式的人施以懲罰。在這兩個範疇中，最重要的是美國對於停車的處理方式，會在三個方面導致情況更為惡化。

首先，在繁忙目的地提供免費停車位會造成車位短缺，迫使剛抵達的駕駛到處找停車位，也讓每年在路上的哩程數增加好幾億，或是導致併排停車，造成交通堵塞。這種車流並非生活型態

❶參見麥克．勒溫（Michael Lewyn）關於市郊擴張的著作：*Government Intervention and Suburban Sprawl (New York: Palgrave Macmillan, 2017)*，以及葛雷格．希爾（Greg Shill）的研究報告："Should Law Subsidize Driving?" *New York University Law Review* 98, no. 2 (2020).

取捨下的產物，只會耗油、耗時，無法帶來該有的社會效益，徒增浪費。二〇一七年有一項研究發現，美國駕駛人每年平均花費十七個小時找停車位——每人付出三百四十五元的代價在浪費時間、燃料與碳排放——在大城市，這數字還會高得多。[36]

第二，停車位會造成都市擴張。由於鄰居害怕停車位短缺，或停車法規導致都市建築基地變貴或無法興建，於是停車問題也限制了居住與商業活動的密度。這個問題是從一個個基地開始發生，因為每間餐廳與商店會把大部分的面積用作停車空間，而公寓建築也因為停車空間的需求而窒息。不過，這現象很快會擴張成鄰里甚至城市的特色，演變成大家很難在沒有車的情況下通行。對於住不起停車困難、人口密集區域的人來說就是如此，於是這些人選擇到遙遠的市郊居住。但對於那些住在內城區鄰里的人來說也是如此，因為他們的朋友、同事都離開了，都會中心的引力也隨著他們離去，還有生日派對、Apple門市與寵物食品店都慢慢流向仰賴汽車的周邊地帶。美國能源部指出，城市擴張區域每年的汽油用量會高於密度較高的城市，即使多數工作者只是在各個郊區之間通勤。[37]以美國最擁擠的五大城市為例：二〇一三年，紐約市每人每年的汽油消耗量為一百一十加侖、舊金山為兩百一十五加侖、波士頓一百八十八加侖、芝加哥兩百零六加侖、費城一百六十八加侖，都比全國平均值每年三百四十九加侖要低得多。夏綠蒂鎮是四百三十四、達拉斯是五百二十、堪薩斯城是五百五十六、休士頓為五百八十二，奧蘭多則為六百八十七。

最後，要求每個地方都要設置法定停車位量，不僅會讓城市實體環境更寸步難行，更是給駕駛免費的大禮。無論是酒館帳單、孩子的玩具收據、修腳指甲的價格，舉凡你在世上花的每一塊錢，都包含了著要支付那免費法定停車位的費用，無論你會不會用到車位都一樣。不出意料，這些免費或廉價的停車空間——在你家、你的辦公室、街上、市區的室內外公共停車場——都在誘使人駕車。（對那些沒開車的人來說，也算是施加財務上的懲罰。）就像卡通中荷馬．辛普森（Homer Simpson）解釋的：「只要我們買新車，就可以免費停車！」[38]旅運調查的受訪者清楚表示，在美國，停車有百分之九十九是免費的。[39]但是興建停車位很昂貴，以地面式停車場來說，一個停車位可能需要耗資五千元。即使在鳳凰城之類的低成本城市，興建室內停車場車位的成本中位數也超過一萬九千元。[40]鳳凰城規定，在辦公建築的低樓層須興建停車位，要符合這種超高的停車規定成本很高，占計畫費用的百分之四十五。停車學者托德．利特曼（Todd Litman）估計，為每輛車提供停車空間，每年需耗資四千四百元，而駕駛人只直接支付其中的百分之二十——多半是以房貸的形式支付家庭車庫。[41]以兩億五千萬輛正在流通的客車來說，這就表示美國的停車資產超過了十億元。還有另一項估計值是，美國汽車每年的停車成本介於一千八百九十億到五千五百四十億元，而駕駛人一年只支付了五十億元。[42]

停車位並不像盛裝車流的咖啡杯，不僅是容納固定數量的駕駛人那麼簡單。就像《神奇收費亭》（*The Phantom Tollbooth*，美國建築師諾頓．賈斯特〔Norton Juster〕在一九六一年推出的兒童奇幻小說）中的減法燉菜，停車宛如一道吃愈多就愈餓的菜，於是就需要更多的停車位。停車位迫使我們更常開車。愈常開車，就愈渴望有更多停車位。當然，在早期，停車設施會隨著需求而增加。但後來，由於決定每一棟新建築物都該有停車位的規畫者未能如願，他們就開始創造停車場。

二〇一五年，由克里斯．麥克蓋希爾（Chris McCahill）所率領的一群研究者探討了停車位供給與通勤者行為的歷史趨勢，以九個城市為研究對象：紐約州奧爾巴尼、加州柏克萊、華盛頓特區、維吉尼亞阿靈頓郡市郊、馬里蘭州銀泉、麻薩諸塞州的劍橋、洛厄爾與薩默維爾，以及康乃狄克州的哈特福與紐哈芬。[43]麥克蓋希爾使用三個日期的歷史空拍圖來辨識與概略估算停車位供給情形，他發現一九六〇至一九八〇年間的停車位增長，是接下來二十年汽車使用率的「有力預測指標」。在一九八〇年之前，每一百個居民若增加十個停車位，就和在一九八〇年之後，居民開車上班比例上升八個百分點有關。在這個研究中，前二十年的停車位供給增加，會與接下來二十年汽車利用率增加呈直接相關。愈多停車位似乎會導致人更常開車，而不是反其道而行。

設在住宅與公寓的停車位，比起密度、運輸或任何其他鄰里特質，是更加能預測汽車利用率的指標。[44]二〇〇九年，停車學者瑞秋．溫伯格（Rachel Weinberger）把紐約市的公園坡區（Park Slope）與傑克遜高地（Jackson Heights）的停車與通勤模式加以比較。公園坡是布魯克林早期仕紳化的中心，知名的食物合作社就位於此地，嬰兒推車密度傲視全國，也是民主黨參議員領袖查克．舒默（Chuck Schumer）的家鄉所在。傑克遜高地是皇后區的中心地帶，這裡有多樣化的移民人口，人稱「世上最多樣的人口普查區」。雖然比起公園坡，傑克遜高地的居民賺的錢較少、擁車的人也較少，且一樣有公共運輸可帶人前往曼哈頓，但這裡的居民開車去曼哈頓的機率卻比公園坡高出百分之四十五。[45]溫伯格認為，這是因為傑克遜高地在二十世紀中葉興建的房屋，設有停車位的住宅數量是布魯克林褐砂岩聯排屋的六倍。後來，她還把這項分析延伸到紐約市三個有地鐵的外圍行政區。如果把收入、年紀、住宅面積、運輸服務、汽車擁有率與種族當成控制變因，溫伯格發現住宅設有停車位的人口普查區內的人，會開車前往曼哈頓核心地區的機會也較高。「購買或租賃設有路外停車位的住宅，**實際上**就是為汽車擁有權先付錢。」她如此下結論。[46]另一項研究發現，在紐約，免費的路邊停車會增加百分之九的汽車擁有率。[47]

就全國來說，若住在設有停車位的住宅，和那些沒有專屬路外停車位的鄰居相比，擁車的可能性會提高百分之六十到八十。[48]並非是一開始駕駛人選擇了有停車位的公寓。在舊金山，人人覬覦的平價住宅抽籤時，會吸引各種不同收入水準的人，有什麼住宅單位就申請，無論住宅是否設有停車位。研究者亞當．米勒－波爾（Adam Millard-Ball）領導的團隊調查中籤者，將他們的汽車擁有率和住宅是否提供停車位相比較。[49]抽中有停車位住宅的人，擁車率是無停車位者的兩倍。

不過，停車位會促成駕車行為，最明顯的證據則來自辦公室。美國工作者在上班時能免費停車的比例為百分之八十到九十五。若員工被迫自己付停車費，開車上班的比例平均就會減少百分之二十五。[50]和工作一樣，停車費昂貴是美國運輸計畫能否吸引到新乘客的關鍵決定因素。[51]當獲得停車補貼的雇主把等值現金提供給不開車的工作者，獨自開車的比率會下降百分之十七。[52]

免費停車的助推之力可從一個格外精采的例子看出：比爾及梅琳達・蓋茲基金會（Bill & Melinda Gates Foundation）在二〇一一年把一千兩百名員工帶到了西雅圖的新總部。[53]當時，有百分之九十的員工會開車上班。市政府本來可能會要求蓋茲為員工興建停車場，以減少交通流量，但西雅圖最後反而要求基金會對員工收停車費，以減少車流。基金會仍在公司位址與附近提供超過七百個保留車位，但員工必須付費才能停放，一天十二元，一個月收費上限為一百二十元。不過，自行車鎖與交通卡則是免費提供。這樣的收費與費用結構會讓開車變成逐日增加的成本，不是一筆預付的每月支出，這麼做似乎能影響員工的選擇。二〇一二年，只有百分之四十二的員工開車上班。到了二〇一七年，開車者更下降到百分之三十四。每月停車就像健身房的會員資格，沉沒成本會讓工作者覺得，如果沒能每天好好利用，心裡就會感到罪惡。

即使停車是一種會自行產生需求的麻醉劑，但我們大致上已建有足夠的停車位。[54]那麼，為什麼我們還覺得停車位稀少呢？一部分或許可用心理學家所稱的可得性偏差來解釋：我們很容易記住停不到車時有多焦慮，受困在方向盤後的感覺很糟，尤其是想尿尿的時候。在擁擠街區找到

很棒的停車位的感受也很令人難忘。不過，停車便利順暢的經驗，你在方向盤後是不會記得的。

還有一部分的解釋是，美國人不喜歡走路。格魯恩的沃斯堡計畫設定了美國駕駛人會走兩分半鐘的限制。一九六六年，亞特蘭大憂心忡忡的規畫者記錄過其他城市從停車位出發的平均步行距離：納許維爾是五百零一呎（約一百五十三公尺）、達拉斯為五百五十呎（約一百六十八公尺）、紐奧良是四百七十八呎（約一百四十六公尺）。換言之，從停車位到目的地的距離——也就是在市區步行的預期值——不到兩個城市街區。這隱含的意義是，每兩個街區就要設置車庫與停車場。怪的是，停車設施大量出現並未改善此距離的預期值；後來的研究已說明，行人發現自己身處於建築物中央的停車空地時，會高估步行時間。[55]在綠意盎然、兩邊是住宅與商店的街道走走並不那麼糟。只是，為了辦事而得步行經過六個室內停車場，可就不那麼吸引人了。美國駕駛人受到的教育是，在每個目的地前面都要有「搖滾巨星」停車位，若非如此，則會引來怨聲載道。

還有部分原因則在於管理不善。事實上，就連聲稱飽受停車位不足之苦的美國社區，**其實也有**足夠的停車位。真心不騙！「通常我在做研究時，別人會告訴我們，停車位塞爆了，但你會發現，停車位的尖峰使用率最大值是百分之六十。」波莫納加州州立理工大學（Cal Poly Pomona）的教授理查．威爾森（Richard Willson）說。[56]在針對十個南加州城市的研究中，他發現尖峰使用率也只有百分之五十六，但室內外停車場看起來會滿位，是因為看得到的車位會先有人停。[57]

「無論我去哪裡上班，那裡的人都會先告訴我很難停車。」大衛．菲爾茲（David Fields）說，他是尼爾森／尼加德（Nelson\Nygaard）事務所的顧問，這間事務所旨在協助城市處理停車與其他議題。「他們的意思是，我目的地正前方的停車位沒了。」[58]要求立刻、無條件的滿足，就凸顯出停車位的供應和其他商品的差異之處——例如酒館空位，或是機場計程車。二〇一五年，菲爾茲、溫伯格、約書亞．卡林－雷斯尼克（Joshua Karlin-Resnick）分析了二十七處用途混合的美國社區停車研究，發現「停車空間永遠都過度供應，在許多情況下相當明顯。」[59]假設停車位充足的地區在最尖鋒的時刻，仍有百分之十五的停車位可停，而他們發現，過度供應的量介於百分之六到百分之兩百五十三。在他們的第三個案例，也就是在報紙文章或社區會議時會講到「停車位短缺」的地方，過度供應的比例平均為百分之四十五。麻州康科德（Concord）的居民「亟需停車空間。」但在一年中最忙碌的時節，也有一千六百八十八個空位，然而只要九百二十七個，就能產生百分之十五的空位。有一份研究是針對四十二間附設專用停車場的商店，發現尖峰使用率介於百分之二十四與五十八之間。在奧斯汀南國會大道（South Congress Avenue）中段，停車位使用率從未超過百分之六十。[60]在紐約州的奧爾巴尼，停車位使用率從未超過百分之五十。[61]在肯塔基的帕迪尤卡，使用率則從未超過百分之三十八。[62]

公寓建築也是如此，無論這些自認為警察的公寓居民怎麼想。在華盛頓州雷蒙（Redmond）市郊的住宅區，停車位使用率的最大值為百分之六十五。[63]在西雅圖，住宅區的室內外停車場夜間使用率只有百分之六十三，或許是因為約有百分之二十的居民沒有車。[64]另一項研究則是以華盛頓特區的兩百多個集合住宅為對象，發現停車位過度供給率達百分之四十。[65]在芝加哥，建商每三戶就給兩個停車位，但其實只需要一個。[66]在波士頓及其市郊，一項研究是針對二〇〇〇年後興建的近兩萬戶住宅單位的調查，研究者發現，法定應設置車庫在尖峰時間也有百分之三十是空的——將近一億元耗費在四十一畝必須設立卻沒使用的停車位上。[67]當住宅是興建在大眾運輸站點附近，或屬於平價宅，則車庫的使用率還會進一步降低。由於免費停車會鼓勵汽車擁有率，若有興建較小的車庫的話，這些車位使用率便會更高。

我們很難讓時光倒流，精準指出一個個地點，說明戰後對停車空間的渴望是如何造就今天我們所知的城市。如果細看美國市區在一九九〇年左右荒蕪景觀最嚴重的時刻，恐怕很難把當時政策所促成的停車位（包括法律強迫私人建商設置停車位，或公家機關建造的車位），和市場需求的結果區分開來；這些市場需求會透過撤資表現，或由個人地主表現出來，而他們認為地面停車場是最有利的土地運用方式。想想看，在充滿停車空間的康乃狄克州哈特福市，一九五七年有十八萬人口、六千個停車位與四間百貨公司，到二〇〇九年有十二萬人口、四萬七千個停車位，沒有百貨公司——工作機會的數量一樣。[68]這種軌跡讓人想到雞生蛋、蛋生雞的問題。哈特福停滯不前，是因為停車場侵蝕城市景觀嗎？或者哈特福在苦苦掙扎，於是城市景觀分崩離析成停車場？你也可以對一些熱鬧、卻很難停車的城市提出反向問題，例如紐約市、波士頓、波特蘭與舊金山：房地產價值高，是因為這些地方是密集、有活力的環境？或者這些地方這麼密集熱鬧，導致房地產價值太高，無法讓地面式停車場生存？

雖然答案無法確定，但有線索可循。紐約、波士頓、波特蘭與舊金山有相同點：這些城市在一九七〇年代，都在美國環保局的施壓下制定了市中心停車位上限。這些停車位限制的效果，很難和催生這些限制的政治文化帶來的持續影響分開來看。但這些限制的確促成了適於行走、熱鬧繁華的城市，也與龐大的研究結果相符：停車位供給會形塑駕駛模式。[69]

沒有任何大小的城市可允許人人都開車前來，還能讓市區保持熱鬧。舉個極端的例子：在一九六六年，有個運輸學者計算，如果獨自開車通勤到曼哈頓的每個人都要停車，會需要五層停車塔，其大小就是五十二街以南的曼哈頓這麼大。[70]這一點格魯恩沒有錯：通勤者遲早都得下車。他可以把車留在家裡，改搭巴士。他可以在市中心行人徒步區邊緣做這件事，雖然少不了要蓋幾棟巨大的公共室內停車場。或者他可以把車停在私人停車場，就在他的目的地前。在美國，多數都市多少都是以最後一個選項來解決事情。

第二部

讓免費成為往事

我何必付錢？要是我自己申請，或許可以免費？

——喬治・康斯坦薩（George Costanza），

〈停車位〉（The Parking Space），《歡樂單身派對》[1]

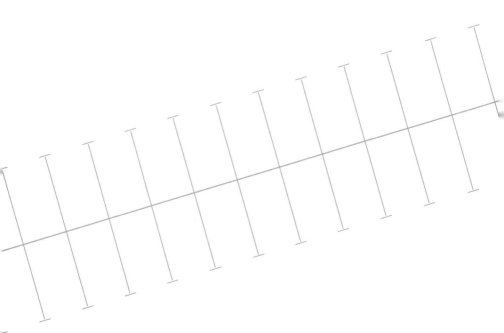

第六章　如何利用停車來洗錢、避稅與偷竊

雖然城市之父已經竭盡所能，但美國還是有些地方太熱鬧，無法三兩下就找到車位，何況還要免費。在這種地方會出現一種人（多半是男人），其主要資產能強迫造訪者支付停車費。大型市區、專業體育場、醫院與機場都屬於這種分類。在機場，有時候停車還比飛航更賺錢。（沒有適當的大眾運輸連結，可能帶來好生意。）要收費的室內外停車場占美國整體停車場中的一小部分，但在集體想像中卻被放大檢視。多數人討厭支付停車費的原因，就和停車產業撒那麼多現金的原因一樣。「大家喜歡停車，」一名停車業者說明，「大家把車放在那邊，車就停著，啥都沒做，然後他們就可以賺錢。」[2]有了這筆錢，麻煩就出現了。在美國，商業停車史某部分就是竊盜史：工作者從老闆那邊偷、老闆從政府偷、政客從民眾身上偷。

一九五〇年代，建築師想像著室內停車場或可許承襲歐洲火車站的精神角色，有明亮的大廳，裡面安放幾座石雕像，還有拉丁文篆刻，下方則有通勤者、旅客、軍人與移民者摩肩接踵。[3]有些室內停車場確實成為備受喜愛的市民空間圖騰，例如華盛頓州斯波坎（Spokane）的室內停車

場（Parkade），或是紐哈芬的聖殿街停車場（Temple Street Garage）；有些吸引人的公共空間也被挪用為停車場，包括幾十年來巴黎聖母院前的廣場。只是大部分的停車場建築，富麗堂皇的程度仍比不上火車站的廁所。室內外停車場名列社會上最不討喜的建築，是鴿子棲息的地盤，還有日光燈忽明忽暗，瀰漫著危機四伏的氛圍。這裡必定神祕感重重，不會有人過來，所以當年馬克．費爾特（Mark Felt）與包柏．伍德華（Bob Woodward）才選擇到地下車庫傳送會讓理查．尼克森（Richard Nixon）下台的祕密。

如果室內停車場會因為美觀而引起注意，例如赫佐格與德梅隆（Herzog & de Meuron）二〇一一年在邁阿密海灘開始營運的林肯公路停車場（「都是沒被衣服遮住的肌肉。」雅克．赫佐格說，就像海灘上的景色），那也會是個例外，恰好能證明前面說的通則。[4]自從一九九〇年以來，美國景觀設計師學會（American Society of Landscape Architects）就只認可一處停車場。[5]「建築師寫信告訴我關於停車場的事情，因為他們認為，看出停車場的模式很有意思，」藝術家愛德華．魯沙（Ed Ruscha）提到自己的停車場攝影時這麼說，「要我說，更有意思的是：地上到處有油滴落。」[6]停車場管理員也對這麼低的評價表示同意；在二〇一五年的一項調查中，停車場管理員中僅有百分之五認為自己的工作有意義。[7]美國沒有其他工作的這個數字低於百分之二十。

《停車場電影》（*The Parking Lot Movie*）是少數談到停車的珍貴之作，導演梅根．艾克曼（Meghan Eckman）追蹤披頭族與傻瓜們嘗試經營停車場的故事，地點就在夏綠蒂鎮的維吉尼亞大學旁。這裡的停車場收費員多半是以後會進入學術界與藝術領域工作的研究生，他們自稱「破碎的詩人所組成的散漫團體」[8]，滔滔不絕談著關於正義、憤怒、收入不平等與停車的哲學。「你幾乎能看出他們腦袋中勉強湊出的三段論，」一名收費員這樣說駕駛人的資格感，「比如說：『我買了這輛車；怎麼可能會沒有地方停？這裡一定有附停車位。』」

顧客對停車場管理員很壞，但是這份藐視讓管理員團結起來。「在就業階層來說，這位階比剝製匠還低，也比門僮還低——門僮還有制服呢。」一位停車場管理員說。「『但願你對自己感到驕傲，你這停車場管理員。』」另一位前管理員詹姆斯．麥克紐（James McNew）回憶時，模仿著一位駕駛瞧不起人的口氣。「我很驕傲！希望你也是，你開你爸的汽車，想辦法不繳四十美分的停車費。誰比較厲害？」但這份工作也有討喜的一面：「在停車場，我們是發電機、旋風、統治者。我們有完整的自主權。在這個不能帶給我們任何好處的世界裡，這些東西我們都有。」

《今日停車》的發行人約翰．凡．霍恩剛發跡時，工作是販售設備給車庫，而會創辦這份雜誌，就是因為找不到任何地方幫他的產品打廣告。他認為，《今日停車》可以變成真正獨立的行業雜誌，而不是行業團體的大內宣刊物。不過，這份雜誌大致上仍對此行業秉持正面看法。

這並不是說，凡．霍恩沒有醜聞可說。相反地，他會滔滔不絕訴說這一行各種關於偷竊與謀殺的謠言。只不過，他說這些謠言不會刊登在《今日停車》上，因為這樣有什麼用？他反而把自己對恐怖事件的喜好導入黑色小說三部曲《停車死亡紀事》（*Death by Parking*），故事裡有個冷酷的警務督察與幾個停車巨頭有過節——過程中他也找到了愛。凡·霍恩筆下有個角色解釋了經營商業停車場的誘惑：「停車是現金往來的生意。沒有人會要你為所有的錢負責。沒有庫存要列出與追蹤，所以除非你了解停車業務，否則無法證明某一天到底收了多少錢。在停車這一行，你是依照時間來出租空間。誰知道究竟有多少車來來去去、車停了多久？換言之，雖然你確實在收錢，例如某天收了兩百二十五元，誰說你不能把七百五十元或一千元存到銀行呢？在那一刻，多出的五百二十五或七百七十五元，原本可能是搶劫或賭博贏來的，這下子也完全合法了，拿去繳稅、買房子或名車都行。」[9]這就是全現金交易的生意優勢：你可以揩油，不照實向國稅局申報；或者洗錢，並向國稅局多申報。

室內停車場也會遭搶。「大家都不知道，你可以從停車場竊取的錢，比從銀行竊取的還多。」丹尼斯·康寧（Dennis Cunning）說。[10]他原本是業界老手，後來轉為稽查者。在八〇年代，康寧於波士頓的保德信中心（Prudential Center）經營室內停車場，一場波士頓棕熊（Bruins）的季後賽就能帶來五萬到七萬元的現金。他們會聘請攜帶獵槍的保全來看門。當時紐約的經營人會接到電話說：「這邊沒有停車管理員。」[11]原來是有人來偷走好車、錢，然後把停車管理員鎖進汽車後行李箱了。工會合約還有條特殊規定：員工若遇到搶劫，自己失去的錢可獲得補償。[12]

然而，竊盜最常是內賊幹的。當時是「雪茄盒」時代，拿最低薪資的員工會被控告每晚把大量現金塞進一個盒子裡。對於那些選擇中飽私囊的人來說，這項計謀很簡單：停車場管理員跟主管說的汽車數量可能只有一半；主管又可以再少報一半的汽車數量給老闆；而老闆又可再少報一半給國稅局。結果大家都贏了，只有稅務人員例外。停車稽查員之間流傳一則真實性不明的故事，可說明他們負責調查的都是怎樣的無恥之徒。故事說的是，在九一一攻擊之後不久，稽查員去造訪曼哈頓的某室內停車場，裡頭停了好幾百輛車，但是都沒有停車紀錄。而管理員遭到質疑時便說：「嗯，是啊——確實是悲劇。那些人在那天失去了生命……天佑美國。」這位稽查員摸摸這些乾淨、依然有溫度的引擎蓋，知道根本不是這麼回事。

有一位和停車場業者往來的外界人士解釋，鬆散的管理風格讓這種詐騙手法得以延續：「想像一下，假設你是負責只有單一運具的航線主管，而我問，有多少人搭這航線？不知道。喬伊也在這班飛機上嗎？不知道。喬伊拿多少錢？不知道。停車就是這樣。」

三不五時，停車場土匪就會上新聞。弗雷維妮·梅布拉圖（Freweyni Mebrahtu）是停車場員工，服務的單位在維吉尼亞州尚蒂利（Chantilly）附屬於史密森尼學會的航空與太空博物館，距離華盛頓特區不遠。梅布拉圖會為停車管理公司（Parking Management, Inc.）向訪客收十五元的停車費。有三年的時間，她玩弄這套系統：收取現金，但不給票根，並把電子汽車收費機的插頭拔掉。聯邦調查局發現，她私吞超過五千輛汽車的停車費，總額近九十萬元。有時她回家會帶著超過四千元的現金。這筆錢用來做了些好事情，包括讓孩子上大學，以及支付女兒的手術費。梅布拉圖把這個祕密告訴同事梅瑟列特·特雷菲（Meseret Terefe），她也以紅色旅行袋夾帶近五十萬元回家。這兩位停車場管理員都遭判長期監禁。

前面的例子若和費城國際機場安東尼・格里科（Anthony Gricco）所犯下的陰謀相較，都只是小兒科。有個地方檢察官日後稱之為「這座城市所遭遇到數一數二的詐騙事件。」[13]在一九九〇到一九九四年間，格里科擔任安博科系統停車（Ampco System Parking）的區域經理，負責費城機場的室內停車場管理。他的小舅子威廉・麥克卡德爾（William McCardell）在收費亭監看現場的日常活動，也要點收收銀機中的現金。第三名共犯麥克・法蘭納瑞（Michael Flannery）則是在印製收費單的公司當技術人員。

旅客結束度假與出差、搭機返回機場後，會累積很多天的高額停車費，他們會乖乖繳錢，離開機場。涉案的收費員會收錢，卻使用另一疊臨時停車的停車票來記錄車子的出場時間，接著就為旅客開門放行。這麼一來，長期停車也被算成臨停，而兩種費率之間的差額就落入收費員的口袋。法蘭納瑞把費率顯示螢幕關閉，這樣顧客就不知道他們付了一百元，卻和正式紀錄上的十元不符。麥克卡德爾會在輪班結束時開車走人，他把現鈔塞滿棕色紙袋，而袋裡還裝了不在費城人雷達上的長期停車單據。四天。七天。十天。他們繳納完整的費用，但是機場卻只看到他們停了幾小時。這麼一來，數以百計的停車時數就會從每天的帳目紀錄及收銀機上被抹除。

這項陰謀的關鍵是偽造的臨停停車票卡，把紀錄冊上的過夜停車變成單純的接送。一開始，法蘭納瑞只以最簡單的方式蒐集票卡：一次又一次按下票卡機按鈕，之後重新啟動計次器，這樣

美國的商業停車史某部分就是偷竊史：工作者從老闆那邊偷、老闆從政府偷、政客從民眾身上偷。

在審計上，就不會有幾十輛車的紀錄。每個收費員會利用這些票卡，從三十輛車竊取現金。利用這種方式，這群人一天可以竊取六百到九百元。

漸漸地，身為主管的格里科招募更多的收費員，問他們是否有興趣多賺點錢。有個收費員卡羅．艾勒（Carol Eller）在遭到定罪後，於州立監獄待了將近一年，她作證指出，格里科每個星期會給她七百元封口費，有時還給更多。[14]

為了拉大規模，在一九九〇年，法蘭納瑞開始自己印製偽造的當日進出停車票——一夜有三十張，一週有三夜。到了該年底，每週會有兩百張偽造停車票。一九九一年，另一處機場停車場也加入詐騙行列，於是法蘭納瑞請印製者加速，每週印八百張偽造停車票。最後，有十五名收費員作假帳。「我們總是加把勁，愈做愈多、愈做愈多，」法蘭納瑞說，「格里科有一次告訴我，有二十五個收費員加入。」到一九九三年，每週開出一千一百張停車票，到一九九四年，則是每週開出一千四百張。[15]

一九九四年夏天，對這些把真正的停車票換成偽造票的收費員而言，他們心中的警鈴響了：費城停車管理局（Philadelphia Parking Authority）忽然決定要在收費亭安裝煙霧偵測器。法蘭納瑞明白，「煙霧偵測器」有微攝影機。他們在格里科家召開會議，討論是否收手。他們決定繼續。九月二十二日，費城地方檢察官前來突擊，逮到夜班收費員在衣服中塞了現金與未登錄紀錄的長期停車票。調查人員指出，收費員總共把三百四十萬元的機場收入中飽私囊，但非官方的估計數字更高。一九九五年，也就是東窗事發後的隔年，機場停車收入飆升了七百萬元！[16]

多數收費員都認罪，但保持緘默。警方花了將近兩年的時間蒐集足夠證據，以共謀、竊盜與偽造文書等罪名來控告格里科。有一名收費員作證，說有個費城停車管理局的官員也牽涉其中。[17]不過，雖然有十一名收費員遭到起訴，其中幾人已入獄，但費城的陪審團卻認為證據不足，因此格里科與麥克卡德爾皆獲判無罪。這項判決證明了，要對停車業的有組織竊盜提出罪證確鑿的證明相當困難，除非在某人口袋裡發現現金與票根。

格里科最後還是鋃鐺入獄，因為在二〇〇一年，他的逃稅行為被定罪。在那場審判中，印製停車券的法蘭納瑞與他分道揚鑣，為這次訴訟作證，也透露了他們的犯罪活動內部運作的方式。格里科很難解釋他哪來七十三萬五千元可以買房子、珠寶與汽車。「我從小的教育，就是不要相信銀行。」他告訴陪審團，並說他在一九八〇年代做了幾份工作，把錢存下來，這個故事是由母親佐證。[18]但對他不利的是，他在一九八三到一九九〇年之間的年度納稅申報單上顯示，平均年收入不到一萬兩千元。於是格里科被判有罪。之後，他為了換取縮短刑期而出賣了整個行業，他主張管理機場停車場並不是「公共或私人可信賴的職位。」[19]

這點倒是很難反駁。

當然，白花花的銀子會引來犯罪組織的注意。在停車的大略簡史上，最知名的案例是一九四五年由曼尼·金摩（Manny Kimmel）於紐華克的金尼街（Kinney Street）成立的金尼停車公司（Kinney Parking）。金摩在這座城市擁有幾座室內停車場，也在二〇與三〇年代於紐華克經營賭場，與他一同經營的包括黑道分子阿伯納·「朗吉」·茨威爾曼（Abner "Longie" Zwillman）。茨威爾曼利用金摩的停車場在禁酒令期間存放非法製造販售的烈酒，而根據聯邦調查局的說法，他後來也成為金尼公司的持有人之一。[20]到一九七〇年，停車場的獲利足以讓金尼公司擴張成控股公司——金尼全國服務公司（Kinney National Service Inc.），旗下包括《抓狂》（*MAD*）雜誌，以及華納兄弟電影公司（Warner Bros）等等。停車能讓你靠好萊塢賺大錢。

只是，這間老態龍鍾的企業沒能改革。賈德·瑞奇海默（Judd Righeimer）是史蒂夫·羅斯（Steve Ross）的朋友與大學室友。羅斯在六〇年代是金尼公司的總裁，而瑞奇海默記得，有個車庫領班叫布奇（Butchie）。有一天，某個男子想要來停車場偷車。「於是布奇打開空氣壓縮機，發出很大的噪音；之後他把這人拖下樓，打斷這男子的雙手雙腳，將他扔到街上。你知道的，我說可以打電話給警察，讓警察逮捕那人；不過布奇說：『不，他一天就會出來，然後又回來偷車。接下來消息也會傳到他朋友那邊。』」[21]瑞奇海默也說，公司有上百萬的行賄基金，那是從停車場的雪茄盒撈來的油水。[22]一九七〇年，《富比士》（*Forbes*）雜誌一篇專題報導中有段插頁文字，寫說謠傳金尼公司和黑手黨有關，但曼尼的兒子凱薩（Caesar）堅決否認。[23]羅斯想更名正言順擔任好萊塢大亨的新角色，於是分拆該公司較不搶眼的持股，包括停車場，並改成規模較小的公司，由停車產業的後生晚輩丹尼爾·卡茲（Daniel Katz）經營。

當時是在紐約經營室內停車場的黃金時期。一九七三年，市長約翰·林賽（John Lindsay）與紐約州長納爾遜·洛克斐勒（Nelson Rockefeller）擬定「運輸控制計畫」，以符合新成立的美國國家環境保護局所提出的空氣污染標準。其中有一項倡議是要禁止曼哈頓五十九街以南的大部分路邊停車，最後是禁止在這一帶開發新的路邊停車場與室內停車場。在林賽之後繼任的市長亞伯・貝姆（Abe Beamer）認為，這個計畫會讓曼哈頓「變成鬼城」，不過美國最高法院在一九七七年強迫他「罩住」停車收費表。[24]到一九八一年，停車產業估計，曼哈頓中心商業區有超過兩萬五千個車位消失，室內外停車場紛紛改建為新建築。[25]同時，城市的經濟反彈回升，到這裡的駕駛人數逐年增加，在一九七五到一九八五年間增加了百分之三十三。[26]

如此一來，停車場老闆愈來愈富有，足以涉足開發事業。金尼公司的卡茲就是其中一人：有個年輕的律師李奧納德・巴克瑟（Leonard Boxer）想成為地產開發商，於一九八〇年代初期找上卡茲，討論在第二大道與二十六街買停車場的事，這時卡茲看到賺錢機會也採取了行動。「不是付我錢，然後由你興建就好，」巴克瑟記得他這樣說，「我們一起幹點大事吧。」[27]巴克瑟負責法律工作，而已讓金尼公司上市的卡茲則負責錢。一九八四年，第三位合夥人諾曼・席格爾（Norman Segal）則對知名熟食店老闆史丹利・札巴爾（Stanley Zabar）死纏爛打，讓他把百老匯與八十七街的低樓層商業建築群賣給他們三人組。席格爾想稱這裡為明斯克（Minsk，現為白羅斯首府）：「如果盎格魯薩克遜人來到這裡，能以他們故鄉的名稱幫建築物命名，那我也可以。」[28]卡茲和巴克瑟不讓他稱心如意，遂將這內含一百五十個單位的高樓取名為蒙大拿（Montana），因為這棟樓位於知名的達科他（Dakota）公寓西邊。（達科他公寓為曼哈頓的知名住宅樓房，於十九世紀末興建，許多名人曾居住於此，包括約翰・藍儂。而在美國地圖上，蒙大拿州位於南北達科他州的西邊。）

紐約市的室內停車場因為法律不溯及既往的「祖父條款」，得以在日益密集的城市中生存，不受潛在競爭的影響，現金獲利多到淹過腳目。金尼公司位於廣場飯店與中央公園對面的停車場，每月費率從一九七八年的兩百一十三元飆漲到一九八四年的四百二十五元（一九八四年的幣值）。根據一項都市研究，在一九八二與一九八三年間，曼哈頓的停車成本比消費者物價指數的漲幅還高五倍。[29] 雖然金尼公司的兩百座停車場中只有一半位於曼哈頓，卻占了該公司獲利的八成。[30]

曼哈頓的停車費用已成為笑話主題，廣為流傳：

有個人走進紐約市的銀行，想貸款五千元。放款人員說：「要有抵押品。」於是這人把法拉利的車鑰匙交給他。銀行接受了法拉利，並把五千元交給這男子。兩週後，他歸還五千元，以及十五元的利息。銀行人員說：「很高興能與您往來，但我們查出來你是有錢人，薪資優渥，在長島有房子，也沒有負債。為何您還需要借五千元呢。」這人回答：「在曼哈頓還有哪個地方可以讓我停兩個星期的車子，又只要十五元呢？」（有時候這人是猶太人、印度人、華人、義大利人、牙買加人，或金髮女郎。）

不過，在公寓大樓與自有公寓，還是有更多錢可賺。到一九八六年，金尼公司是美國停車業最大的上市公司，而卡茲與合夥人開始望向東邊，他們已買下八十六街與第三大道的伍爾沃斯（Woolworth）舊店址。這棟建築物會建得更大，裡頭有兩百五十六間公寓。他們按照之前的命名法則，把這裡稱為「科羅拉多」。

不過，麻煩正在醞釀中，因為聯邦調查局的取締行動終究會讓卡茲陷入圈套。聯邦調查局正如火如荼向組織犯罪宣戰，其中一個目標是曼哈頓東哈林（East Harlem）區的帕瑪男孩社交俱樂部（Palma Boys Social Club）。他們在這小小的店面進行竊聽，導演馬丁・史柯西斯（Martin Scorsese）日後會在《愛爾蘭人》（*The Irishman*）片中重現這裡的場景。黑道就坐在戶外的折疊桌椅區，而這裡最後會導致吉諾維斯犯罪家族（Genovese crime family）的老大安東尼・「東尼」・薩雷諾（Anthony "Tony" Salerno）被起訴與監禁。聯邦調查局也查獲許多關於地方卡車司機聯盟二七二（Teamsters Local 272）的犯罪詳情，這是紐約勢力強大的車庫從業人員工會，由東尼・薩雷諾的兄弟奇里諾・「查理」・薩雷諾經營——他又名「史畢德」（Speed）。

這個工會代表曼哈頓室內停車場工作者幾十年了，有時候會發動罷工，通勤者只好匆匆忙忙前往地鐵。史畢德・薩雷諾在一九七二年之後於卡車司機聯盟二七二擔任長官，只有一九七九年例外，因為當時他違反勞動法，收受一名城市室內停車場主人給予的一千元，因此得離開這個職位。但一九八一年票選後，他又回鍋，因此從停車場榨取款項的做法就繼續下去。

「我在經營室內停車場時，停車場老闆打電話來說：『放一千元到紙袋裡』，」稽查員丹尼斯·康寧在二〇二〇年回憶當年在曼哈頓的工作時說道，「不久之後，查理來了，我把袋子交給老闆，之後查理就拿到這紙袋。我不知道地下室發生什麼事，但我確實知道，在那之後，收費員都不會加入工會。也有人跟我說，『講話小心點，不然就會葬身大海，和魚睡在一起。』」[31]簡言之，如果停車場主人想要雇用非工會的員工，例如收費員，工會也不在乎，只要查理·薩雷諾有拿到錢就好。還有另一個業界老手開了個玩笑：「美國有一段時間，棕色紙袋都不夠用。」[32]

後來，薩雷諾與其他卡車司機聯盟二七二的主管被控把工會當成「敲詐企業」，收受賄賂款項；據稱中飽私囊的金額高達三十萬元，還不包括贈禮與假期。停車場老闆抱怨，員工遭到持槍威脅，或說要他們等著被「濕水泥灌喉嚨。」[33]維克多·亞費里（Victor Alfieri）是二七二的副會長，被控未確實監察薩雷諾的行為，但他告訴法官，他們（在另一個非商業區的黑手黨社交俱樂部）遭到警告，說任何人都「休想靠近查理·薩雷諾。」[34]亞費里也暗示，如果他揭發薩雷諾的行為，自己恐怕小命不保。「我不能跟他們說任何事。我一開始做這份工作，薩雷諾就已經在這裡了，我不可能趕走老闆，也不能在這裡告訴任何人什麼事情。」

但曼哈頓室內停車場貪腐情況最為罪證確鑿的證詞，則是來自一位「好漢」（made man，黑手黨的入會成員），名叫文森·卡法洛（Vincent Cafaro），他在美國參議院提出驚心動魄的證詞，說明了吉諾維斯犯罪家族對紐約事務的影響力。卡法洛的行為被視為嚴重背叛，就連他兒子也提出懸賞老爸的契約，只是兒子遭到逮捕，而如果老卡法洛若還活著的話，仍會受到證人保護。[35]

卡法洛在參議院的證詞內容牽涉廣泛：他說，紐約市泰半新建築物會以各種方式把錢交到不法之徒手上。卡法洛也說，甘迺迪機場是受到黑道盧切斯家族（Lucchese）掌控。他還說，吉諾維斯掌控碼頭、全新的賈維茨會議中心（Javits Convention Center），以及飯店與餐廳員工。

這個家族還掌控了停車工會，原因就在於查理‧「史畢德」‧薩雷諾。地方聯盟二七二「是我們的」，卡法洛在一份宣誓陳述書中說。「它屬於我們這幫人……如果要在紐約經營室內或室外停車場，就得和『史畢德』講好。」[36]「史畢德會向停車場業主收錢，再把錢送到東哈林。」卡法洛告訴聯邦調查局。[37]他說，每個月查理‧薩雷諾會帶幾千元到帕瑪男孩社交俱樂部，交給卡法洛與胖東尼——這是來自地方的「整頓」基金。[38]

丹尼爾‧卡茲是金尼公司的總裁與蒙大拿的開發者，在一九八七年得知自己被調查。一開始，他的律師——原本擔任地方法官的泰勒（Judge Tyler，應指Harold R. Tyler Jr.）認為聯邦調查局的人可能會要卡茲和薩雷諾談個「甜心合約」（sweetheart contract，雇主與工會領導者私下談妥的合約，並不正大光明），並錄音下來。[39]但後來，泰勒告訴《紐約客》（*The New Yorker*）的康妮‧布魯克（Connie Bruck），他認為事情恐怕沒那麼單純。當然，在另一項聲明中，剛成為政府證人的卡法洛說到曾協助一個名叫里昂‧摩洛諾（Leon Morono）的包商，取得八十六街與第三大道的住宅摩天大樓興建合約，就在木瓜王快餐店（Papaya King）對面——這位址就是未來卡茲會與合夥人興建科羅拉多大樓的地方。卡法洛這樣說：「卡茲告訴史畢德，〔摩洛諾〕出價太高了，如果他把價格降低一百萬元，摩洛諾就能得到合約。」[40]卡法洛把資訊傳達給摩洛諾，並得到十萬元的中介費，酬謝他在這次圍標中所扮演的角色。後來卡法洛說，金尼公司一位名叫卡茲的老闆和史畢德．薩雷諾合作，安排工程招標。

一九八七年八月十二日早上，丹尼爾．卡茲被發現他把凱迪拉克停在長島大頸區（Great Neck）的住家附近，胸口有槍傷。沒多久，到了上午稍晚時，他就在醫院死亡。那把放在他雙腿間的獵槍原本屬於他祖父。卡茲沒有留下隻字片語，但警方判定是自殺。警探告訴地方記者，這位四十八歲的人因為「生易談不好」而憂鬱。[41]但律師泰勒告訴布魯克，卡茲的死亡令他一頭霧水。「當然，他過得不開心。不過，從檢察官描述的案例來看，就算卡茲受審並被定罪，頂多是在牢裡待個幾年——稱不上是他自殺的原因。」[42]

「現在想來實在是難以置信。你可以搞外遇、幹最不可思議的事，被逮到也不尷尬。」另一名停車場高層主管道格．沙里尼（Doug Sarini）觀察道。[43]卡茲的死令他震驚，並說金尼公司總裁在他剛創業時曾伸出援手。「他是個名聲無可挑剔的人。有些人能承受醜聞造成的尷尬，無論事情有多麼小。但他無法承受名聲受到一絲絲負面衝擊。」

當然，這一行的人不太在乎這種事。停車業的名聲依舊是不太老實、有雙面性，偶爾危險的事業，即使在千禧年左右多已廣泛採用信用卡付費。如今許多人仍會回憶起糟糕的往日。「我們的名聲不好嗎？對。我們活該嗎？對，」車庫顧問克萊德·威爾森（Clyde Wilson）在二〇二一年的《今日停車》中寫道，「我們需要嘗試隱瞞自己是從事什麼職業，以及自己是誰嗎？**大可不必**。」[44]正如許多行業，無論曾有什麼不足之處，導致這被遺忘的行業變成搶匪與幫派覬覦的目標，在二十一世紀初，它仍是移動緩慢的獵物，於是成為創新者、新創公司與私募基金的目標。

第七章　深入商業停車產業的核心之旅

美國有個地方實現了維克多・格魯恩的理想抱負。❶有一座大都會，四周是龐大的停車場，遊客與通勤者早上下了車，在街上步行，靠著快速且班次頻繁的運輸系統往返。不過，那位奧地利移民肯定會厭惡這裡。二〇一九年，我造訪了迪士尼世界（Disney World）——不是園區，而是停車場，以及相關的運輸指揮中心。我是跟一群來自全國停車協會（National Parking Association）的賓客一起行動，他們就在附近開會。這群人就是把停車這行業拉進二十一世紀的人。他們是小生意人、大學行政人員、設備廠商、城市規畫者、技術人員及企業集團高層，這些企業集團掌控美國收費停車供給量的占比愈來愈大。和每個從事枯燥工作的人一樣，他們惺惺相惜。

迪士尼世界約有四萬五千個停車位，和美國大城市中心相去無幾。每天有十到二十個家庭會

---

❶根據迪士尼歷史學家山姆・根納維（Sam Gennawey）表示，華特在去世的時候，手上就是拿著一本關於都市規畫的書：格魯恩的《我們城市的核心》（*The Heart of Our Cities*）。參見Sam Gennawey, "E.P.C.O.T. and the Heart of Our Cities," The Original E.P.C.O.T., sites .google.com/site/theoriginalepcot/essays/epcot-and-the-heart-of-our-cities.

在這裡碰上汽車失竊。負責管理這些停車場的五百名員工，就和所有的迪士尼員工一樣，都是「演職人員」，行為標準很高：「保留魔法。當迪士尼形象的模範。」他們必須向接駁車揮揮手，那些接駁車會把造訪迪士尼的家庭從停車場送到園區入口（否則在有幼童的情況下，可能得走上三十到四十五分鐘）。他們必須「創造驚喜及魔法時刻」，而在多變的佛羅里達天空下管理這麼大的停車場，那似乎是很困難的任務。[1]

園區內是個沒有汽車的城市，交通工具包括十二輛單軌電車、三十艘船、二十九輛有軌電車、六十一輛廂型車與三百零四個空中纜車車廂。不過，迪士尼世界大部分是靠著四百輛柴油巴士運送大量遊客，一天共計提供十七萬五千次服務，因此度假區的運輸系統和亞特蘭大或明尼亞波里斯不相上下。

想恢復大街景觀的人，會從加州安納海姆（Anaheim）的迪士尼小鎮複本汲取靈感，而停車業相關人士也來到了奧蘭多，想好好吸收這一套迪士尼模式。其中兩名訪客來自紐波特紐斯造船公司，另外一位則是來自佛羅里達州的西賽德（Seaside），那個地方是一項建築實驗，有緊密交織的都市主義規畫，是很熱門的觀光景點，有些訪客得把車停在好幾哩外，搭接駁車來到市中心。

在全國停車協會的會議上，從業者不必解釋自己是誰。身穿牛津襯衫的男子在洛伊斯蘭寶石瀑布度假村（Loews Sapphire Falls Resort）走廊徘徊，這巨大的飯店位在環球影城邊緣，我們就以此為基地，一天下來，會進出多場座談會，直到稍晚終於開始可以喝酒。「我們在俄亥俄州是從後面來。」一名男子嚷道，在奧蘭多環球影城的瑪格麗塔度假村（Universal Orlando Margaritaville）的眾人聽了哄堂大笑。他說的是讀車牌。

全國停車協會說，共有五十八萬一千人任職於停車業，和美國郵政署的規模差不多。能負擔得起在洛伊斯蘭寶石瀑布度假村住三晚、會議報名費及周邊須購票活動的停車業者，都已鶴立雞群。「進了這一行的人，就會留在這一行。」一位停車業的高層主管喝啤酒聊天時說道。「因為他們也沒本事找其他工作！」另一位高層主管吐槽。這場面就像《蹺課天才》（*Ferris Bueller's Day Off*）裡，孩子把法拉利的鑰匙交給一位泊車的人，於是這位泊車兄說：「放心吧，我是專業的。」主角的好友卡麥隆回答：「**啥**專業？」[2]「沒有人會計畫進入停車這一行。」另一名高階主管話說得坦白。第四個高階主管如此描述他的人生故事：「我的人生就是在吸一氧化碳。」

「你是他們見過的第一個人，」另一位主管在講哲學大道理，但聽起來像是個當殺手的門廳侍者，「也是他們看見的最後一個人。」

有天晚上，我在酒吧遇見卡爾．狄品托（Carl DePinto），這位高瘦嶙峋的男子在杜克大學經營停車場。狄品托取笑著一名老同事：「這傢伙習慣在下午五點拉開閘門！」（拉開閘門的意思是，放棄那一天營收，讓氣惱又不耐煩的駕駛離開你的室內停車場；後來有個廠商給了我一件T恤，上面寫：「保持冷靜，請勿拉起閘門。」）「除非是聖誕節，否則我不會拉起閘門。」狄品托自鳴得意說道。狄品托是在霍博肯（Hoboken，位於紐澤西州，與曼哈頓隔著河流相望）長大的孩子，童年玩風火輪小汽車時，最愛的就是把最後一輛車放回盒子裡。後來，他經營起紐約長老會醫療體系（New York–Presbyterian Healthcare System）的停車場，他一個同業對手告訴我，狄品托的停車場一個月就賺進三百萬元的營收（相當於三十天就賺得一支棒球隊整個球季從停車費賺到的錢。）狄品托聊到在曼哈頓醫院的停車話題時，就像其他城市長大的人在聊紐約時裝週或紐約證交所那樣。「曼哈頓很瘋狂，但那裡就是充滿動物性，老兄。你要付出，才會成功。我在經濟衰退時挺住啦，事業根本不受影響，連一毛錢都沒賠。」[3]他也為法蘭克・蓋瑞（Frank Gehry，一九二九年出生的美國建築師，以後現代主義與解構主義建築聞名，是一九八九年普立茲克獎得主）在市區的第一棟住宅摩天樓設計過停車場。

二〇一九年，這場在奧蘭多舉辦的會議氣氛帶著點輕微的蔑視：克莉絲汀・班寧（Christine Banning）在這有六十八年歷史的行業團體擔任會長，在一場較早的演講中已為活動定調：「媒體老是說『停車已死，』」她嚷道，「要是再多看到一篇這種報導，也真拿它沒辦法。」[4]事實上，正如班寧清楚解釋的，那年秋天，停車業前景看俏：自駕車沒能實現，優步（Uber）與來福車（Lyft）依舊在把數十億元丟進海裡，千禧世代終於也開始買車。距離當時還有六個月新冠肺炎大流行才會爆發。「一般人的人生模式正在成形，」班寧觀察千禧世代的購車情形，「我們的未來一片光明。」

雖然美國有太多免費停車位，美國人又厭惡付費停車，商業停車依舊是有利可圖的事業，因為停車業者獲得攻防兩邊的很大助益。停車供給方獲得補貼，因為開發商必須興建室內外停車場，但很少把這些停車場當成收入來源。因此，停車場公司——多半並未擁有停車場的土地——沒必要彌補興建停車場的資本支出（一個停車位造價約三萬到四萬元，但這個項目很久以前就在開發商的擬制財務報表中處理掉），大可靠著不太要求供給、勞工、維修或廣告的租賃契約來印鈔票。至於那些**確實**擁有停車場的人，通常最重要的身分是房地產投機者，但他們在土地興建出自有公寓之前，早就受惠於對未開發土地有利的房地產稅務系統，無論這裡的潛力具體為何。

而從需求方來看，補貼範圍很龐大。整個美國的人造建築環境幾乎只能以汽車通行，別無他法，這也讓需要找車位的人勢必源源不絕。但是停車場業者卻從更直接的支援中獲利：他們許多顧客並未真正付停車費。那些費用其實是他們獲聯邦免稅補貼的雇主所支付的，這些補貼靠著客人造訪公司或商店而「生效」，不然就是已算在公寓租金費用或足球門票裡。

這個核心概念並非火箭科學那麼難懂。停車專業人員曾說，他們做的是一門款待的生意，現在則聲稱是從事「移動」（mobility）行業，對於分類很有爭議。但事實是，他們的產品是商品：就像一桶石油或一蒲式耳的麥子。停車位最重要的特色是，你需要的時候，就要在你面前。

因此停車會變得如此有利可圖：沒有人願意走兩個街區才能到自己的停車位，於是停車業者本來就獲得寡占地位，在某個特定地點顧客也只有幾個選擇可選。「我們從來不承認這一點，」

吉姆・胡杰（Jim Huger）坦承，他是優質停車（Premium Parking）的經理，據說紐奧良商業停車位的一半供給量都是他經營的，「但我們就像獨占事業。」[5]❷胡杰的策略很聰明：高價租金再加上停車場管理……透過他自己的另一間股份有限責任公司來經營。

「這樣不會有利益衝突嗎？」我問。

「兩面都玩是好事。」

「就像亞當・紐曼（Adam Neumann）。」我說，指的是從事謀私交易的共享空間 WeWork 創辦人。

「對，但是我沒有董事會。」

在某方面，很多人會把胡杰這樣的人拿來和杜克大學的卡爾・狄品托比較。當你幫醫院或大學管理停車位的時候，你的義務不只是服從萬能的金錢，還得對機構的要求與社會階級體系負責。在杜克大學，狄品托常在學生刊物上挨罵。「在杜克大學落落長的惡魔名單中……沒有多少比杜克停車與運輸更邪惡、更惹人厭。」大四學生貝拉・米勒在她的專欄〈讓杜克變成怪胎〉（Make Duke Weird）寫道。[6]亞特・尚派恩（Art Champagne）是杜克、北卡與其他機構共同組成的核子實驗室主任，他就向這份報紙說狄品托「搞得我們很難工作。」「想搶停車位根本沒有勝算。」他又說。[7]每日停車通行證已經從五元倍增到十元。

「遺憾的是，我們所在的行業是最招人怨的，」狄品托說，「就連核子物理學家停車也得要付錢。」[8]就算是大學裡的高層人員也很少分配到停車位。相反地，停車證被稱為「狩獵執照」。

加州大學校長克拉克・柯爾（Clark Kerr）曾說，大學校長的工作是「為教職員提供停車位、為學生找性服務、為校友會找體育運動。」[9]他又繼續說，可以把現代大學看成「一群獨特的教職生意人，因為找停車位的共同苦惱而凝聚在一起。」[10]獎賞是：在柏克萊，諾貝爾獎得主可以有專屬停車位。

漸漸地，現實生活中有愈來愈多學生也要求要有停車位。學生說，他們對一所大學的滿意度，停車費率是僅次於教學品質的考量因素。[11]克里安娜・考文薩吉（Kiriana Cowansage）是加州大學聖地牙哥分校的神經科學博士後研究人員（也是我表妹），她說，她發現自己深陷於所謂

❷停車壟斷的方法不只一種。一九九九年，丹・施奈德（Dan Snyder）買下華盛頓足球隊之後，管理部門成功說服他們市郊的馬里蘭郡禁止球迷走路到球賽場地。之後，他們把停車費率從十元漲到二十五元。不久之後，一位律師史姆科維奇（J. P. Szymkowicz）停在十分鐘路程之外的蘭德沃購物中心（Landover Mall）免費停車場，於是球場不讓他進入。史姆科維奇提出訴訟；他得知，球隊試圖管制商場的停車，因為他們發現在星期一晚上的比賽時，有超過一千五百輛車會利用（免費的）購物中心停車場。馬里蘭郡駁回這項禁令。後來，施奈德收購六旗（Six Flag）連鎖樂園，並想在麻州的阿加萬（Agawam）如法炮製，不讓人以步行進入樂園。有個曾是附屬樂園的非正式停車場得知在華盛頓州所發生的事情之後，就發起倡議，要市長下台。市長輸了選舉，於是阿加萬廢除這項禁令。十年後，亞特蘭大勇士隊（Atlanta Braves）讓喬治亞州科布郡（Cobb County）禁止這球隊新的太陽信託公園體育場（SunTrust Park stadium）地產主人在球賽、音樂會或其他活動時收停車費。在《亞特蘭大憲法報》（*The Atlanta Journal-Constitution*）調查之後，委員會廢除了這項法令。

的「體制內的階級制度」，這種階級相當幽微，會讓航空公司登機那一套做法看起來就像吉布茲（kibbutz，以色列常見的集體社區體制，其理想為平等互助，沒有階級的社會）。[12]累積了五年資歷後，加州大學聖地牙哥分校把資深博士後人員變成「研究職員」——對考文薩吉來說，這表示她的A級停車證被降級為B級停車證，簡直是紅字般羞辱人。她無法再自由到實驗室報到，雖然她的教授努力要恢復她的停車地位，但她還是被迫把車停到一哩之外。「最後，我多半是在晚上工作，後來完全轉換成在家工作，才能避開停車煉獄，」她回憶道，「我敢說，這情況確實阻礙我的職涯發展。」[13]鮑勃・霍伯（Bob Hope，美國喜劇演員）就曾說笑：「讀完柏克萊大學洛杉磯分校需要四年的時間；如果車停在三十二號停車場，那就是五年。」[14]

像我表妹那樣的員工當中，一定找得到像班・托馬斯（Ben Thomas）這類人。在明尼蘇達州羅徹斯特的妙佑醫療國際（Mayo Clinic），這位麻醉醫師助理拍了爆紅的短片，內容是他的停車權利被升等，可就地停到室內停車場。「我可以現場停車啦！」停車場閘門拉起時，托瑪斯尖叫起來，輕浮的模樣宛如達菲鴨（Daffy Duck）在一大堆金條上。[15]「就和你們一樣。我現在和你們一樣，我可以在市區停車！喔，太神奇了，我覺得自己好富有！現場停車！等了十三年！整整十三年！美夢成真啦！我太愛這樣了——不知道我愛不愛這條斜坡——但我就是愛。十三年，你也可以這樣。現場停車。」

從迪士尼世界到杜克大學，這類機構對停車場已鍛鍊出少有的真知灼見：要蓋停車場太昂貴，駕駛人又那麼不願意付錢，因此走路一分鐘就到達你要去的樂園、醫院、大學或造船廠根本是奢求。要解決停車位短缺的問題簡直緣木求魚，尤其考量到對許多機構來說，土地的機會成本相當龐大。機構也是投機者，在許多頂級大學的行政人員眼中，多數中央停車場就在要興建新建築的空地。一如許多試著為機構管理停車場的人，狄品托也希望能減少獨自開車上班的人數，因此他把停車場的收益用來補貼替代運輸方式。在杜克大學，獨自開車的人僅有百分之七十四（相較之下，杜克大學所在地杜倫〔Durham〕為百分之九十）。「我們很自豪。」他說。[16]

全國停車協會說，停車是一千三百一十億元的產業。但除非走一趟設備展，否則很難明白為何規模這麼大。看到停車場中這麼多叫不出名字的設備了嗎？那都是有人製造出來的。有人走遍全國，出售這些設備，爭取停車場安裝的機會。比如說，你可以運用停車位擴張接合器，在溫度改變時保護混凝土。你還能看到車輪鎖、客製化圓錐模具、代客泊車技術、機械手臂。「訊號科技：我們能做的事比你想像的多。」一家家新創公司在比誰家的名稱更像胡言亂語：奧比歐（Oobeo）、史巴克斯（Sparx）、瑟維生（Survision）、奧比力提（Orbility）、梅泊（Meypar）、迪瑟納（Designa）。布雷特・馬斯登（Brett Marsden）是法學院畢業的驅鳥專家，正大力推銷他的發明，那是安裝在壁架和椽條上的斜板，可把鳥類趕走，名叫愛維安戈（The Aviangle）。「這座車庫的鳥蕩然無存。」馬斯登說，這位健壯的男子帶著金手表、珠子手環，還有黑白夾雜的頭髮。他讓我看一段鴿子棲息在紐約州白原市（White Plains）某停車場的影片。「現在鳥沒地方去了。鳥糞的酸會侵蝕混凝土——六樓本來有個車商，他的車子蕩然無存。」蕩然無存！他警告鳥糞裡的孢子有滑落的危機。

最重要的是全國停車協會百家爭鳴的科技，目的均為除去停車產業的心頭大患，盼能正確計算進入停車場的汽車數量。

停車場主人多半是對停車一竅不通的人。停車場多半是由開發商不情不願建出來的，而這些建商的真正專業是辦公建築或公寓；當然也有地方政府受到附近商家的壓力，於是出面興建。其設計是討厭這項任務的建築師扔出來的，設備找最便宜的就對了。經營者——無論是SP+、QuikPark、InterPark或LAZ，或更可能是地方業主——會依照固定費率的合約加入，這合約就是要把營收極大化的責任，加諸重視利益的停車場主人上。

這時就要提到芝加哥的一間詩歌停車場（Poetry Garage）。這間室內停車場位在市中心街區的一角，介於洛普區（Loop）嘎吱響的鐵軌與芝加哥河之間。這是後拉法預力混凝土興建成的十層樓建築，完全供停車場使用，可停一千一百六十八輛車，還有一組泊車員團隊。停車場的主人是誰，一般往往不得而知，但是這座車庫的主人約翰．漢莫施拉格（John Hammerschlag）恰恰相反。

漢莫施拉格在芝加哥從事停車業四十載，知道每一座停車場的故事：比如某座停車場原本屬於丹尼爾．卡茲；另一間屋頂上有樹木的停車場是他幫忙設計的；而這邊的停車場付給他不少錢，想使用鄰近的小停車場，因為他們需要幫斜坡找個與街道相鄰的出口。一九八九年，他成為通用停車（General Parking）的老闆，也一舉躍升為芝加哥市中心最大的停車業者，擁有一萬九千個停車位。四十歲的漢莫施拉格蓄著濃密的黑色八字鬍，是《芝加哥論壇報》（*Chicago Tribune*）「八九年風雲人物」（89 to Watch）之一。他加入高檔的東岸俱樂部（East Bank Club），那裡的職員都知道他的大名。

二〇二〇年，漢莫施拉格開設一家同名的顧問服務公司，他雖然可以想退休就退休，卻似乎停不下收購停車資產的腳步：在加爾維斯敦（Galveston）有個遊艇碼頭；在芝加哥市中心有兩座超大的室內停車場；而一處地面式停車場則占了維吉尼亞州羅阿諾克（Roanoke）的半個市中心。他就是無法對交易說不。而且：他熱愛停車。

二〇二〇年十月，在詩歌停車場內部（網站上寫：「停車總蘊含著詩歌，」）悶熱的房間裡，漢莫施拉格和兩名SP+的員工阿里．納奇維（Ali Naqvi）與哈森．賈弗里（Hasan Jafri）聊天，他們是管理這處設施的人。阿里每天都在這裡，哈森則監管著這個城市的十二座車庫。漢莫施拉格說，有時他會和大學生聊停車場這個行業。「他們有一半的人會來找我，或寄電子郵件給我說：『我可以幫你工作嗎？』我說：『你們不像阿里那麼優秀。』」

「我呢？」哈森說。

「你漢堡肉。」

阿里原本任職於大都會人壽保險公司（Met Life），但在九一一之後丟了工作，於是改行到停車公司。他在詩歌停車場工作了三年，但他承認，好像已經幹了一輩子。

漢森說：「約翰會讓人覺得自己好像已經做了一輩子。」他們笑了。

「約翰想看到我們今天賺了多少錢、上星期賺了多少錢、上個月的同一天賺多少錢、過去八天賺多少錢。」阿里抱怨道。

「我們隔天會把數字算出來，」約翰說，「因為他遲了，現在還在和我們聊天，數字又不夠新了。」

如果刻板印象中的停車場主人不會知道有誰在停車場裡、停了多久、支付多少錢，那約翰會顛覆這個印象。你最好相信約翰的停車場是使用信用卡付費的。

二十年前，這棟室內停車場開始興建時，約翰就是設計顧問。後來，他買下這座停車場，也對它了若指掌：為什麼電梯要分別在兩座梯廳？是要讓角落的商家店面完整。為什麼一處梯廳有三個豎井，另外一處則是兩個？因為其中一個梯廳位於建築核心外，因此多的電梯不必占用每一樓的空間。為什麼繳費出口在斜坡上？這樣就能離收費亭遠一點，暴躁的駕駛就不太可能下車，當著阿里的面前大吼大叫。為什麼梯廳的溫度在每年冬天都設定為四十度（攝氏四度）？溫度再高一點，遊民就會過來睡在這裡。為何二樓有防鴿網，其他樓層沒有？因為那邊面對著高架捷運，瘋子會扔鳥飼料出來，他才不想經營一個鳥屎箱。

聽約翰說話，就是聽著一個留意到這滿是蠢蛋的世界中許多細節的人在講話。全國停車協會表示：「早期人們會加入這一行，是因為這是現金事業，他們可以偷錢。他們是騙子，你轉個身，他們就拿刀捅你的背。」建商說：「我對他們多麼無知這件事很有意見。」建築師說：「我不要幫這個建築師做事。他們會害我一點用都沒有。誰分配到停車場？就是什麼鳥都不懂的資淺建築師。」城市中的政治人物對他的生意課徵百分之三十到四十的稅，讓他的事業差點滅頂。線上停車位媒合平台也對他的價格施壓。他對於自己的停車場業者身分耿耿於懷。「大家對停車業者帶著鄙夷的眼神。我們搞砸每項計畫，形象就是又矮又胖，嘴巴叼著廉價雪茄，穿著法蘭絨襯衫，扣子扣到這邊。」約翰說到「胖」（fat）的時候，以重重的鼻音發 a 的音，就像 eh，散發著中西部腔。

漢莫施拉格的鬍子理得清爽，頭髮斑白，現在穿著皮夾克，裡頭搭了件粉紅色鈕扣襯衫。他很粗暴，罵起人來根本連珠炮，但也會在車上聽美國全國公共廣播電台（NPR），喜歡到法國度假。他和一位藝術創作碩士的友人聊過詩歌之後，就為這棟停車場的每一層樓分配一位詩人，彷彿那是幫助記憶的口訣，協助駕駛人能找到自己的車。梯廳會重複以喇叭播放詩歌。遺憾的是，這些空間並不是完全密閉的，樓上樓下的聲音都會傳過來，產生了迴繞、重疊的吵雜聲。

「大家討厭它。我討厭它。這樣會帶來任何生意嗎？不會。有助於記憶嗎？稍微……我們研究過一次，發現大家最記得的是樓層數字。」然而，詩人依然留在牆上：奧登（Auden）、狄金生（Dickinson）、朗斯頓．休斯（Langston Hughes）。有趣的是，比利．柯林斯（Billy Collins）還搭配了他的詩作〈遺忘〉（Forgetfulness）。

漢莫施拉格通常會帶銀行放款人員到車庫的頂樓，這裡宛如由厚板圍牆圍出的高山湖泊，放眼周圍盡是摩天大樓。在二〇二〇年的某個秋日，他帶我來到了這裡。漢莫施拉格向我解釋，就結構而言，車庫就是橋梁。混凝土停車位是由延伸繃緊的鋼纜串起。他抓起牆邊一只人頭馬（Rémy Martin）的空瓶，丟進垃圾桶。這讓人想到，即使是私人的室內停車場，也是街道蜿蜒的一部分，而且聳立了起來，進入公眾的視覺焦點，那螺旋形的蝴蝶結串起了城市的帶狀柏油路。在芝加哥，室內停車場的頂樓會成為城市很不錯的觀景點。在較小的城市，有些室內停車場的頂樓被改造成公共空間，但在芝加哥，頂樓獲利空間大，不會有人這樣做。因此停車場的屋頂依舊是自己動手做打造出的景觀。

約翰說，這裡可以讓放款人真正感受到此地的潛力：一個街區就有一千一百萬平方呎（約三十一萬坪）的辦公空間。約翰的客戶名單宛如這個市區小角落的黃頁：與他簽訂有效預付合約的對象包括蒙銀哈里斯銀行（BMO Harris Bank）、猶太聯合會（Jewish United Federation）、孟洛街一百八十一號（181 Monroe）的辦公大樓、附近的飯店（例如拉金塔〔La Quinta〕與金普頓葛雷飯店（Kimpton Gray）），還有一份特殊合約，提供優惠停車費給芝加哥抒情歌劇院（Lyric Opera），亦即芝加哥那間河畔的華麗歌劇院。他也和企業租車（Enterprise Rent-a-Car）訂了契約，在二樓有將近五十個「保留」車位，每個月費用約五百元——或者當成酬賓禮，提供給附近和他訂下大單的公司旗下員工。

經營停車場這一行的挑戰，在於如何達到「月租」與「臨停」之間的平衡。月租是穩定的收入來源，有時租戶沒出現，還可把他們的停車位再租出去，但在詩歌停車場這裡，每個月租停車位只能每年多帶來兩千四百元的稅後收入，或一天只增加六元多一點的收入。對一棟位於空氣流通的混凝土建築，有燈光、電梯與幾名全職員工的室內停車場來說，這樣依然可帶來兩百五十萬元的稅後收益，但是約翰還能做得更好。另一方面，臨時停車前二十分鐘收十一元（約翰說，根本是狗屎價格，因為沒有人會只停二十分鐘），而到八十一分鐘則是收四十九元。不僅如此，一天可能做個兩三輪。

不過，約翰．漢莫施拉格有個問題。每小時三十二元或許是定價，但只有傻瓜才會這樣付錢，因為在二〇二〇年，你可以上網買詩歌停車場一整天的停車券，這樣是二十一元，只要使用停車媒合平台SpotHero就好。「線上經銷商真是快搞死我了。」約翰哀嘆。他說，他是最後一個加入SpotHero的大型業者，明白自己沒有選擇，只能聽話。「我們以前生意做得很順，因為沒有透明度可言。」

在商業停車欣欣向榮的世界裡，苦惱的駕駛人掃視三角立地招牌，在腦袋裡加減乘除。像約翰這樣擁有好地段房地產的人，以前能很輕鬆對付從內帕維（Naperville）來看表演的傻蛋。但現在已不是這麼回事，一切得歸因於SpotHero這類的線上媒合平台。SpotHero的執行長馬克・羅倫斯（Mark Lawrence）則辯稱，他的公司對停車業主來說是有好處的，因為雖然壓低了價格，卻能促進交通。

「胡說八道！」約翰朝著市區摩天樓的剪力牆嘲笑，「他是個混蛋，相信自己的宣傳口號。我說他是個混蛋東西，是因為他影響我的生意，而且他說謊。他是停車業的川普。車子是一樣的，他沒把更多車帶入市區，我們只是彼此競爭。羅倫斯懂什麼？他又沒有停車場。他根本不知道在他出現之前的車輛數字。他什麼都不懂。」

漢莫施拉格在芝加哥停車界稱霸時，馬克・羅倫斯根本還在喝奶。他在大衰退時從大學畢業，到銀行擔任入門職位，卻遭裁員，遂跟著父母搬到芝加哥外。馬克就是在這裡以熟悉的新創公式來消磨時間：找個成功的新公司，把該公司的模式應用到尚未出現新變化的領域，比如甲領域的Uber、乙領域的亞馬遜。馬克想在停車界扮演Airbnb的角色。

起初，馬克身為來自郊區的孩子，習慣在公牛隊的比賽前，於下雪的街道承受壓力到處巡，回家時帶著一張違停罰單，因此馬克以為芝加哥的停車位不夠。他公司會把這種新的停車方式帶到市場上，以此紓解車陣與塞車。十年後，他的資料庫有好幾萬個停車位，於是他恍然大悟。「原來，不是停車位不夠，」他說，「其實停車位太多了，只是你不知道在哪。」

馬克創業的地方是外來者的需求過多，當地人因此被拉進了黑市。如果他的軟體要成為Airbnb，這個地方就是他的杜布羅夫尼克（Dubrovnik），到處是受到被壓抑的需求。這地方是瑞格利球場（Wrigley Field），也就是位於芝加哥北區的小熊隊深愛的小型棒球場主場。瑞格利球場之所以特殊，並不真的是因為它面積小、形狀不規則，或是有爬滿常春藤的外野牆，而是因為完美和社區融為一體。正因為瑞格利缺乏停車位，讓這裡和戰後興建、卻不受喜愛的體育場（例如芝加哥南區的白襪隊）有所不同。在一九八〇年代，白襪隊拆了一間備受喜愛、據說貝比・魯斯（Babe Ruth）還曾在球局間跑去喝啤酒的當地酒館，以確保新球場周圍能夠有停車場。另一方面，小熊隊真的面臨缺乏停車位的情況。

有好幾年，瑞格利球場就像其他戰前興建的體育場一樣（肯塔基州路易維爾的邱吉爾・唐斯〔Churchill Downs〕賽馬場、密西根州安娜堡的密西根體育場〔Big House〕），私人停車場會在大型活動時沿用老派方法轉租出去，車道上還有紙板做成的標誌。這城市曾為小熊隊比賽制定出特殊的北區停車規範。這支球隊是大聯盟中最後一支多半在下午打主場比賽的隊伍，這個傳統要追溯到強力泛光燈出現之前的年代，且當時球隊主人如果可以的話，會很樂於放棄此傳統，轉而追求夜間電視收視率。但他們沒辦法這樣做，因為當時的人認為夜間比賽會和通勤族回家時間重疊，造成停車夢魘，還會妨礙其他活動，破壞當地商家做生意。

二〇一一年春天，馬克在瑞格利球場附近挨家挨戶請社區通勤者讓他管理他們的停車位。他們上班的時候，馬克就會把他們的停車空間在克雷格列表（Craigslist，大型免費分類廣告網站）上出租。他會收取費用的百分之十五，而他們完全不必出力。除非這球賽打了十四局，否則他們會連有沒有人停在自家車位都不知道。

同時，如果要去看比賽，你會突然發現在下班前就能安排好便宜可靠的車位。如果停車位距離球場有點遠，馬克可以提供免費接駁車。（也就是馬克本人開著自己一九九一年的日產尖兵〔Nissan Sentra〕去接。）

到了夏天，他成立網站。他上Google查「如何找到顧客？」，也在YouTube上看青少年解釋何謂搜尋引擎最佳化（SEO）。他還在網站上貼了一篇爆紅的部落格文章，畫出聯合中心（United Center）一帶免費停車的地圖，那是位於芝加哥西區的體育場，也是NBA芝加哥公牛與芝加哥黑鷹冰棍球隊的主場。他是用微軟小畫家畫出來的。

這樣的貼文能吸引成千上萬的點閱，正是停車市場依然那麼混沌不清的證據。現在網站上會繪製出道路，並依據即時路況引導駕駛人改道。餐廳也會在地圖上出現，並提供照片，爭取顧客認可。從運動鞋到機票，幾乎每種產品都能在幾秒內比價。但是停車的地方宛如金星表面被層層籠罩，你頂多能透過擋風玻璃，以郵輪每小時十五哩的速度慢慢開，卻只能期望得知停車場的形狀、路邊停車多擁擠、街道標誌印得多細，還有三角立板上的價格。

終於，馬克有了突破性進展：他和一家大公司達成協議，這家公司就是中央停車（Central Parking，即SP+的前身）。「我們先從小事著手，」一名高層如此告訴這位驚訝的創辦人——「幾千個停車位就好。」SpotHero先從軍人球場（Soldier Field）附近開始，那是國家美式足球聯盟芝加哥熊隊（Chicago Bears）的主場；之後他們再擴張到芝加哥市中心邊緣。過了不久，SpotHero就蒐羅到市場上無人知曉的停車位：例如芝加哥期貨交易所（Board of Trade）旁的大樓，因為建築有歷史性，不准立招牌；白天有停車位的住宅建築；晚上有停車位的商業大樓。事實上，這座城市的停車位比駕駛人會用到的還多——只不過鑿入了專屬封地，無法讓人有效利用。

馬克．羅倫斯是來攪局的，不過，他還是讓停車場老闆與他交易，因為他能幫忙帶來生意。「或許從停進停車場的每部車所賺的錢變少了，卻有愈來愈多車進來，這才重要。這是邊際成本低的事業，因此增加的錢會直接成為獲利。我就問：『你們有沒有賺更多錢？』他們那時候就會安靜下來。」當然，要不是SpotHero的比價造成價格下滑，他們可能賺更多。但馬克並未為此道歉；他並不是在有停車員的停車場長大的。「我是以駕駛人的身分創立這家公司。」

一旦與他簽約的停車場來到臨界量，SpotHero就能把心存懷疑的人也拉進來，例如約翰．漢莫施拉格。「漢莫這人啊，」羅倫斯反思道，「算是最感冒我的人之一。他是很老派的停車場業者。漢莫施拉格是可以整我們，但他靠的是什麼？老派的停車許可證。那很討厭，而且要花錢——把停車證交給診所與牙醫，要和成千上萬的事業簽約。他能完全掌控，也感覺良好。漢莫施拉格想說什麼就隨他說吧。但眼前情況是：『漢莫！你現在沒輒了吧！』」

馬克的結論是，現有系統根本是瘋了。「如果外星人俯視我們，會認為我們是神經病。你要到某個地方去，卻不知道該怎麼留下你的交通工具？你要開車繞圈圈？」一項研究預測，有了SpotHero，駕駛人每天可在芝加哥道路上少開幾千哩，原因就只是駕駛人**知道**哪裡可以停車。[17]

在馬克想到SpotHero的點子時，芝加哥人會開車到洛普區，在這峽谷到處徘徊、尋找車位。大部分的人把這個又黑又深的十層樓停車場視為最後不得不的選擇。在美國多數的城市就是這樣。馬克觀察到，部分原因是商業室內停車場既昂貴又不討喜。

但也是因為在二〇〇八年以前，多數芝加哥社區的路邊停車每小時只要收費二十五美分，難怪有那麼多駕駛人寧願到處巡，也不願光顧詩歌停車場。如果你找到空出來的停車收費表，那就只要花一杯咖啡的錢，即可整個下午停在美國第三大城的市中心。

第八章　當華爾街買下芝加哥的停車收費表

二〇〇九年的某個冬日，芝加哥市議員史考特．瓦格斯派克（Scott Waguespack）接獲來電，有人說垃圾堵住北區的一條巷子。這位新手市議員打電話給衛生部門，之後自行驅車前往現場查看。就這麼巧，這條巷子位於ＬＡＺ停車公司的辦公室後面，該公司負責管理芝加哥市的停車收費表。地上滿是紙張，有些已碎，有些則保持完整，上頭提到幾個月前，有三萬六千個芝加哥停車收費表出售給以摩根士丹利（Morgan Stanley）為首的一群投資者。在金融危機最嚴峻的時候，芝加哥市收到一份提議，條件似乎好得誇張：十一億五千六百萬元，租用三萬六千個路邊停車位七十五年。市府一年差不多只從停車收費表賺得兩千多萬元；在芝加哥最需要的時候，竟然有機會收到十位數的支票。只有五位芝加哥市議員反對出售停車收費表，瓦格斯派克是其中之一，也是最大力反對的人；他們指稱，城市太過倉促就把有價資產推出去。只是，他們無力回天。瓦格斯派克認為，就算是十億元，也可能不足以超越三萬六千個停車收費表近一個世紀的收入。現在，他在凜凜寒風中，從滿是垃圾的巷子裡撿起紙張，第一次得知接下來的七十五年，芝加哥已把街道交給了……阿布達比的埃米爾嗎？

果不其然：一直到二〇八四年，芝加哥都把自己的停車收費表交給了其他人，包括小小的阿布達比大公國，也就是隱身在摩根士丹利集團背後、持股百分之二十五的合夥人。這也就確認了瓦格斯派克的懷疑，亦即市府並未誠實傳達停車收費表交易案背後，究竟藏著怎樣樂觀的投資報酬率，讓美國中西部的停車收費表引來半個地球外的國家注意？瓦格斯派克蒐集起這些紙張，交給芝加哥總監察長。

以前從來沒有城市出售過停車收費表，但是二〇〇八年初，市長理查・麥可・戴利（Richard M. Daley）拍賣風城的路邊停車位時，彷彿那是世上再自然也不過的事。戴利的父親——政界元老理查・約瑟夫・戴利（Richard J. Daley）是芝加哥第一個「終生市長」，但是年輕的戴利必定會打破他父親擔任二十一年市長的紀錄，即將往市長第三個十年任期邁進。小戴利把芝加哥帶進新時代。他的卓越成就包括城市中心的復甦，天際線在他的監督下穩健成長。即使身為前市長擔任律師的兒子，戴利也能流露出一種白人藍領階級的舉止——一名顧問說，他「只是來自橋港（Bridgeport）的人」，那裡是城市南區愛爾蘭裔美國人的族群重鎮。六十歲時，他的臉龐和老爸一樣有雙下巴，稀疏的黑髮往後梳。不過，戴利並不像他父親那種老派領導者。他在這城市的企業董事會議室中如魚得水，而最能說明他對私部門的力量深具信心、相信私部門有利於大眾，就是他尋求出售城市資產的這個舉動。

理查・麥克・戴利的芝加哥，代表性建築就是千禧公園（Millennium Park）。這個珠寶盒般的地方位於市區鐵道機廠上方，於二〇〇四年開幕。這裡的設施都冠上了芝加哥一流的企業公民名號——英國石油人行天橋（BP Pedestrian Bridge）、第一銀行走廊（Bank One Promenade）、麥考密克論壇廣場（McCormick Tribune Plaza）——這座公園象徵戴利的任務是要讓芝加哥撐竿跳，跳脫過往的工業城（火車在下方），好躍入全球性城市的行列；這裡又以法蘭克・蓋瑞的音樂會場地，以及安尼什・卡普爾（Anish Kapoor）的雲門（Cloud Gate，更多人稱之為「豆子」〔Bean〕）雕塑為代表。千禧公園是芝加哥新的公共廣場，靠著城市的商業大亨捐款一億元，還有兩億零八百萬則是靠出售市立室內停車場而來。[1]

讓私部門承擔公共責任是戴利的招牌策略之一。「那不光是空話而已，」當時擔任芝加哥財務長的保羅・沃普（Paul Volpe）後來說道，「我的意思是，我們是其中的佼佼者……無論你走到哪，都會聽聞戴利市長是眼前這產業領導者的名聲。」[2]沃普和戴利一樣，在芝加哥住了一輩子，原本是零售銀行的經理人，後來轉任官員，在市府步步高升，但依然住在他長大的西北社區。戴利請他負責預算時，沃普覺得那就像問一個十歲的男孩，想不想當小熊隊的二壘手。[3]

戴利促成全國第一條收費公路私有化，出售連接芝加哥到印第安納州的公路。他把清潔服務、街道重鋪與催繳逾期稅款私營化。他正準備出售中途國際機場（Midway Airport），如果事成，那就會成為全國第一座民營機場。他也考慮出售這座城市相當重視的密西根湖供水系統。他已把市中心四間市立室內停車場售出。而在位於紐約的投資銀行摩根士丹利得標停車收費表時，芝加哥市議會已通過二〇〇九年的預算——一億五千萬元的收費表交易金額也囊括在內。當停車收費表的交易在十二月來到議會之前，通過交易已勢在必行。

像瓦格斯派克這樣的市議員想以粗略計算，評估摩根士丹利標案的金額時，部分問題在於沒有人真正知道停車究竟**應該**花多少錢。雖然停車專家會把收費表視為一種工具，用來管理你爭我奪的路邊停車位，但多數居民理所當然會把它們視為偷偷摸摸、以懲罰為導向的賺錢機器。舉例來說，在二〇一六年，全國前二十五大城市靠著舉發違規停車賺了十三億元——相當於收費表獲得收入加上向高利潤的停車場徵稅的總和！[4]二〇一六年，芝加哥從違規停車罰單賺了兩億六千四百萬元——超過從停車收費表中所榨出的**十倍**之多。摩根士丹利租用的停車收費表中，有超過三萬個是設定在每小時二十五美分或五十美分——就和二、三十年前戴利剛出任市長時相同。只有九百個停車收費表每小時會超過一元，多半是位於洛普區。

換言之，芝加哥的收費表長久以來費率太低，因此無法再釋出停車空間，或是賺大筆金錢，頂多只能讓派出停車巡邏員這件事合理化，並開出一大疊的罰單，而這些罰單通常和收費表完全無關（駕照過期等等）。最後一次針對全市停車收費表的研究是在一九八五年進行的，但連城市到底有多少停車收費表，市府與主導研究的公司也莫衷一是（這兩組調查結果相差了一千多個）。[5]或許芝加哥的財政部門根本連**想**都沒想過可建立系統，依據市區辦公室或電影院附近的路邊停車地產價值，向駕駛人收取符合市價的停車費。然而，摩根士丹利的交易者卻想到了。

十二月八日星期二，戴利市長宣布這家銀行得標，他說，如此一來，「可強化本市的長期財政體質。」[6]負責預算的沃普火速把此交易案送到市議會。財政委員會在十二月九日先看了這個交易案。一名市議員問，為什麼這麼倉促？「我們花了大半年處理這件事，並非匆忙行事。」沃普告訴他們。[7]「你花了一年，卻只給我們兩天。」另一位市議員反駁。一位市府律師唸出租賃合約的一部分，但沒有什麼用。「這什麼意思？」第三個市議員哀嚎道。他們拿了一份錯綜複雜的圖表讓大家傳閱，有些議員把這圖表上下顛倒拿著，盼能理解是怎麼回事。市長辦公室讓議員們前一天先看一組十張投影片的PowerPoint，但到了早上委員會開會時，市議員才看到租賃合約。托妮．普瑞克溫克（Toni Preckwinkle）是會議中少數持反對意見的市議員，她希望能找個外界的分析師，提供獨立的評估。但是她被告知，已經沒有時間了。

瓦格斯派克盡力做的就是這件事。他算是芝加哥政治的局外人，從科羅拉多移居來此地，曾是和平工作團的一員。他以新手身分上任，一年前才贏得這個委員會的席次，但許多議員已在此好幾十年。他的職員匆匆整合出關於這份提案的分析，為芝加哥停車收費表提出極為不同的七十五年價值：四十億元。[8]（他的辦公室後來提出的分析數字為五十億。）市府只找到兩個投標者，兩者幾乎一樣，也都讓芝加哥納稅人獲得的利益短少十億元以上。「你知道，我和別人一樣，是在最後一刻才拿到資料。」瓦格斯派克告訴沃普。[9]「我和其他人坐下來，算了算數字，坦白說，我就是覺得這數字說不通。如果我們能在二〇〇九年把費率提高四倍，一年又有兩千萬收入，那最後數字就會提高四倍……當你這樣預測時，就會發現金額遠超過十一億，這樣就能快速打強心針，讓我們撐過二〇一二或者二〇一三年……這就是這件事的問題所在。我認為——如果我錯了，那就讓我看看數字——如果一間公司能這麼輕易過來把費率提升四倍，我們知道他們會這樣做，也知道他們會有很高的淨利，因為這件生意不難做，那我們要看看數字。」瓦格斯派克想知道市府對這些收費表的估值。戴利的辦公室究竟如何取得結論，認為這個標案正如沃普的保證，已達到市府期待的高標？如果市議會要投票，把停車收費表轉變成強大的金雞母——沒有人懷疑這一點——那麼他們為何在放棄掌控權之前不先三思？

沃普的回答挺草率的。「延遲會導致預算有風險，」他說，「這就是交易內容，要麼接受，不然就拉倒。」停車收費表出售案在財政委員會闖關通過了，隔天送抵市議會。

這次辯論予人的印象是，市議會頗為尷尬。「這筆錢不會像被喝醉的水手花掉那樣。」市議員伯納·史東（Bernard Stone）說。[10]（事實上，沃普承諾，支付款項中的四億元要保留，以備不時之需，但在戴利市長任期尚未結束，就幾乎完全花光。）「我們會全數支持認為需要調整費率的市議員（以討好選區選民）。」市議員羅伯特·弗瑞提（Bob Fioretti）如此聲稱。（事實上，市府每次調整停車收費表的費率、時間或地點時，就得付好幾百萬元給摩根士丹利。）財政委員會主席愛德華·柏克（Ed Burke）讚揚市府的顧問，包括威廉·布萊爾（William Blair）顧問公司：「我們可以對這些人保持信心、信賴與自信。」（正是威廉．布萊爾公司提供資訊不透明的錯誤估值，讓芝加哥接受這份標案。）市議員布萊恩．多赫提（Brian Doherty）告訴同事：「要是有誰搞不清這麼簡單的數學……那麼他們真該上經濟學課程，因為這怎麼看都是健全的財務管理。」（多數獨立分析提出的結論是，芝加哥至少可留下十億元。）市議員理查．梅爾（Richard Mell）總結市議會在監督上所扮演的角色：「有多少人看過我們確實拿到的資料？我努力、努力、再努力。但要講究現實、現實一點。這就像是拿到你的保險契約。字就是印這麼小，好嗎。」[11]

這一百五十頁的合約在經過二十四小時的審閱之後表決，並以四十比五的票數通過。戴利自認贏了這回合。雖然市府是在股市崩跌之前的幾個月就在尋找標商，但由於發生大衰退，因此這數十億的金額宛如天降甘霖。這下子市長可以避免房地產稅飆高。他開始到全國各地向一些市長與執行長宣揚民營化。他建議總統巴拉克．歐巴馬（Barack Obama）和他一樣，「跳脫框架思考。」「如果開始把公共資產出租出去——每座城市、每個郡、每州以及聯邦政府都這樣——你們就不必提高任何稅賦，」他說，「在這個國家，這方法最能讓你獲得更多基礎建設經費，其他辦法都比不上。」[12]芝加哥停車收費表有限責任公司（Chicago Parking Meters LLC）這家新的實體成立之後，勢必會提高收費表的費率，迫使原本以煙灰缸裝一堆零錢的駕駛人，得在副駕駛座放個馬克杯，裡面裝二十五美分硬幣（在洛普區停車兩小時，需要二十八枚這種硬幣），而戴利得為技術問題負責。不過，他說：「長期來看，這會是最好的辦法。」由於報業裁員，規模大幅縮小，於是他告訴那些對收費表交易提問的記者，說他們的老闆應該也是在尋找類似的機會。[13]

他們說，芝加哥是最美國的美國城市。從建築來看，這話絕對正確，因為芝加哥從一八八〇年至今的美國建築風格一應俱全，通常在同一個街區就能找齊。芝加哥建築的巨大分野並不是戰前與戰後之別，不在市中心與鄰里之間，也不在住宅與商辦之間。區別是在於某些建築物是在停車場之前（BP，before parking），某些則是在停車場之後（AP，after parking）。在停車場出現之前，馬廄是遭到嚴重嫌棄的設施，因此城市要求興建者必須取得六百呎內（約一百八十三公尺）的**每一位屋主**的許可，才能在住宅區興建。在停車場出現之前的芝加哥，就是大家想像中的大都會那樣：有裝飾藝術風格的摩天樓；列車在高架橋上奔馳；社區由三層樓公寓與維多利亞時代建築構成，轉角有間酒館；商家一間間呵成一氣，有低矮的廊道，一路延伸到州界。在停車場出現之後的芝加哥，看起來就像平淡乏味的市郊大蔓延：連鎖商店潛伏在地上撒了鹽且結出硬殼的停車場後方。

芝加哥花了將近四十年，才開始修正白人群飛（white flight，這是指在一九五〇、六〇年代，美國白人從種族開始多元化的都會區大規模遷移到郊區的趨勢）時期的目標，竭力營造更多停車空間，這樣的轉變部分得歸因於理查·麥克·戴利的老派美學。他喜歡盆栽、鍛鐵籬笆，還

芝加哥的馬利納城（Marina City）。建築師貝特朗・戈德堡（Bertrand Goldberg）的「玉米梗」大樓於一九六三年落成，提供不錯的「停車台座」早期範例，日後也會成為美國高層住宅與商業建築的特色。

有老建築。（他說，瑪莎・史都華〔Martha Stewart〕影響力很大。）戴利嘗試改革建築法規，讓芝加哥恢復美貌。一九九八年，為了應對雙併屋大量出現、一樓車庫會在人行道上畫出橫向車道的問題，市府規定聯排屋的車庫必須從巷子或共用車道進入。芝加哥與沃爾格林公司（Walgreens，創立於芝加哥的連鎖藥局）達成特殊交易，試著美化店面。這城市也為住宅區的帶狀商店街建立設計審議機制。而都市規畫者決定，停車位必須設在零售建築的側面——不設在前面，以免導致窗戶與門和人行道隔開。這樣不僅讓入口離行人更近，也開啟可能性，讓路邊停車場（而不是門前停車場）有朝一日成為獨立的建築。室內外停車場的主人得到指示，要興建隔牆或造景，讓停著的車輛從街上看不到。二〇〇四年，芝加哥初次規定新建案的**最大**停車量——這是應對停車成癮的硬性限制。

不過，芝加哥似乎還是有人格分裂。居民就像任何地方一樣，會以停車為藉口，阻礙新住宅興建。不僅如此，城市的規畫者雖然致力於對抗氣候變遷，一方面鼓勵騎乘自行車、徒步與大眾運輸，另一方面卻又勸誘建商蓋新停車場。

大約就在戴利市長吹噓起芝加哥市中心重生之際——這位市長和許多新到來的人一樣，聲稱芝加哥市中心的人口從一九八〇年的一萬八千人，增加到二〇二〇年的十一萬人，即使外圍鄰里有大量的人口外移——這城市吸引了年輕浸信會牧師納森・卡特（Nathan Carter）的目光。[14]他自稱是印第安納農場長大的男孩，到芝加哥求學，後來，芝加哥林肯公園這一區的小教堂聘請他。這裡和家鄉可不只有一點點不同。卡特是在他父親從小住的屋子長大，祖父也是在同一棟屋子成長，那裡感覺起來恆久不變，卡特就是想帶給芝加哥這種觀念。他想建立一座屬於社區鄰里的教堂。

對納森・卡特來說，即使在這座大城市，教堂也該是這樣：認識你的鄰居，參與社區團體，孩子們一起長大。城市教堂也曾有這樣的模式，而在芝加哥的黑人社區、移民社區，以及地理界線明確且日益減少的天主教教區，這種模式或多或少也還存在。不過，如今那已不是主流的新教概念。從某方面來看，這是和福音派的巨型教會對立的，巨型教會就是把好幾哩外的信眾也拉進來，在圍牆內重建起消失的往日市民場所與活動，例如泳池或課後活動。這也和卡特布道過的林肯公園小型教會不同——那是通勤教會（commuter church），只有一個成員是（和父母）住在附近的人，其他人則是在星期天開一小時車，從市郊前來。納森牧師把自己的願景概略闡述給他們聽：教會要重新起步，成為芝加哥西區的地方機構。他說，搬到城市吧，別再來來去去，導致在城市聚會好像換大學教室一樣。有二十個家庭答應了。納森牧師把《耶利米書》（Jeremiah）的文字換句話說：「我們從耶路撒冷被擄到巴比倫生活——我們應該在此生根；為那城求平安。」15

（譯註：這一段摘自《耶利米書》第二十七章，提到上帝對遭放逐到巴比倫的俘虜說：「我所使你們被擄到的那城，你們要為那城求平安，為那城禱告耶和華；因為那城得平安，你們也隨著得平安。」——摘自和合本。）

不過，卡特並不認為芝加哥是無法補救的巴比倫；事實上，他相當愛芝加哥。卡特是在印第安納州的俄羅斯維爾（Russiaville）長大，那裡不是俄亥俄州的溫士堡鎮（Winesburg）。那邊的小鎮缺乏魅力，就像老舊的油漆外表一樣粗糙斑駁，居民長大就會離開。卡特對社區的想法是想像出來的，結合祖父母時代的俄羅斯維爾，以及他在溫德爾．貝瑞（Wendell Berry）的書中所讀到的東西——這位肯塔基州的作家曾為虛構的威廉港（Port William）寫下歷史，那座小鎮由強烈的社會連結串起，閃閃發光。卡特在閱讀貝瑞的著作時，深深渴慕書中提及的地方感。他孩提時代曾到芝加哥旅行——包車去看小熊隊球賽、到藝術場館校外教學；後來他去郊區的惠頓學院

（Wheaton）上大學。正如猶太人會認為巴比倫是個大型、邪佞、崇拜偶像的城市，卻也散發著新耶路撒冷的光芒，卡特同樣在芝加哥找到他所尋求的東西。「我是多麼愛你，讓我娓娓道來。」（"How do I love thee, let me count the ways"，這是摘自英國維多利亞時期的知名詩人伊莉莎白．巴雷特．白朗寧〔Elizabeth Barrett Browning〕的知名詩句）他是這樣說自己的第二家鄉。[16]「步行到牙醫診所與食品雜貨行，而我要的一切都在同一個地方。我愛坐在隔壁兩戶門前露台的老太太，她一直望著街道，而經過她面前時，她會叨叨絮絮，話都說不盡。」

卡特並不是第一個對大城市的社區教會角色提出批判性思考的人。來自紐約的提摩太．凱勒（Tim Keller）是都市神職知名的提倡者，他說，教會並未跟上年輕人想要的生活方式。艾瑞克．賈克森（Eric Jacobsen）是華盛頓州塔科馬的牧師，曾發展出「嵌入式教會」的理論，有新都市主義（New Urbanism）概念的淵源，是屬於反都市蔓延的建築派系。賈克森說，「嵌入式教會」應該位於有住家與商業場所的鄰里，和街道有直接連結，不該再強調停車場的重要性。

這些理念與卡特的想法不謀而合。他惦念著貝瑞的作品時，剛好在羅斯福路（Roosevelt Road）碰見一間老舊的街邊教堂。其南邊是遼闊的綠地，那是芝加哥住房管理局（Chicago Housing Authority）亞布拉住宅（ABLA Homes，芝加哥的公共住宅案，ALBA分別代表Addams、Brooks、Loomis與Abbott幾項住宅計畫）的原址，這些房子多半是在二〇〇〇年代中期拆除。（基努．李維〔Keanu Reeves〕主演的電影《追夢高手》〔*Hardball*〕即曾在此取景。）

北邊則是小義大利（Little Italy）與伊利諾醫學區（Illinois Medical District）。這段羅斯福路此時似乎遭到時光的遺忘，比鄰的建築甚至還保有一九七二年喬治・麥高文（George McGovern）競選總統的廣告。他的建築物也沒好到哪去，但這裡可以容納卡特想要的會眾規模，亦即大約一百二十人的群體。他已找過一處基督教青年會（YMCA）、一間學校、一間店面，這時他望著這棟老房子，看見它散發的穩定氣息。此外，這裡距離卡特和妻女住的墨西哥社區皮爾森（Pilsen）不遠，騎一小段自行車就能抵達。

無論如何，卡特希望以馬內利浸信會（Immanuel Baptist Church）能往外拓展。他不在教會裡設健身房，而是鼓勵會眾加入社區的健身房。他沒有成立教會讀書俱樂部，改由會眾加入社區的讀書俱樂部。他不停設法讓教會走出牆外，到人行道上，進入公園，加入沒有講稿的週日午餐儀式與傍晚的足球賽。他很讚賞的另一位作家就是珍・雅各。「雅各會說，一個鄰里若運作得宜，就會像個小城鎮，」卡特說，「我們的社會上有龐大的力量，導致鄰里要運作好都很困難，但可能的前景依然存在，我正試著努力實踐。」[17] 二〇一六年，卡特的教會與房東達成交易，買下羅斯福路這間破舊的店面。

之後，什麼都變調了。芝加哥市府告訴卡特，他得為每八個席次準備一個停車位。如果沒有停車位，放款者不會貸款給他。牧師到處尋找，但就是找不到地方買。雖然有些停車場可以共用，但狀況不好，無法達到市府的要求。而且他還被告知，如果教會要租停車位，就得租十年。

他的遭遇可真諷刺；他努力建立的教會，是讓信徒可以步行或騎單車前往，但這會兒，他就是被當初要逃脫的汽車文化給累垮。他覺得無望。「我們上窮碧落下黃泉，用盡所有選擇。」他說。

有個教會友人溫和暗示，芝加哥的停車法規或許是上帝的旨意。納森牧師或許該把眼光望向西邊。找個新的教會，幫家人找個新的社區鄰里。

二〇〇九年，芝加哥停車收費表有限責任公司（簡稱CPM）出現，卻惹毛了一些人，主要是因為設備有瑕疵與費率提升，讓芝加哥駕駛人很生氣。在交易簽訂後六個月，芝加哥總監察長、戴利提名的律師大衛．霍夫曼（David Hoffman）發表一份報告，拋出震撼彈。[18] 霍夫曼發現，市府租給摩根士丹利的停車收費表價值介於二十一億三千萬到三十五億三千萬元之間。芝加哥遭詐騙十億元，或甚至二十億元。摩根士丹利很快把收費表的債務證券化，告訴投資人在這交易案的有效期間，息稅折舊攤銷前盈餘為九十五億八千萬元。[19] ❶

霍夫曼繼續指出：芝加哥甚至沒有嘗試計算，若這些收費表仍屬於公家的，則具有多少價值。在十二月，市議員瓦格斯派克曾請財務長沃普出示市府的數據，以證明這標案的公平性，當時沃普告訴他，標案自己會說話：「這些資產的價值取決於自由市場的負擔能力。」沃普的信心是靠著市府委託的機密報告而更加有把握，那份報告指出，租賃價值介於六億五千萬與十二億元之間——如此嚴重的計算錯誤似乎是來自威廉・布萊爾公司，亦即率先提出出售收費表想法的公司[20]；該公司使用高得不合理的「折現率」（discount rate），低估若市府保留這資產，則未來收費表可帶來的收益。沒有半個市長辦公室以外的人曾審閱過這租約的價值。市府聘請的財務分析師沒有發表公開報告，沒有公共評論、專家證詞，沒有目前對於民營化的研究報告，也沒有討論保護措施，例如租期縮短點、共享收益系統，或是費率增加的限度。❷

正當整個城市的南區與西區爆發抵押贖回權喪失的危機，而華爾街對於金融危機的罪責未受懲戒日益明顯之際，市府已讓摩根士丹利帶著價值共十億元的二十五分硬幣離開。市議員喬・摩爾（Joe Moore）後來說，這是他在市議會二十五年來進行過的表決當中最後悔的一次。

---

❶ 這個數字不應被解讀為和摩根士丹利付給芝加哥的十一億五千六百萬元相等，因為這裡並沒有考慮到未來收費表營收價值會降低，因此沒有計算到折現——根據芝加哥總監察長大衛・霍夫曼一份二〇〇九年的報告（第十八頁）指出，收費表交易最後三十七年只占目前交易價值的百分之七。現在的貨幣價值一定比未來高，因為可以拿去投資，產生更多收益——比如說，到了二一〇〇年，一百萬會變成只相當於今天的兩萬五千元，因為如果你現在投資兩萬五千元，到了二一〇〇年，預期會變成一百萬元的回報。這樣就讓預付金額看似稍微合理（以摩根士丹利九十五億八千萬的數字來看）。但是租約的七十五年期看起來格外令人困惑——為什麼是七十五年？或許那是讓摩根士丹利財團有資格獲得「持有者」相關的折舊優惠稅賦。

❷ 戴利做的，其實是執行了很累贅的高利貸。他沒有讓芝加哥嘗試穩健有競爭性的市府公債市場，而是把這項交易包裝成無法比較的東西，沒有多少人願意投標，如此更讓標案嚴重擦槍走火的機率提高。「市場」就相當於兩個投標者嗎？參見 Julie A. Roin, "Privatization and the Sales of Tax Revenues," *Minnesota Law Review* 85 (2011): 1965. 芝加哥被評等機構懲罰，因為放棄未來停車費收益的權利，就像承擔了未來的債務。

戴利市長怒氣沖沖說道：「什麼事都一樣，你可以發表各式各樣的報告，我也可以批評任何事情。」[21]他堅稱這是一樁好交易。在市議會，市長的盟友表達對他的支持，即使總監察長的報告中暗指這些人有所疏忽。伯納．史東砲轟霍夫曼的資格：「他不是企管碩士，甚至連註冊會計師都不是。」[22]財政委員會的主席愛德華．柏克說：「要放馬後砲當然很簡單。」[23]（十年之後，柏克會被控勒索，因為聯邦調查局逮到他索賄的影音紀錄：收受賄賂以交換他選區一家漢堡王停車場的改建許可。）

市府舉出兩個贊同民營化的經典主張，反駁霍夫曼的論點。第一是「劣勢」（inferiority）主張：市府永遠不可能比民營公司更懂得如何經營停車收費表。霍夫曼認為，這種說法在表面上就會被打臉，因為這畢竟是停車收費表，不是發電廠或甚至資源回收服務。不僅如此，他寫道，這種主張也會因為收購引發的混亂而站不住腳。「我們在過渡時期一團糟，」沃普後來承認，「毫無疑問，我們在過渡時期搞砸了。」在交易案後的第一個冬天，芝加哥停車收費表有限責任公司得仰賴市府在收費表方面的專業能力，因此支付給市府的技工與其他職員一百二十萬，以彌補己身能力不足。[24]

另一個更有趣的合理化理由，則是主張「不可能」（impossibility）：只有像芝加哥停車收費表公司這種獨立組織，才有辦法承受那些要求調降停車費率的政治壓力。沃普的辦公室說：「數以千計的停車收費表在社區的費率上，二十多年來都維持在極低的每小時二十五美分。」[25]芝加哥以前經營停車收費表成效不彰；為何能奢望未來能做得好呢？霍夫曼說，這樣並不正確，因為在出租收費表時，市府其實已經提升費率。市議員清楚得很——摩根士丹利會如何讓收費表更賺錢，根本不是祕密。不僅如此，其他城市也展現出政治決心，調高停車費，並維持在收費高標。《芝加哥讀者報》（*Chicago Reader*）的記者發現更過分的事：二〇〇七年，戴利的政府提議收取幾種稅與費用，以彌補預算，包括提高停車收費表費率。[26]市府官員在兩年前就已預測到，他們可以靠收費表讓年度收入增加到將近三倍，從兩千兩百萬變成五千六百萬元。其他城市若想取得停車收費表日後挹注的現金，也成功出售了與未來停車收入相關的債券。

這份租約讓市長烏雲罩頂。他得承擔責任。在總監察長的報告引發兩週的喧擾後，《芝加哥論壇報》刊登停車收費表的漫畫，在市長皺巴巴的臉上有個可投二十五美分硬幣的洞。後來的民調顯示，高達九成的芝加哥民眾不贊成這樁收費表的交易。戴利的公關顧問瑪麗琳・卡茲（Marilyn Katz）說，這是他二十二年市長任期中最大的錯誤。「放棄與出售你的機場或者收費公路是一回事，因為你知道有人買了，也付了費用，」她日後說，「但停車收費表卻是日復一日在羞辱人，每當你停車時就會對你說：『去死吧你。』」[27]在一篇專欄〈戴利王朝在收費表金字塔上搖搖欲墜〉（Daley Dynasty Teeters on Pyramid of Meters）當中，《芝加哥論壇報》專欄作家約翰・凱斯（John Kass）把戴利和丹佛市長比較，讓戴利顯得處於劣勢。丹佛市長是約翰・希肯盧珀（John Hickenlooper），他後來成為科羅拉多州的州長與參議員。二〇〇三年，這位四肢修長的啤酒廠主人競選丹佛市長，承諾要降低停車費，並拍攝了一段廣告。他在廣告中穿著西裝，在街上四處徘徊，腰帶上掛著零錢包，像個收費表仙子那樣把錢投進逾時收費表。

這肯定讓戴利大驚失色，他曾讓助手抱著無比的信心，認為他幾乎不會犯錯。這裡再以沃普為例，他在收費表交易風波之後被降職，而他是這樣談論前老闆：「有時候，他會要你去做某件事情，你坐在那邊，感覺到內心有個聲音說：『這樣真的是對的事嗎？』幾個月後，你看著事情發展，你又會坐在那邊想：『天哪，這人——他又說對了。』然後一而再、再而三說對。他就是有這麼神奇的直覺。」[28]

二〇一〇年夏天，戴利宣布不再競選市長，讓全市深感驚訝。他的妻子生病，支持率接近百分之三十五。他沒能幫芝加哥爭取到奧運主辦權。然後，是那可惡的停車收費表交易。「戴利留下了大爛攤，」城市新任交通局長蓋博·克萊因（Gabe Klein）說，「他因此遭受怨恨。」[29]在競選過程中，停車收費表交易很容易被當成沙包。其中一位爭取成為戴利繼任者的候選人是卡羅·莫斯利·布朗（Carol Moseley Braun），她曾是美國參議院第一位黑人女性參議員。「我們被拿著原子筆的人詐騙、欺騙與搶劫。」她說。[30]就連戴利的弟弟（在十年後競爭市長失利）也說這是個錯誤。當年這項交易通過時，沃普告訴市議會，戴利的執政會在銀行存入四億元，這麼一來，光是利息就足以超越舊收費表一年兩千萬元的收入。但是在戴利離開市長職位之後，原本價值十億元的收費表交易在芝加哥的金庫只剩下七千六百萬元。[31]

在其他方面，戴利的施政角色看起來每況愈下。戴利結束市長任期之後，就和幾名最高層的顧問到一家公司任職，那間公司曾經參與這項交易的協商過程。戴利的堂或表親就是摩根士丹利芝加哥公司的高層。這些在收費表一案中給予市府建議的公司，在簽約後因為此案賺得七百萬元。主要的財務顧問威廉．布萊爾公司——聲稱最先在二〇〇七年把這想法帶到芝加哥的公司，也只有這間公司提出這項交易會為市府創造出的價值估計——最後被發現同時與摩根士丹利有其他案件的合作。[32]幾年後，一位經營芝加哥系統的停車場公司高層主管菲利浦．奧羅佩沙（Felipe Oropesa）被發現曾收受賄賂，促成在芝加哥街道裝設路邊停車收費表的交易合約。

僅僅四年的時間，停車收費表交易就顛覆了美國公私部門合作的名聲。有人向《芝加哥論壇報》投書寫道，這是「市議會史上最愚蠢與令人不齒的決定。」[33]這還是過去三十年來曾把二十幾名成員送進監獄的市議會。

二〇〇九年二月，瓦格斯派克聽聞芝加哥停車收費表公司會在他的北區鄰里延長計費時間，從週一到週六的早上九點到晚上六點，延長到每日早上八點到晚上九點——每週新增三十七個小時的收費時間。他一直與居民和商家努力要處理這一帶交通堵塞時間的規畫，而在那個月，他試著把兩百七十個鄰里收費表改回原來的時程。市府的營收部門告訴他，這樣一年要付幾十萬元給芝加哥停車收費表公司。

那就像是又從垃圾堆撿起紙張。瓦格斯派克忽然明白，原來芝加哥市議會簽訂收費表租約時，不光是把停車費的收入交出去，甚至連芝加哥的街道也一併交出去了。他們失去費率的主導權，也失去對路邊停車位的掌控權——包括如何使用這些路邊停車位，由誰使用。現在街道由華爾街掌握，若市府未把停車收費表安裝在該公司想要的地方，那麼市府就得付錢。

克萊因是戴利繼任者拉姆·伊曼紐爾（Rahm Emanuel）執政時的芝加哥交通局長，他來自華盛頓特區，帶來二十一世紀城市的時髦概念。克萊因希望把街道從汽車那裡奪回。芝加哥有長而寬闊的幹道，每四分之一哩（約四百公尺）就會筆直相交，形成令人熟悉的傑弗遜式棋盤，那正是美國中西部的特色。克萊因想要以小公園裝飾街道，也就是在路邊停車位設置有座椅和植栽的小空間。但如果某個停車位有收費表，那在此建立小公園就表示要向芝加哥停車收費表公司**租回**停車位。不出意料，芝加哥市中心的費用會最高，因為人行道很繁忙，戶外座席很缺乏：一年一萬兩千元。克萊因想舉辦開放街道（Open Streets），這是一個定期舉辦的活動，會把街道封閉起來，不讓車輛通行，而是開放給慢跑者，讓孩子騎單車、打球等等。他說那根本難如登天，因為成本太高。老問題一再出現：公車專用道、自行車專用道都會碰到。（後來，餐廳會在路邊停車位設置座位區，以撐過疫情；同樣有這個問題。）

芝加哥最早僅供巴士通勤者、不供汽車通行的車道在二〇一二與二〇一三年啟用，當時規畫者移除了一百多個停車位。這表示需要研究停車位用途，才能了解路邊停車位的使用率，之後找出差不多的停車位（替換空位〔comps〕）來放置收費表，分配給芝加哥停車收費表公司以作為交換。[34]不光是額外的工作量相當龐大，而且還愈來愈困難，因為明顯的「替換空位」已被換走了。容易取得的替代空間已為公司裝上收費表，規畫者也益發難以移除空間另作其他用途，例如腳踏車停放區、餐廳與商店的臨停接送區，或在交叉路口就得要設立禁停區，才能讓過馬路的行人更容易被迎面而來的車流看見。尖峰時間禁止停車的指令也取消了，因為收費表會暫停運作，導致車流變慢。[35]城市低費率的收費表不得裝在公司收費表附近，因為合約規定禁止競爭。停車罰單的金額必須至少是收費表費率的十倍以上，而尚未繳納的罰單必須寄給催繳機構。芝加哥不能像倫敦或紐約市那樣執行交通擁擠區的差異費率計畫。想舉辦街頭派對？慶典？遊行？那就等著收芝加哥停車收費表公司的付費通知吧。

芝加哥把自己仍須負責顧好的產品租出去，而城市長久以來忽視停車空間，就導致市民得花上一筆錢。洛普區位於市中心，芝加哥捷運線就在此匯聚，組成會發出尖銳嘎吱聲的環狀高架軌道。這裡幾十年來腐敗的停車實務也廣為人知。斯塔茲·特克爾（Studs Terkel）於一九七四年推出《工作》（*Working*）一書，這位芝加哥傳奇廣播主持人訪問過一位負責停車事務的官員。他說，他接到的指示是不要強制執行違規停車舉發——尤其不要在市府附近。「如果你違反這條規定，他們會把你丟到荒涼的角落，你根本沒辦法寫罰單。」[36]

到二〇〇九年，這情況也沒改善多少。在洛普區停車的車主只要利用身障停車證，就能像小熊隊季票那樣從許多家庭前通過，而依照州法律，他們不必支付停車收費表的費用。芝加哥市府長久以來隱忍著這種行為，但收費表公司可不容忍。

摩根士丹利的交易者在合約中允許少量的身障停車位。但結果是，停在洛普區的車子，有將近百分之九十在擋風玻璃下都有身障停車卡。這情況不只在芝加哥如此：停在巴爾的摩部分街區的車，有三分之二都有身障停車證，因此這張證甚至有黑市價格，警方每個月還會抓到二十幾次停車證竊盜。[37]舊金山估計，每年因為身障停車證少收了兩千兩百萬元——若以收到五千五百萬元估計，該城市有將近三分之一的停車收費表使用者聲稱自己是身障人士。[38]

但只有芝加哥忽然間得為這種做法負責。在這樁交易談成的頭四年，芝加哥停車收費表公司向市府收取七千三百萬元，以此彌補這個落差。若換個角度來看，其實市府每年幾乎是在為明目張膽使用偽造身障停車證的車，付錢給該公司，這數目就和幾年前從三萬六千支停車收費表收到的錢一樣多。

還有另一個問題：二〇〇九年，芝加哥停車收費表公司制定新的兩小時停車限制，然而商家很快發現，這樣幾乎不可能在街上合法停車，並觀看電影、表演或音樂會。電影院進行遊說，要市府在某些地方把時間限制提高到三小時，戴利執政團隊照辦了。這下子收費表公司告訴市府，這些系統變化導致契約有效期間每年短少兩千萬的收益——於是又把付款通知寄給市府。照這樣下去，芝加哥早在租賃契約結束之前，就得支付超過十億元回去給停車收費表公司。嚴格來說，市府可以改變停車收費表的費率，卻會為了這項特權付出龐大的代價。

二〇一一年，芝加哥選出二十年來第一位新的市長：拉姆·伊曼紐爾。他是一位火力十足的前國會議員，剛結束歐巴馬總統幕僚長的工作。《芝加哥論壇報》刊登一幅漫畫，是伊曼紐爾變成芭蕾舞者，要接住四位躍入空中的芭蕾女伶：學校、警方與赤字——他眼前這三項令人頭痛的問題，可能其他大城市的市長也同時要面對，但有一個問題是只有他才要面對：停車。

市府必須在伊利諾州的首府為自己辯護，以解決偽造身障停車證的問題。伊利諾州有一條新的法律，原本身體無法接觸或使用停車付款機的人，對收費表有豁免權，但新法律則予以限制。伊利諾州的身障停車證數量從三十萬張陡降至三萬張，而一項城市的調查顯示，洛普區的身障停車證使用率降到百分之十七。[39]

伊曼紐爾初次和新任財務長洛伊絲·斯考特（Lois Scott）開會時，最重要的議題就是停車。斯考特告訴市府部門要加快速度：如果一項興建計畫不需要某個廢料桶兩個月，那就不該把廢料桶擺在路邊放兩個月。其他同等城市正在進行的計畫，芝加哥的運輸部門卻拖拖拉拉。但最重要的是，市府要摩根士丹利為芝加哥創造價值。斯考特是拉姆從私部門挖角來的，會出席市政財務論壇，嚴厲批評摩根士丹利。她想要這家公司因為如此對待美國大城市而愧疚。摩根士丹利不僅常和芝加哥等城市做生意，也有數以百計的員工在市中心工作。在芝加哥的牛排館與酒館，這家銀行的名號因為停車收費表的醜聞而滿目瘡痍，就和戴利一樣。

二〇一二年一月，芝加哥的領導人士決議，拒絕支付二〇一一年春天收費表與街道變動而產生的費用，例如裝卸貨區、公車專用道、街頭市集等等——芝加哥停車收費表公司稱之為「校正」費用。由於牽涉到的金額有兩千五百萬元，公司與市府訴諸仲裁。戴利樂於讓該公司自行計算費用，但這種方法難以持續，因為費用很快飆高。「校正」並不算有扎實基礎的科學：誰能說停車位使用率下滑的原因，是出自城市為電影院把時間限制延長的新措施，或是因為停車收費表公司把費率調漲到四倍？路邊停車變很貴，確實導致許多人不再停到芝加哥停車收費表公司的停車位：到了二〇一八年，整個系統的使用率僅百分之二十五。如果半個街區都是空的，那麼市府收回一個停車位，是會讓摩根士丹利花到多少錢？

隔年，伊曼紐爾揭露新合約，說他是在試著「從大檸檬當中，做出一點檸檬汁。」[40]他強調，原本的交易無法撤銷——反正錢已經花了。市府也沒能爭取回身障停車費用。這次修正合約的議題，事關芝加哥停車收費表公司每年的請款單。公司把收費表使用率降低全都怪到市府頭上，彷彿這段時間公司把費率調漲了十倍這件事都沒發生似的。市府說，新算法在這項交易案的有效期間內，能讓芝加哥人支付給該公司的金額省下十億元。比方說，在前兩年街頭市集或其他封閉街道的活動舉辦時，該公司要求要付給他們四千九百萬元，現在城市則是支付九百萬元。

瓦格斯派克等批評者則覺得，這是芝加哥最後一次擺脫這項交易案的機會——芝加哥停車收費表公司的超額計費不光是雙方意見不合那麼簡單，而是詐騙行為。瓦格斯派克引用同為市議員的約翰．阿雷納（John Arena）所言：「芝加哥停車收費表公司就像廠商，依約以某個價格來執行工作，後來寄來的帳單卻是十倍價格。市長就和很多人一樣把帳單退回，說我們不付。做得好，對他所服務的城市也好。但正如我不能打電話給客戶，跟他說：『瞧瞧我幫你省下多少錢』，我們也不能說那〔十億元〕是『省下』多少錢。這筆錢從來沒有欠過，也不是應付帳款。」[41]

值得注意的是，這次重新協商並未碰觸到原本交易的醜聞：戴利市長與芝加哥市議會簽訂的交易，會另外把未來收入的十億元給摩根士丹利。這整個協議都非常尷尬，因此伊曼紐爾光是因為降低了城市未來支付銀行的金額，就獲得好評，但這其實恰與該有的情況背道而馳。（應該是公司要付錢給芝加哥！）即使在伊曼紐爾的修正交易案裡，根據計算，市府依然得在租約有效期間支付五億元的校正費用給芝加哥停車收費表公司。也確實，到二〇一八年，年度校正費用就回彈到兩千萬元。更嚴重的是，反對交易的人認為，市府在法院為修正合約辯護，這樣根本破壞了對大眾有利、試著把整件事情翻盤的訴訟。[42]

伊曼紐爾還做了件事。他知道芝加哥市民一天天感到憤慨，其實和一開始的騙局不那麼相關，或甚至和市府後來必須支付該公司數以百萬計的金額也不那麼有關，而只是因為如今停車比以前更貴。因此，伊曼紐爾設法擠出甜頭：星期天鄰里停車免費。

二十多名市議員很快簽署支持。其他人則沒那麼確定這是不是好點子。阿雷納是西北郊區的民意代表，他就持反對態度。「這個停車政策很糟，」他說，「會傷害商業社區。」[43]（後來，阿雷納陷入麻煩，因為他有一次去看小熊隊與白襪隊的球賽時，要求把車停在派出所附近。[44]）來自林肯公園的市議員米雪兒．史密斯（Michele Smith）說，附近商家立刻找上她，拒絕免費週日停車。伊曼紐爾說，市議員如果想要的話，不然就恢復付費停車吧；另一位北區市議員阿米亞．帕瓦（Ameya Pawar）似乎不樂於做選擇。「這樣會造成的狀況是：『你站哪一邊？商店還是選民？』問題很大。」[45]二〇一四年四月，市議會確實在某些零售商店街恢復週日免費停車的政策。

芝加哥停車收費表交易案最大的諷刺之處在於，有些芝加哥人開始了解到，大家最生氣的部分——停車費率提高——並不全然很糟。「這對大眾運輸、共享自行車是有益處的，」交通局長克萊因說，「費率提升很正面，只是納稅人無法受惠。」[46]地方商家發現，顧客與送貨員突然有車位可停了。餐廳員工會使用免費的路邊停車，而不是停在上班地點的正前方。在市區停車的人發現，與其永無止境地尋找路邊停車位，吸收停車費還比較輕鬆。在仔細審視洛普區的停車位之後，伊利諾州政府不得不取締偽造的身障停車證，要讓芝加哥市中心的停車經驗不再有這項特色。

停車收費表傳奇是一篇政治人物失職與金融業牟取暴利的故事，但更重要的是，它說明了無論是政治人物、駕駛人或媒體，人人都很不認真看待停車費。連摩根士丹利也沒想像到，到二〇一九年就能賺回當初十億元的投資——停車收費表在未來六十四年還會繼續帶來收益。[47]就在新冠肺炎大流行前夕，其停車費獲利已連續六年超過一億元，這還尚未納入芝加哥罰款帶來的收入——後者在二〇二二年總計達八千萬元。私底下，芝加哥停車收費表公司仍看到可賺更多錢的機會。違規使用停車收費表的情況，據信只有不到百分之十遭到舉發，因此他們大量招兵買馬找人來執法，將有助於提升收入。芝加哥停車收費表公司預期，到二〇二四年，來自收費表的年營收可望超越兩億元門檻。

納森．卡特得知市府不讓他買下羅斯福路的店面當教會使用時，並未把這視為上帝的旨意。他反而找上律師、學習停車相關的規定，並控告芝加哥市府。

卡特得知，芝加哥針對每塊土地硬性要求設置停車位的規定根本毫無道理。電影院座席若少於一百五十席，則不需停車位，然而他的教堂僅設一百四十六席，卻要瘋狂尋找十八個停車位。圖書館有四千平方呎（約一百一十二坪）不必列入停車位的計算，但卡特教堂的三千九百平方呎（約一百一十坪）卻需要十八個停車位。這次訴訟指控：市府違反憲法第一條修正案，對教會有差別待遇。

卡特花了兩年才成立教會。在訴訟期間，芝加哥市府兩度把規定設置的停車場距離的最大值延伸出去，最後卡特終於向距離半哩外的公園區停車場簽下十年租約。他的教區居民從來沒把車停在那邊過，但這就是在城市成立教會的代價。還有另一項代價：之前答應要出售兩棟建築給教會的屋主後來漲了房價，結果卡特就只能買一棟。

二〇二〇年夏天的某個星期日，我去參加禮拜；那是當年第一次戶外禮拜，也是同年春天伊利諾州因應疫情禁止宗教集會之後，第一次大規模的集會。家家戶戶在草坪上聚集唱聖歌，學步兒從毯子搖搖擺擺走出來。卡特在一片碧空如洗之下傳道，一名芝加哥女警停車聽講。之後，我們在剛翻新的教會影子下悠閒溜達。真不敢相信，市府曾那麼拚命要讓這間教會開不成。教會正前方就有路邊停車位。至於星期天，反正都免費。

第三部

如何修正停車空間的問題

那裡曾有停車場，現在則是平靜的綠洲。

——臉部特寫樂團（Talking Heads），
〈（僅存）花朵〉（(Nothing but) Flowers）

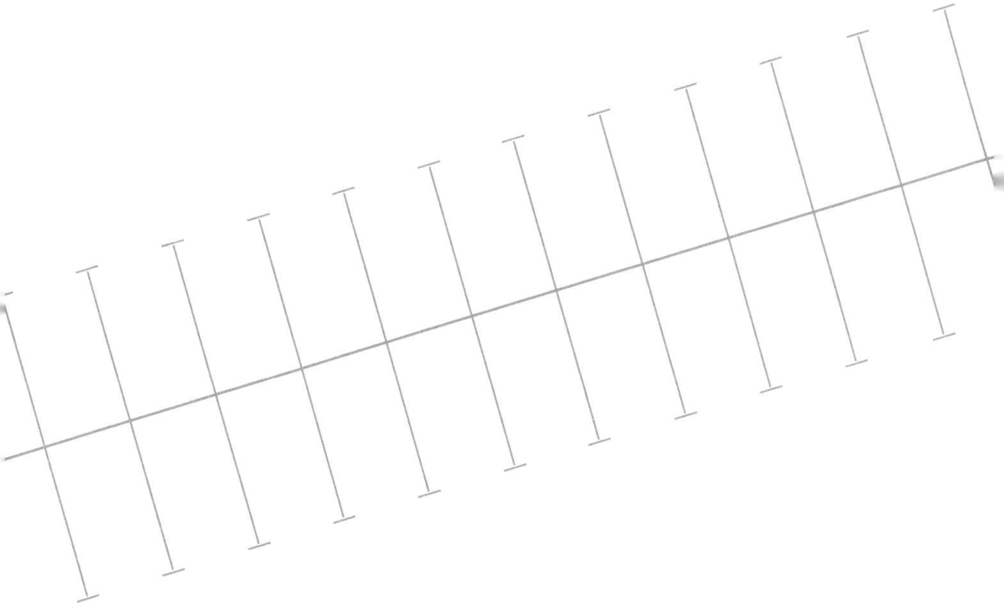

第九章　停車教授成立異教

有個人比城市規畫者更了解停車，也比停車相關人士更在意城市。二〇〇五年，加州大學洛杉磯分校的經濟學家唐諾・舒普出版《免費停車的高成本》（*The High Cost of Free Parking*）。這本以停車為主題的書引起轟動，絕不只是一塊厚達七百三十三頁的門擋。舒普出現在《今日美國》（*USA Today*）的專題報導中，引來知名人士討論停車問題，於是他在一夜之間變成都市規畫界的明星。「我想，這是一記警鐘，要改變我們對於停車的想法。」美國規畫協會（American Planning Association，APA）的執行董事保羅・法莫（Paul Farmer）說，該協會擁有三萬名成員。[1]舒普在加州大學洛杉磯分校擔任一個完全以停車為主題的課程的教授，每年都有新學生加入、成為停車政策的使徒，日後開枝散葉，前往地方政府、大專院校、房地產開發公司及建築師事務所任職。無論他們到哪裡，都會宣揚舒普基進的教義：停車位太多，而且太便宜。

有個學生在推特上為舒普設立帳號@ShoupDogg。二〇〇八年，舒普的弟子凱文・哈利戴（Kevin Holliday）在臉書成立Shoupistas社團。哈利戴以十五元的時薪閱讀《高成本》的草稿，並記下筆記，交給教授。後來，他成為停車空間規畫者，這一行主要是由一些否定你的專業，以成就他們專業的人所構成。加州戴文斯是自行車名人堂（Bicycling Hall of Fame）的所在地，哈利戴看見市議會以一個會期的時間，決定保留市區的免費停車位——同時又宣稱進入了氣候緊急狀態。他心想，實在有夠偽善。「那個新創的字眼在推特上開始使用之前，舒普就已經啟發了他的追隨者，」哈利戴說，「他是個熱衷於傳播自己觀點的人。如果他想要的話，說不定**可以**成立一門異教。」[2]

舒普確實做到了。臉書社團Shoupistas有超過五千名成員（二〇二四年初已超過八千名）。大家來此交換故事、尋求建議、分享路邊餐車與公車專用道帶來的快樂，或是抱怨附近又有哪個地方要拆除，就為了紓解停車位短缺的問題。每個人都有自己的達瑪森時刻（Damascene moment，指出生於大馬士革的聖若望・達瑪森受到神啟的一刻。其生卒年約為約六七六－七四九年，是神學家、詩人與聖樂家。後人會以達瑪森時刻一詞描述得到天啟、靈光乍現的時刻）——世界突然透露出，它的存在是圍繞著追求停車位而打轉的。現在總算有舒普這號人物出來處理都市規畫中長期遭忽略的層面；不僅如此，他的手法還簡單俐落，就像畢德哥拉斯說明直角三角形的性質那般。舒普的理論不僅簡明易懂，而且每天的分分秒秒都可在你身邊找到證據。停車不可能是看不見的。每個社區都多少有點像索拉納海灘的地方。曼哈頓自由、對行人友善的區域就是如此：居民會聚集起來保護停車場，不讓停車場成為低收入長者的住宅，還搬出「拯救曼哈頓谷」（Save Manhattan Valley）的大旗。陽光普照的聖地牙哥不遑多讓，一名心懷不滿的商店主人在路邊停車位縮減之後，他跟市長說：「你的雙手沾滿鮮血。」[3]

舒普在成長過程中被當成「小阿兵哥」（military brat）。「我最早的記憶是珍珠港事變，所以之後不管發生什麼事，我都心如止水了。」他說。[4] 由於全家人會隨著父親的任務調度而四處遷徙，唐諾有早年電影明星那種無法落地生根、跨大西洋兩岸的腔調。他進入耶魯大學就讀，在海外課程進修時，於英國認識妻子佩特。他們沒有去看哈佛與耶魯的美式足球賽，而是到哈克尼斯塔（Harkness Tower）的禮拜堂結婚。佩特來自北愛爾蘭，進入職場後擔任編輯，對她先生來說是相得益彰。他倆會把舒普的經濟學學術會議變成工作度假。佩特坐在某間飯店的陽台，大聲唸出他的作品，再給予建議。隔天，她會變成唐諾的內線，坐在演講廳，聽先生經常告訴聽眾，他們搞錯了，而她則全心感受聽眾的回應。她是Shoupistas精英階層的一員，讀過《免費停車的高成本》不只一次。

舒普是在一九七〇年代開始注意到停車空間對美國土地的索求無度。幾十年來，他沒沒無聞地工作，寫下一篇又一篇報告，而主題只有剛進入汽車時代的商場開發者與停車場業者會認真以待、批判思考。都市規畫的教科書與建築課程根本沒有提到停車，即使在許多美國市區，停車空間已成為最大的土地用途。之後，《免費停車的高成本》出現了。他都市規畫系的同事縱然一個個對重大全球議題高聲疾呼，但卻是舒普的著作被翻譯成阿拉伯文、俄文與中文。「我是底層攝食生物，」舒普經常這樣說他擔當前鋒、率先探索的領域，「但是那邊的食物很多。」

停車是件惹人煩的事。在與人寒暄閒聊時，這個話題打開話匣子的能力不如天氣與交通那麼高。不過舒普每天會騎單車，穿過洛杉磯的大街小巷去上班，就像人類學家來到陌異之地，觀點相當敏銳。他看見停車如何觸及人們的痛處。他蒐集停車位殺人事件的剪報，每年都有幾十篇，在辦公室疊成一疊。對一個洛杉磯自由派來說，被砍伐殆盡的雨林也沒有一排停車位消失那麼讓人生氣。

舒普幽默風趣，讓人更容易貼近他想傳達的主要訊息，也就是經濟學的入門法則。每天尋找停車位會令人釋放出根深蒂固的領土欲，其背後的理由並不複雜：停車太便宜了。至少對駕駛人來說是如此：舒普計算出的結果就和之前提到的估計值一樣，亦即美國每年補貼停車費好幾十億元。你其實也會以租金、餐廳帳單、教堂奉獻箱來支付。這費用還會藏在你的富樂客（Foot Locker）運動用品收據裡，或埋在當地稅單中。你吸進的每一口髒空氣、從柏油路面流下去的雨水所造成的水患、在都市熱島效應中開空調而造成的電費上漲，以及郊外自然土地消失，皆是為停車所付出的代價。但是你停車的時候幾乎不必付錢，於是就產生地方上的供需危機。你可以在整個美國戰後停車史中看到這種現象：這是**因為**城市不願意以市場結算價格釋出路邊停車位，因此他們得訴諸極端手段，例如拆除建築、不惜讓公共停車場賠錢，並祭出規定應設置停車位的要求。

舒普做了點簡單的計算。他把一九九八年一個新停車位的估計成本（四千元），乘以每輛車有多少停車空間的保守估計值（三個），由此指出：美國兩億八百萬輛車當中的每一輛，都有價值一萬兩千元的停車位。但車會折舊，每輛車的價值只有五千五百元。（這些數字都是一九九八年的幣值）。因此，舒普下了結論，停車位的成本是實際上車輛本身的兩倍。他還補充提到美國道路的資本成本：一九九八年，所有美國道路與車輛的**合計**成本和停車空間的價值差不多。5

二〇〇五年，為慶祝書籍出版，舒普受邀到美國規畫協會在舊金山舉辦的會議演講，這是美國城市規畫者的年度聚會。他為舊金山提出兩大概念。第一個概念：市區停車收費表要採用以需求為本的動態定價，路邊停車依照可得性來收費。舒普希望舊金山能創造出停車市場，把價格提得夠高，好確保每個街區都有空的停車位，而不是大家所熟悉的先來先停系統，導致舊金山走走停停的風格——又名「巡找」停車位，也就是舒普所稱的「停車前戲」——並引發無數的爭吵。

第二則是終結最低停車位設置要求的法律，也就是要求每一棟新蓋或翻新的建築，都要設置新的法定停車位。「這一行有一半的人認為我瘋了，其他人則認為我很危險。」他帶著一點戲劇性這樣告訴我。

最低停車位設置要求的概念是在一九二〇年代提出、三〇年代實行，並在四〇與五〇年代拓展到全國，顯然相當吸引人：城市能強迫私部門處理停車問題。沒有人會願意為兩個車位，**付出**

比一間套房公寓還貴的價格。正因如此，城市法規會要求開發商興建停車位，否則建商會在那些空間蓋起公寓。

這看起來是俐落的解決方案：政府讓建商增加停車位的供給量。城市可以要求建商興建防火逃生門，於是，麻薩諸塞州最高法院在一九六六年的典型闡述中推論——那為何無法興建停車位呢？[6]在美國，每個城市規畫者都有一本停車公式的參考書，裡頭以中世紀煉金術士的信心、斬釘截鐵的態度與證據，確切規定某土地的利用必須搭配多少停車位。那種鉅細靡遺講求數學上的精確度。

但舒普發現，主導著美國所有城市開發中最低停車位設置要求的，並不是什麼好東西。這個概念很糟，執行起來更糟。他在《高成本》中寫道，最低停車位設置要求反而展現出「極端拘泥細節與無統計學價值的驚人結合。」[7]一份冗長乏味、深奧難解的文件就主宰著底特律市的興建案，規定每符合下列的條件一次，就需要有一個路外停車位

體操中心的翻滾設備；

青年旅館的員工；

撞球館的撞球桌；

一處緊急避難所的兩名員工；

兄弟會的三張床；

護理之家的四張床；

電影院的四席；

寄宿學校的五張床；以及

體育館、教會、禮拜堂、清真寺、猶太會堂或寺廟的六張座席；

而空間每符合下列條件一次，都要設一個路外停車位：

一百平方呎（約二・八坪）的兵工廠、藥物濫用治療設施、集會堂、美容院、高爾夫球俱樂部；

一百五十平方呎（約四・二坪）的法院或海關辦公室；

一百六十平方呎（約四・五坪）的警局；

兩百平方呎（約五・六坪）的食物券分配中心、銀行、自助洗衣店，醫療用大麻照護中心

兩百平方呎（約五・六坪）的泳池水域（加上每六個觀眾席增一個停車位）

四百平方呎（約十一坪）的圖書館、博物館、溜冰場或水族館。[8]

在工業用途的場地中，每三個員工需要兩個停車位。成人書店需要三個，而超過一千平方呎（約二十八坪）者，每一百平方呎需要多一個停車位。在零售業場地，底特律有項很奇怪的規則：如果商店是小型獨立商店（亦即不在購物中心裡），隨著店面變大，其每平方呎的停車位設置規定會稍微減少。但如果商店**非常**大，也是購物中心裡的一部分，那麼法定停車位就會在店面增加時略略**增加**。瞧，法律未必都會使用相同的基準：有時候你的停車場是由建築內部的東西主導（搖籃、保齡球道），有時候是建築的面積，有時則是員工人數。

為什麼美甲沙龍需設置的停車位，會是自助洗衣店的兩倍？為什麼警察局需要的停車位，**略**比海關辦公室要少？這些是舒普試著想回答的問題。如果和其他有類似設計、汽車持有率相當的城市相比，就會發現這法規更顯得莫名其妙。殯儀館的停車位要求是依據十四項不同的特徵集合起來決定的，從靈車數量到現場家庭數量都包括在內。[9]亞利桑那州門薩市要求中學設立的停車位，是密蘇里州堪薩斯城（Kansas City）的五倍。曼菲斯與沃思堡的學校所需具備的停車位，是佛羅里達州坦帕（Tampa）與德州艾爾帕索（El Paso）的三倍。聖荷西要求辦公室設置的停車位是密爾瓦基的兩倍；奧哈瑪則是丹佛的兩倍。一家餐廳在曼菲斯需要十個停車位，到了納許維爾則需要二十五個。在洛杉磯，一間獨立套房需要設一個停車位，在新墨西哥州的阿布奎基（Albuquerque）則需要設兩個。這些規則就連內部也不一致；曼菲斯與邁阿密對辦公室的要求高於平均值，但是對餐廳的要求則低於平均值。[10]這些會侵蝕城市的停車位在大多時間都是空的，

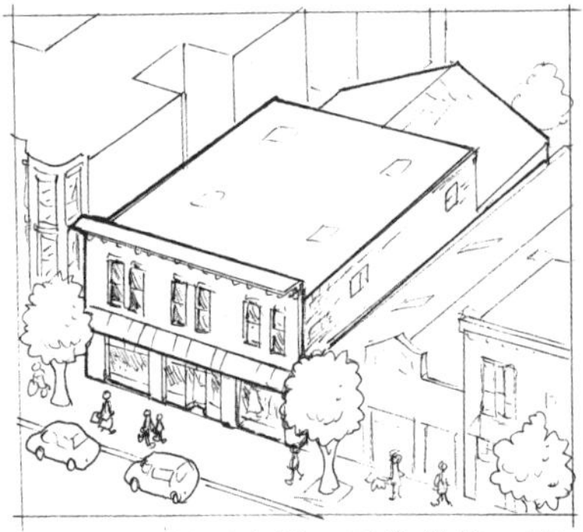

路易斯．蘇利文說，形隨機能；唐諾．舒普說，形隨停車位設置要求。上圖，不用設停車場的建築。

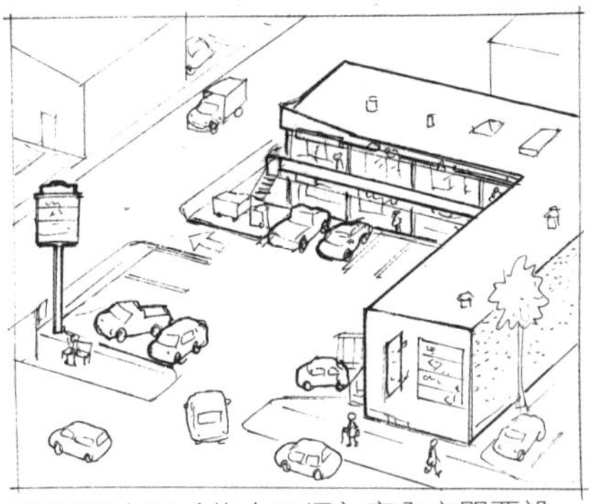

每五百平方呎（約十四坪）室內空間要設一個停車位。

每兩百五十平方呎（約七坪）室內空間要設一個停車位。

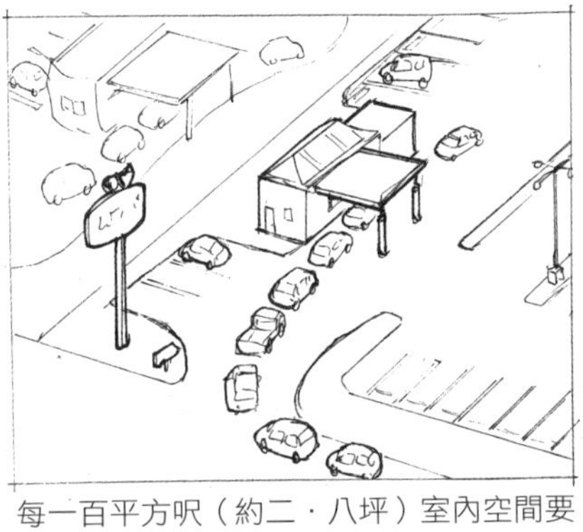

每一百平方呎（約二．八坪）室內空間要設一個停車位。

而且是依法設置！

目前為止，我多半會把法定停車位設置要求視為柏油路上的**漫長曲折之旅**，這種傳統是代代相傳而來，各城鎮彼此模仿，在早期就是這麼回事。但對當代規畫者來說，則有更特定的禍首：《停車位生成手冊》（*Parking Generation Manual*），這是在一九八五年由美國運輸工程師學會（Institute of Transportation Engineers，簡稱ＩＴＥ）初次出版。這本書就是美國糟糕的停車觀念法規化與到處傳播的始作俑者，書中所列的停車需求又臭又長，但背後的假設很單純：每一種建築都會產生汽車行程，因此必須依照行程生成的科學來核准計畫、設計街道、興建停車位。過去六十年來，所有美國新建築物的藍圖繪製，都是以一系列調查展開，而美國運輸工程師學會早在一九五〇年就建議應如此。

丹尼爾·麥肯納–福斯特（Daniel McKenna-Foster）二〇一九年開始在奧勒岡州的大學城科瓦利斯（Corvallis）擔任規畫者。他很討厭執行停車法規。二〇二〇年，他和我分享幾個剛完成的科瓦利斯計畫案例：有一棟建築距離奧勒岡州立大學的校園六百呎（約一百八十公尺），有兩百二十八間公寓與四百七十五個停車位。另一棟有二十八戶的建築位於市區與校園之間，有九十八個停車位。橡樹溪靜居（The Retreat at Oak Creek）是個有三百三十戶的建築物，依法設立八百七十個停車位。科瓦利斯之地（Domain Corvallis）有兩百九十二間公寓與七百四十八個停車位。距離大學與一間雜貨店幾個街區的雙併住宅：需要九個停車位。這個小鎮為了擴張社區中心，遂在棒球場鋪上路面，準備興建更多停車空間。

這還是可以算得出來的事情。他前一份工作是在阿拉斯加地處偏遠、景色壯闊的漁村科迪亞克（Kodiak），那邊更令他洩氣。有人想在港邊蓋一間小小的食品雜貨店，滿足罐頭工人與剛上岸的漁民的需求，但最後放棄了，因為找不到足夠的停車位。啤酒釀造廠耗時超過兩年，設法變更停車位，以設立戶外座位區。有個人蓋了房子，得花兩萬元並取得環保署的許可，才能填滿小鎮後方的一小塊湖泊，提供法定停車位。麥肯納－福斯特認為，這些都導致小鎮的外觀看起來老像是施工中的工地。

在科瓦利斯，客戶並不一樣——這是走嬉皮路線的大學城——但影響卻是一樣的。「總有人過來說：『我要蓋這個、我要蓋那個。』而我就得當那個掃興的人，說：『喔抱歉，那不符合停車法規。』那並不符合這裡的人想做的事。這個社區說，他們想要更多經濟發展、更多住宅，結果這些想法都破滅了，甚至沒人知道有過這件事。沒有人追蹤沒能實現的想法。我就看著這些夢想被削減、打碎。美麗的冰雕最後變成冰塊——放在停車場托盤上的冰塊。」[11]

麥肯納－福斯特說，這樣造成的結果並不只是房價更貴、建築更醜、綠地減少及城市擴張。科瓦利斯作為大學城，有巴士定時開往波特蘭及附近的美國國鐵車站，繼而通往西雅圖與舊金山，因此這裡是美國少數幾處居民（例如奧勒岡州立大學的兩萬六千名大學部學生）不必開車就能生活的地方。然而，大量的停車位卻把有車的人給拉進來，並鼓勵他們開車。結果交通狀況惡化，而不是變得更好。

科瓦利斯停車位設置規定的背後假設是，每座新建築結構都會帶來交通流量，這是美國運輸工程師學會一九七六年初次出版的手冊《行程生成》（*Trip Generation*）所闡明的規則。麥肯納－福斯特認為，這理論根本倒因為果。他說，公寓建築不會催生出汽車行程，就像香蕉不會產生果蠅。蓋在八層車庫上的公寓、街上沒有人行道、靠著時速五十哩（約八十公里）的汽車行駛其上的幹道連接商業中心區，且路面停車區占有七成的地方──這些才會招來汽車行程。車流並不是建築物與生俱來的特色，就像果蠅也不是香蕉原本就有的特質。決定大眾採用何種方式移動的，是背景脈絡。若把休士頓與紐約相同的公寓建築「行程生成」的程度相比，即可明顯看出這一點。但這也會以更幽微的方式顯現：有一項針對費城食品雜貨行的研究顯示，能讓人清楚看見停車場的據點，會比直接面對人行道的超市吸引更多周圍地區的駕駛人。[12]然而在科瓦利斯，正如多數城市的情形，法律會要求設置停車位，並包進你的租金裡。若你不使用停車位，就是個大傻瓜。

麥肯納－福斯特得知美國運輸工程師學會關於停車、駕駛與開發的書籍時，實在興奮不已。那是他就讀研究所時，教授麥克．曼維爾（Michael Manville）告訴他的，而曼維爾又是舒普的門生。他周遭環境的模樣，就是這些文本造成的。「我一直很討厭這些大箱式的都市地獄景觀，而你也會開始明白一件祕辛，那就是這一切都是**沒有**根據的。美國運輸工程師學會根本是在胡說八道！這種假的精準性一而再、再而三受到複製。你打開汽車引擎蓋，發現引擎是用保麗龍杯和禾草做成的。」不僅最低停車位設置規定是假貨，這個**觀念**本身根本就在大開倒車。

不光只有美國運輸工程師學會推出了不良停車建議的綱要。一九八二年，城市土地研究所（Urban Land Institute）發表一項關於商業停車空間的類似調查，並如此指示：[13]

1. 把商場數千小時的營業時間，依照交通繁忙程度來排名。
2. 在設計停車場時，以第二十繁忙的營業時間為依據，這時間可能會落在聖誕節前的週六。

一家購物中心整年的營運中，其他三百六十天的停車場上每天從早到晚都有太多空位。而在每年聖誕購物期間最繁忙十天裡那十九個小時，「有些顧客可能**一進來時**，會找不到空的停車位。」[14]顯然，這些停車位到了夜裡又會空出來，因為購物中心不准附近的公寓共享停車位。

這種模式在每一種土地用途上都反覆出現。「宗教領袖會建議：『別為了復活節週日蓋教堂，』」舒普說，「但是規畫者為了教會的停車位設置要求，就忽視這建議。」[15]教堂在週日上午固然需要大量停車位，但其他時間幾乎用不上，因此很難達到停車效率。（對開發商與建築師來說，要「安放」一棟建築，就是要提供停車場。）每到星期天，禮拜時間併排停車的問題，一直造成鄰里之間沒完沒了的爭議。而在一週的其他時間，教堂會設法利用這些過多的停車空間。有些會讓住在車裡的無家者來到這裡。在亞利桑那州立大學，當地的摩門教堂會提供學生停車折扣，交換條件是他們來參加宗教課程。[16] 這間大學一個學期的停車費可能高達八百元，但是停在後期聖徒旁只需要十五元（外加一點你的靈魂）。

即使不談是否能靠著停車位來解決交通方面的問題，美國運輸工程師學會手冊也還有其他有待商榷之處。建築物會改變，但停車場只能興建一次，因此一定是依據這棟建築物**潛在**使用率的最大值來建。而且停車場的興建必須容納最大使用率時的尖峰**時刻**需求。這兩個數字都衍生自大家不管去哪裡，都**已經**是開車前往的狀況。美國運輸工程師學會一九九七年的數據是以將近四千份的研究為基礎，「主要是蒐集自郊區，這些市郊僅有少量，或甚至完全沒有大眾運輸服務、鄰近的行人便利設施，或旅運需求管理〔travel demand management，簡稱ＴＤＭ〕計畫。」[17] 換言之，美國運輸工程師學會是把都市蔓延的經驗量化，而規畫者又把它加諸小城鎮、都市鄰里及商業核心地帶上。一項新罕布夏州樸茨茅斯的研究發現，美國運輸工程師學會的數據所預測的交通流量是實際流量的兩倍。[18] 二〇一三年的一項研究發現，美國運輸工程師學會對於混合用途開發案的尖峰交通「生成量」平均值，有達到百分之三十五的高估程度。[19] 另一項研究發現，學會高估城市的車輛行程，卻低估了步行行程。[20] 在二〇二〇年以前，美國運輸工程師學會並未預測新建築與步行交通之間的關係！

這些都解釋了為何遵照法規的建築，會產生大量的閒置停車空間。同時，如果是不配合美國運輸工程師學會框架的計畫，在破土動工前就會招來反對聲浪。因為大部分停車場泰半時間都有很多閒置空間，因此大家很容易忽視這份要求過度興建車位的手冊多麼無所不在，甚至還讓手冊中的建議自我延續了下去，社區因此被鎖進停車學者利特曼所稱的「汽車依賴循環」[21]，也就是以汽車為中心考量的運輸，會需要以汽車為中心考量的土地利用，這麼一來，又需要以汽車為中心考量的運輸，以此類推。

蘭迪・麥考特（Randy McCourt）說，這不是什麼罪大惡極的事。他是波特蘭的交通工程師，也是美國運輸工程師學會的國際副總裁，在二〇〇〇年代初期，為停車手冊進行了幾十年來的首度修訂更新。「我們都是志工在做功德！」他辯解道，「並不是有人過來，拿著幾百萬元說：『我們一起到外頭去做研究吧！』要是我聽到了，我可會淚流滿面。」[22]他和同事都自認做了有益社會的事，四面八方蒐集到停車場用途的研究。「我們以為大家會夠聰明！本來的設想是，我們把資料放在那邊，你們應該夠聰明、懂得善加利用。只是把資訊擺在那邊，卻沒有以大大的黑體字警告有致癌危機，這樣就錯了：『你如果想當個笨蛋，那就複製這些數字吧！結果你是笨蛋無誤！』」但現實中發生的就是這情況。

舒普在《免費停車的高成本》中所呈現的，就是所有的停車位設置要求都是偽科學。他說，那就像是占星術。安排停車場位址的規畫者根本是躲起來的笨蛋，就像《綠野仙蹤》的奧茲國巫師，那些過時且應用不當的研究就像是綠簾，讓規畫者能躲在後面。停車位設置要求是從其他城市複製而來，受到誤導人的證據扭曲，執行時也未經檢驗，卻讓半世紀以來的建築圍繞著最低停車位設置要求成形（或者說，這些建築更常被最低停車位設置要求所圍繞）。美國現代主義建築師路易斯．蘇利文（Louis Sullivan，一八五六－一九二四，有現代摩天大樓之父的美名）說形隨機能；唐諾．舒普則說，形隨停車位設置要求。「免費停車儼然成為都會形式的權威，而汽車已取代人，成為土地使用分區的密度考量上真正的重點。」他寫道。[23]

二〇一九年，就在舒普的書推出十四年之後，美國運輸工程師學會的主席布魯斯．貝爾莫（Bruce Belmore）在該組織的月刊前言中，背棄法定最低停車位要求的觀念。[24]「最低停車位設置要求提出一些廣泛的推測，包括所有的住宅屋主都能買得起車、想要為停車位付錢，以及汽車是他們偏好的運輸模式，」這位工程師會長寫道，「這抵觸許多城市為了鼓勵永續發展、促進活絡的大眾運輸及服務低收入家庭所提出的政策。相關的討論讓我想起一九七〇年代瓊妮．密契爾（Joni Mitchell）的知名歌曲〈大黃計程車〉（Big Yellow Taxi），裡面有人人耳熟能詳的歌詞：『他們鋪設天堂，放上停車場。』」他寫道，若要重新獲得天堂，那得靠城市與各郡取消強制的最低停車位設置規定，運用數據與費率來管理供給方式，也要提出能減少開車需求的政策。美國運輸工程師學會這本書應該是指南，不是法律。

不過，麥肯納－福斯特說，工程師的讓步在實際執行上沒有太多意義。「你去普通鄉巴佬的規畫部門，他們是還是在談汽車。那些執行者都不知道美國運輸工程師學會已改變說法。負責土地使用分區的小明才不在乎，他需要的是一個數字，而書上說：四百個停車位。」還有鄰居。此外還有巴著免費停車位不放的小商家，以及害怕收停車費的大商店。政治人物不愛風險。開發商只想照本宣科辦事，而銀行放款者也堅持他們得照本宣科。美國人也略懂停車的事情，因為我們一輩子都在找停車位。

唐諾・舒普曾說，問有沒有足夠的停車位是錯誤的問題，因為免費停車會引誘人開車。這就好像在高中生的派對上，問冰箱的啤酒夠不夠。舒普主張，問題不在沒有足夠停車位，而是費率設得不恰當。地點最佳的路邊停車往往免費，而幾個街區外如洞穴般的室內停車場則要收費才能進入。早早前來的零售商店員工與辦公室上班族會停到最好的路邊停車位，而顧客或客戶上門時，已找不到路邊停車位。研究估計，在壅塞的中心商業區，約有百分之三十的車流是那些尋找停車位的車輛構成的。商用地持有人聽到這些抱怨，就遊說當地政府興建更多路外停車場——或要求那些相互競爭的商家興建自家的私人停車場。不過，這些人的地盤其實不太能化解整體的供應危機，因為駕駛人通常會先找路邊停車位。這些駕駛人也會增加車流量，因為即使是到附近辦事，都需要把車子從一個私人停車場開到下一個才行。

這就是免費停車的高成本。最好的停車地點提高費率，最糟的停車地點降低費率，這樣大家最後才會依自己所需的停車時間，以及這個停車位對他們而言的價值各就各位。

這又要談到二十世紀中期為了處理停車位短缺的問題，城市所做的第四件事，也是我尚未提及的事：安裝停車收費表。和都市更新、公共停車場、最低停車位設置要求不同，停車收費表的用意並非力圖要與市郊競爭。是有人體認到，路邊停車位有某些價值，城市也有某些價值。在被擺在那邊生銹，或像芝加哥的例子，被糊裡糊塗賣掉之前，停車收費表的名氣是能解決都市交通壅塞的神奇藥丸。舒普就在他辦公室放了一個停車收費表。

停車收費表的故事要從一九三〇年代講起，奧克拉荷馬一名報紙編輯卡爾頓・麥基（Carlton C. Magee）帶給我們啟示：上班族大軍只要停到走路十分鐘、五分鐘，或甚至兩分鐘遠的地方，即可把方便進出的路邊停車位留給送貨員與商家顧客。在州首府路邊停車的百分之八十車輛，是屬於市區商家的員工。因此麥基發明了第一個停車計時器（Park-O-Meter），取代缺乏效率、不可靠、在輪胎上以粉筆作記號的做法。奧克拉荷馬市做過一項試驗，在街道的一邊設立收費表，另一邊則不設。城市管理者把結果報告給大家：「在未設置收費表的那一側，大家搞不清楚，車輛擠成一團、籬笆被撞彎、汽車被推到消防栓前面；有些人試著倒車進入擁擠的車位，造成交通堵塞，購物者幾乎找不到可停的車位。但是在安裝停車收費表的那一邊，卻有足夠的空間供每輛車輕鬆快速地停放與駛離，通常也有空位可讓購物者使用，這樣距離任何商店或銀行都不到一個街區之遙。」[25]到一九三八年，美國八十五個城市都裝設了收費表；一九五五年，所有美國大城市的商業區與零售商店街都有收費表。

警察喜歡收費表，因為可以省時、賺錢、整頓交通，還有最重要的是解決爭端。規畫者對這樣的結果目瞪口呆。「你一定要親眼看看，才會相信停車收費表如何完全掌控了全局，」一名托雷多（Toledo）的交通工程師寫道，「之前某天車輛多得幾乎相撞，搞得大家火大、一頭霧水；但不久之後，整天下來停車位的進入與駛離變得順暢且時間合理。老占著車位的人開始把車移到室內外停車場，或離開這個區域。」[26]

雖然獲得正面迴響，但是到了一九六〇年代，都市衰退得愈來愈快，停車收費表就失寵了。慌張的商家試著模仿郊區，提供免費停車位，開發商也必須依照法規，在新建案中包含免費停車空間。交通工程師希望拓寬人行道之間的車道，郊區商場鼓吹免費停車，而政治人物怕提高費率引發反彈。駕駛人向來討厭停車收費表。「這就只是結合鬧鐘與吃角子老虎的玩意，又進一步打擊已繳夠多稅的駕駛人。」紐約汽車俱樂部（Automobile Club）的威廉・戈特利布（William Gottlieb）如此評論奧克拉荷馬市的全新停車收費表。[27]收費表自衛隊出現，例如加州帕索羅布爾斯（Paso Robles）的牛仔會把收費表綁起來，從地面上拖走；另外也有停車仙子，他們像是不聽話的好撒馬利亞人，會帶著幾包二十五美分硬幣，挽救心不在焉的車主，以示抗議。[28]

結果，路邊停車位不再受到青睞。市區與繁忙街道禁止路邊停車，而在小鎮與小型街頭巷尾，路邊停車則是免費。兩種政策都讓路邊停車位作為附近商店進出點的用途消失。良好的路邊停車管理是城市妥善運作的一大關鍵。舉例而言，一項一九七〇年的調查顯示，在美國大大小小的城市中，路邊停車位都不是停車空間中占比最大的。但無論城市多大，路邊停車都會最早停滿。在路邊停車位占了百分之四十停車空間的小城市，研究者觀察到，停好的車子有八成都是在路邊停車位上。[29]在大的城市中心，只有百分之十五的停車位是路邊車位，但是停在路邊車位的車輛卻占所有停放車輛的三成。路邊停車位原本是可靠的進出點，但如果受到破壞——因為禁止停車，或禁止設立停車收費表——就會強化每棟建築物都要有私人停車位的需求，無論這麼做有多糟或多麼多餘。城市沒有裝設收費表，反而什麼都沒做。

同時，停車收費表的最初功能——為珍稀資源定價，進而幫街頭整頓秩序——帶入了新的焦點：賺錢。當然對地方政府來說，這向來是收費表的部分功能，但政治人物不願意提高費率，因此收費表把錢送進市府財庫的主要方式，從二十一世紀初開始就不是收停車費，而是靠罰款。事實上，城市甚至不需要收費表就能從停車撈到一大筆錢——反其道而行去移除收費表、自由放任，這麼一來就鼓勵了違停。在靠著業績驅動的警察監管工作中，舉發成為主要元素。二〇一四年的麥克．布朗（Michael Brown）命案發生後，美國司法部檢討密蘇里州佛格森當地的這種做法時提到，二〇〇七年有個低收入女子某天違規停車，她收到兩項舉發，得繳納一百五十一元的罰款，還要加上手續費。她試著支付部分金額，分別為二十五元與五十元，而法庭拒絕了。之後，她錯過開庭日，於是法院發出逮捕令，還有一連串的罰款金額飆升。在她被開違停罰單後七年內，這女子被逮捕兩次，在牢裡待過六天。到二〇一四年底，她已付了法庭五百五十元，但還欠五百四十一元。[30]一切都是因為一張停車罰單。我們直覺上或許不會發現，這種情況會因便宜或免費停車而更加惡化。這是因為，免費停車會對供給造成數量上的限制，因此會有人違反法規；外加偶爾才會被逮，這時就需要市府祭出高昂罰金，才能有嚇阻效果。在收費表系統運作良好時，執法營收會**下滑**，因為人們總是可以找到地方停車。[31]

舒普最初關注的停車議題之一，就是「巡找」（cruise）。一九六〇年代有一項倫敦停車費用的研究顯示，路邊停車費用高，釋出停車位的可能性也會提高，這會減少駕駛人停車所需的時間，以及他們花在尋找車位的時間。[32]收費表價格提高四倍的地方，每個來到這裡的駕駛人可省下**八分鐘**以上的找車位時間。如果價格變化較少，則尋找停車位的時間會減少三分鐘。一九八三年，唐諾與佩特前往倫敦（用一場佩特寧願忘記的實驗）親自重做這項研究。在路邊停車費用低廉的地方，確實很難找到停車位。[33]舒普花了二十七分鐘，才在國家藝廊那裡找到停車位。

隔年，舒普和研究生設法把西木村（Westwood Village）的停車問題以數字表示，這是一處混合用途的鄰里，有公寓、商店、辦公室，位置緊鄰加州大學洛杉磯分校的校園。為了掌控情況，舒普和他的學生做了完全不合理的事：他們一而再、再而三親自去尋找停車位，而且一找再找。西木村的停車費用和美國大多數鄰里一樣，相當落伍：室內停車場很貴，絕對沒有人會把它當成首選；路邊停車就算不是免費的，費用也很低廉。一份城市研究顯示，在下午兩點的需求尖峰時間，路邊停車位使用率為百分之九十六，但有一千兩百個路外停車位都是空的。舒普和學生把焦點放在晚上搜尋路邊停車位，也就是下午四點到晚上八點，此外也在早晨車流不多的時間做額外實測。藉由同時搜尋停車位**以及**計算設有收費表的路邊停車位周轉率，他們就可以把尋找時間乘以新停車者的數量，取得在鄰里尋找停車位的總時間估計值。

數字顯示：每小時人們共花了三十五小時在找停車位，平均巡找距離為半哩。這還只是一個鄰里，包含十五個街區與四百七十個費率低的停車收費表，**每一天**會催生出三千六百哩（約五千七百九十三公里）的額外駕駛路程。「沒車位後備軍隊」持續在路上繞圈。[34]這樣加總起來，一年就將近百萬哩——這只是洛杉磯一個社區尋找停車位的里程。而舒普和他的團隊甚至無法計算所有洛杉磯人去看醫生或看電影，在街區繞個半天，究竟會繞多少哩路才終於甘願前往室內停車場。把各種道路研究集結起來之後，舒普的結論是，在停車位稀少的鄰里，幾乎有三分之一的汽車是在尋找車位。如果在某個街區找停車位要花三分鐘，那麼這個街區每年會產生額外六萬哩的行駛里程。舒普就像文藝復興時期的科學家，碰上二〇、三〇與四〇年代的佚失作品，那時的人認為停車是複雜且重要的研究領域，而停車收費表則被尊為強大的工具。到了他在加州大學洛杉磯分校任教時，停車研究已進入黑暗時代。停車收費表人見人厭，只有市府預算主管會欣賞。

然而，這位教授來自新世代，以新眼光看待這國家遭受破壞的都市景觀，他的觀念找到了牽引力。你不必拆除整個城市的街區，才能讓駕駛人像搖滾明星那樣停車。你需要的只是停車收費表。早在舒普樹立威信、讓探討停車成為完整一門課程之前，他有個經濟系的學生後來成為一名年輕記者，名叫比爾・富爾頓（Bill Fulton）。富爾頓記得，在那些日子，老師與學生都認為舒普是個反傳統者——這位蓄鬍、騎單車的經濟學家心心念念的竟然是停車位，大家都不很認真看待他。他大部分的同事都著重在控管手段；舒普則是著重在解除控管。此外，他很風趣，因此富爾頓深受吸引。他多花了一年的時間在這學程上，完成了聖塔莫尼卡的規畫與政治的論文，富爾頓甚至還在床上唸課堂教科書內容給女友聽，說這樣能幫助她入睡。舒普說，這要親身經歷才知道：他們兩人結了婚，定居在加州文圖拉（Ventura）這個位於洛杉磯與聖塔芭芭拉之間的濱海城市。

二〇〇九年，在文圖拉市議會任職六年之後，比爾・富爾頓當選市長。他發現自己碰到經典的舒普難題：大街總是塞車，商店顧客老在找免費停車位，幾百碼之外的商業停車場卻空盪盪。雖然幾十年前文圖拉就拆了停車收費表，但富爾頓又把它們重新裝回來。這算是小小的政府介入策略。文圖拉的收費表只涵蓋三百個停車位，一小時只收一元。如果你要吃頓晚餐，這就只會花到口袋的一點零錢，但已足以讓文圖拉整天霸占停車位的車主走一兩個街區，去找更便宜的地點。（這裡很難執行限停兩小時的做法，因為停車管理員發現車主會把輪胎上的粉筆痕抹去。再

怎麼改都沒用……）

這個做法引來不少爭議。洛杉磯電台談話節目主持人用一整個下午的時間在說富爾頓是笨蛋。茶黨行動人士蒐集了一萬份簽名，想透過公投取消停車收費表。（被一個法官擋下來。）有些駕駛說，這樣根本不公平，因為他們在商場可以免費停車。但正如富爾頓指出的，大街上的停車位**優於**商場停車場。富爾頓推論，若你能開進商場、停在美橘家電（Sharper Image）前面，難道你認為商場不會趁機收費嗎？難道不會有人願意付費嗎？在文圖拉，只需要三十分鐘，收費表就能解決市區的交通亂象，因為來上班的工作者與其他長時間停車的人會退到黃金地段以外。[35]

在一座又一座城市，最好的路邊停車位費率低廉，但室內停車場收費就高。二〇一二年，曼維爾把美國前幾大城市的路邊停車位與室內停車場價格加以比較。美國大部分城市是沒有收費表的。[36]在紐約與邁阿密，百分之五的停車位有裝設收費表，而在波士頓與芝加哥，比例則掉到百分之三．四，西雅圖為百分之三，波特蘭為百分之二，達拉斯與休士頓則為百分之〇．五。在波士頓，最昂貴的收費表是每小時收一．二五元，而路外室內停車場的中位數則是每小時十二元。由於價差這麼大，車主會巡找路邊停車位乃是合理選擇，只有最短的行程例外——併排停車就夠了。在波士頓若打算停車，巡找車位時會指望為之後每小時省十．七五元的意外之財。在費城，四處巡找且找到車位的話，就可節省每小時十一元的停車費，在華盛頓特區則是九元，丹佛七元。無怪乎大家整天都在開車繞圈圈。果然，在曼維爾的調查中，只有幾個城市的市區室內停車場在尖峰時刻可達八成使用率。

除了比爾・富爾頓之外，還有些人認為停車費政策是在開倒車。在一九六〇年代，諸如科羅拉多州波德市的商家就抗議過收費表費率提高，他們擔心會流失顧客。通勤工作者會早早去搶最好的停車位；購物者覺得洩氣，就乾脆到市郊採買。一九七〇年，這座城市設立了停車區，包括安裝收費表，以及五座公共室內停車場，兩者費率相同，但是路邊停車的時限會促使通勤工作者——以及任何想到市區吃飯、看電影的人——開到室內停車場。停車費收益則會用來支付公車通行證費用，提供給在市區的上班族，以及改善公共空間，例如增設長椅與行道樹。在取消停車位設置要求，以及針對停車收取費用之外，舒普停車方案的第三支箭就是：透過停車費受益專區（Parking Benefit District）把金錢挹注於當地。

帕沙第納與聖塔莫尼卡是位於洛杉磯兩邊的中型城市，在一九八〇與九〇年代執行過類似的方案。在那些地方，市區商家能選擇要不要自行興建停車位——但大部分會選擇付費給公共停車系統。通勤工作者與顧客習慣了這樣的安排；他們得到的回報是適宜行走、「車子停一次就好」的市區，景點也不會到處都是柏油路面。

二〇一一年，舊金山展開一場大規模實驗，那時這座城市剛被封為號稱世上汽車密度最高的大城市，每平方哩有超過一萬輛車。「停車，」市長黛安・范士丹（Dianne Feinstein）於一九八八年說道，「是我們的頭號問題。」[37] 二十年後，舊金山交通局（負責該城市的大眾運輸與停車營運）採用舒普在二〇〇五年會議上提出的想法：把停車費設得夠高，讓大家都能找到車位。二〇一一年四月，在「SF*park*」專案中，舊金山交通局開始調整全市七千個設有收費表的路邊停車位，會以使用率感應器來監測；目標是讓使用率維持在百分之六十到八十，這樣駕駛人就能時時有車位可停。市府每六週就會評測特定時段路邊停車位的平均使用率——例如星期天下午的三小時——並依此調整費率。如果該時段停車位使用率超過百分之八十，則每小時費率會提升二十五美分。但如果使用率不到百分之六十，費率就往下調。以前所有停車位都是每小時三元，現在城市中每一天每個街區可能有三種不同費率。在第一年，舊金山就調整費率超過五千次。

這辦法確實有效，漸漸能看出駕駛人的回應。不妨想一想栗樹街（Chestnut Street）與隆巴德街（Lombard Street）的差異，這兩條街是海港區（Marina District）的平行街道。隆巴德街是東西向主要幹道，連接八十號州際公路與金門大橋。這條路有八線道寬，中間有種植樹木的分隔島，車流速度快。栗樹街的寬度只有前者的一半，兩邊則有精品店與獨立餐館。SF*park* 專案展開時，這兩條街道都有計時收費表，每小時費率都是兩元，結果可想而知：要在美麗的栗樹街找到停車位難如登天，但在車輛隆隆駛過的隆巴德街，路邊停車位根本連一半都不會停滿。二〇一一年七月到二〇一三年一月，隆巴德街在下午三點到下午六點的平均費率從每小時兩元調降為一・七、一・二五，再到〇・九五元，這時使用率便提升了十個百分點。[38]栗樹街的停車費率則從每小時兩元提升到二・四五、三・〇五，再到三・四元，路邊停車位的使用率也隨之下滑。最後在二〇一三年四月，栗樹街的停車費率為每小時三．五元，隆巴德街為每小時一元，於是隆巴德街成為造訪海港區時停車的首選地。（費率持續浮動，以期讓附近地區的停車位使用率保持平衡——若真要說這專案受到什麼批評，那就是竟花這麼久的時間才找出市場結清價格。）[39]

路邊停車位空出來，室內停車場也有車停進去了。試辦區的違規舉發率下滑百分之二十三——或許大家終於感覺到自己獲得了值得付費的服務。在試辦區，停車費率的變動讓舊金山人找停車位的時間減少百分之四十三到五十（其他地方則是百分之十三）。[40]由於成效卓越，於是舊金山把專案拓展到涵蓋兩萬八千個停車位的範圍，包括室內外停車場——也不再要求新建案必須設立停車場，這是採用此做法最大的一個城市。在許多地方，停車更便宜了。比方說，表演藝術停車場（The Performing Arts Garage）從每小時二．五元、停車位使用率百分之二十五，變成每小時一元、停車位使用率達百分之八十五。停車場收益上升百分之十。[41]試辦區的併排停車率減少百分之二十二。由於駕駛能更快找到停車位，試辦區的總駕駛哩程數減少了百分之三十——因為有費率妥適的停車收費表，尋找停車位與繞過併排停車的駕駛里程**一天**少了兩千五百哩（約四千零二十三公里）。[42]舒普認為，這是繼引進停車收費表之後最大的改變。芝加哥曾試圖爭取收費表可創造的最大收入；舊金山則微調系統，好讓駕駛有最大限度的自由時間。

二〇一九年，距離舒普第一次在此登場十五年後，美國規畫協會回到了舊金山，也把得意洋洋的舒普帶回來。這位來自加州大學柏克萊分校的叛徒實現了他瘋狂的點子。二〇一六年，歐巴馬政府釋出許多想法，要讓美國那些原本幾乎沒有新住宅可供給的城市，開始建造平價房屋。[43]

其中一項建議，就是取消最低停車位設置要求。

第十章　停車建築

最低停車位設置要求不僅改變了街道氣氛、建築密度、住宅成本及開車頻率，也改變了美國的設計傳統。不妨想想洛杉磯的建築，其形式會受到提供停車位的需求所影響，因而受限。從這座城市的建築設計中，可以看出停車法令的演變痕跡，因為法定停車位鑽進了一樓與前院，建築物之間不再相鄰，與人行道也有一段距離。停車會左右音樂會時程、博物館售票政策，以及能否開餐館或翻新廢棄建築。在這座城市近年發展中，最低停車位設置要求是無所不在的力量，甚至連要確知其具體的影響也不容易——或許大家就是希望這樣停車？——直到有了一次激烈的鄰里實驗，這些規定才被取消。

這個解放的故事是從一九五〇年代展開的，發起人是個名叫卡羅．沙茨（Carol Schatz）的女孩。卡羅的腳型窄，要買鞋會到洛杉磯市中心的布洛克百貨公司。她搭乘街車前往，會在家附近的里莫特公園（Leimert Park）搭上車，搖搖晃晃前進。知名的洛杉磯與太平洋電車（Los Angeles and Pacific Electric Railways）曾賦予這城市世上覆蓋最廣的大眾運輸系統，這時也一面噹噹響，一面駛上遭到淘汰之路——旗下街車路線涵蓋的市中心也沒能倖免。卡羅望向窗外，看著變化多端的商業地景從眼前經過。城市正在改頭換面，以容納並鼓勵洛杉磯人對汽車無與倫比的愛。新的當地特色正蓄勢待發，告示板與燈光打亮的鮮豔招牌聳立在這城市知名的大道上，在棕櫚樹之間以超大的文字吸引開快車的駕駛人目光。成排的商店、餐廳與電影院依然緊挨著人行道，但已開始一一讓給車道與停車場，那些車道與停車場從街道鬼鬼祟祟地入侵，商店和商場門面之間留下了齒縫般的線條。

一九四七年，距離沙茨家不遠處有家商場開幕，是美國地方商場的早期業者。百老匯－克倫肖中心（Broadway-Crenshaw Center）在人行道旁依然有平板玻璃窗，但是更華麗（也更方便）的入口則面對停車場。這停車場可不得了，占地十英畝，有兩千個停車位——但是因為流動率的關係，廣告上寫一天可容納七千輛車。報紙上三不五時可見到這個商場刊登的廣告，以斗大字體寫著：「大量免費停車位。」

一九六〇年代，卡羅和家人會經常到市中心，因為只有布洛克百貨才找得到適合她腳型的鞋子。布洛克不僅是家鞋店，也是個零售宮殿，裡頭應有盡有，散發出全世界各種商品的光芒，同時也穩穩含括這樣的光芒於其中。這家百貨在一九〇七年開幕，到一九六〇年，在百老匯與諾布山之間的第七街延伸了一整個街區，連接起一條滿是布洛克百貨的花店芬芳氣息的小巷。布洛克百貨有相機店、行李箱店與婚紗坊；店鋪販售電視、東方地毯、瓷器、玻璃器皿與家具。這裡有美容院、小吃店，以及鋪著地毯的俱樂部餐廳「矮棕櫚房」（Palmetto Room）。[1]建築物的每個轉角都以五層樓高的標誌，寫著百貨公司名稱。在頂樓，有兩面巨大的美國國旗飄揚；樓下都有大型綠色帆布遮陽棚，讓人行道保持陰涼。在準備過聖誕節期間，許許多多孩子會緊貼著展示櫥窗。上千位洛杉磯人在樓上的布洛克公司辦公室上班，管理整個加州的幾十個附屬機構。

對市中心商人協會（Downtown Business Men's Association）來說，百老匯－克倫肖中心這樣的商場是一記打擊。協會是由持有洛杉磯市中心土地的大亨組成，例如布洛克百貨的地主。對於這些四面楚歌的大亨來說，他們最在意的就是停車問題。從街車上就能感受到這一點。街車行進速度變慢，因為周圍盡是在街道上巡個不停、找停車位的車陣，或更嚴重的是，三排停車導致街車動彈不得。拉著吊環的乘客受夠了，索性湧出車門，徒步前進。為了回應此問題，市中心商人協會花了數十年尋求支持，盼能在市中心有個公共室內停車場。一九五二年落成的潘興廣場車庫（The Pershing Square Garage）就是沙茨家後門的商場所提出的答案。那裡可以停將近兩千輛車，雖然最後一輛停進潘興廣場車庫的人要一直往下開、再往下開，彷彿深入地心似的。一九五五年，市中心商人協會讓一名布洛克百貨的主管負責市中心停車計畫。[2]

當時他們或許不知道，市中心即將遭到廢棄的判斷指標之一，就是停車位供給增加的這個跡象：潘興廣場車庫開張那年，洛杉磯市中心的停車位數量是一九三〇年的兩倍，部分原因在於沒人想在那裡蓋房子，取代已拆除的建築物。到一九五七年，市中心利益關係人聲稱，這區域在過去五年已增加一萬兩千個停車位，這對市民來說很重要，因此在一九五八年假期購物季展開時，《洛杉磯時報》頭版就刊登了市中心停車地圖。[3,4]但最後，無論多少停車位都無法拯救洛杉磯市中心，擋不住洛杉磯人外移到市郊——那裡範圍廣大，綿延不絕，覆蓋著大洛杉磯地區（Southland）每一處平地。

到一九六〇年代中期，原本鞏固洛杉磯市中心地位的龐大鐵路交會網絡也多被拆除。街車最後一趟旅程是前往長堤港（Port of Long Beach），工作人員拿著滾燙的白色乙炔噴燈，將街車拆解報廢。布洛克終於在一九八三年倒下，那時卡羅．沙茨剛從法學院畢業不久，在市中心獲得第一份工作：為酗酒者管理公共戒酒中心。就算有市中心商人協會等鼓吹者、南加州的蓬勃發展，又有數十億都市更新經費湧入，也無法力挽狂瀾，頂多只有玻璃與鋼造商辦建築區冒了出來，孤立在古老的市中心山丘上。

對停車最有影響力的進展，是在一九三〇年代（住宅興建）與一九四〇年代（商業建築）達成，當時要因應洛杉磯領導者提出的停車空間設置要求。那時，停車位設置要求被認為是處理緊急問題的漸進之道。然而到千禧年，這法規讓洛杉磯中心商業區有高達十萬七千個停車位——是世上室內停車場密度最高之處。布洛克百貨的其中一棟建築物就改造成停車場。大猩猩被安撫了，但洛杉磯市中心在洛杉磯人的心智地圖上變得好邊緣，是位於城市「東區」的更東邊。

一九九〇年，卡羅．沙茨得到了新工作，就在市中心商人協會的後繼組織，是名稱變得更有包容性的「市中心協會」（Central City Association）。一九九五年，她晉升為執行董事，成為擔綱這傳統上類似「男士俱樂部」的機構執行董事的首位女性。協會沒做過什麼嘗試，什麼點子都沒有。此時的市中心和她年輕時無法相提並論，留下的痕跡不多，只剩附近還有美味的中國菜。沙茨在路上散步，她告訴自己：「回不去了。上班族五點鐘一到就離開，直奔高速公路，就像全國運動汽車競賽協會（NASCAR）的駕駛朝著旗幟衝刺。城市附近的貧民區（Skid Row）有愈來愈多無家者人口。零售商店也對這裡沒興趣。一九九〇年代中期經濟衰退，讓這區A級辦公大樓空屋率攀升到百分之三十——所謂的A級是玻璃帷幕大樓，屋頂上有直升機停機坪，地下室則有燈光明亮的車庫。至於年代較為古老的摩天大樓——線條優美的裝飾藝術高樓，光滑明亮的磁磚在陽光下閃耀；堅固強健的美術風格建築，周圍有赤陶浮雕；哨兵般的紅磚樓有講究的檐口與大大的方窗——全都變得能一眼看穿。若往窗戶一望，就能看到對面加州湛藍的天空，因為裡頭空空如也——沒有分隔牆、沒有小隔間、沒有家具。屋主從樓下支票兌現業務、跳蚤市場，以及墨西哥裔美國人開的夜店收取租金就夠了。[1]洛杉磯市中心僅次於芝加哥，是二十世紀早期建築數一數二密集的地方，但建築物頂多成為《世界末日》（*Armageddon*）之類的電影背景。洛杉磯郡自然歷史博物館（County Natural History Museum）的老市中心模型對當地的孩子來說好遙遠，說那裡是芝加哥可能也有人信。

卡羅·沙茨喜歡說：「洛杉磯若只由兩座主題公園、一處沙灘與一個標誌定義，就不可能成為偉大的城市。」[5]在九〇年代中期，她曾造訪紐約，那裡古老的商業建築雖然曾被譴責為缺乏火災逃生設備的建築，應予以拆除並興建高速公路，但如今已是市中心最炫的位址。她夢想著洛杉磯也能這樣。為了實現理想、改善市中心，她指出這城市必須擺脫一個法律，也就是她所屬的組織曾認為洛城未來不可或缺的：最低停車位設置要求。或許是她那些二十世紀中的前輩對停車位念茲在茲的緣故，整個鄰里凝固在停車法律的琥珀之中，宛如當年得搭街車到市中心買鞋的時光所留下的標本。

二〇一七年，一位名叫馬克・瓦連納多斯（Mark Vallianatos）的律師構思了一場洛杉磯的導覽行程，他稱洛城為「禁城」（Forbidden City）。聽起來很神祕，甚至不夠莊重，但實則相反：這趟建築巡禮觸及許多法規的歷史。其前提很簡單：洛杉磯禁了它自己。

禁城並不是遙遠的帝國堡壘，它到處可見，例如好萊塢、韓國城與中城（Mid-City）熟悉的住宅公寓社區；灰泥小屋以圍欄圍著的院子，而屋子繞著長滿草的庭院而建；美麗的兩層樓房屋散發著古老西班牙傳教建築或鱈魚角的風格，那些房屋一分為二（雙併屋）、三（三併屋）或四

❶這樣就夠了的部分原因在於，加州已在一九七八年凍結住宅與商業用地的稅，即使到今日，許多市中心建築也只要繳納微不足道的稅金。

間公寓（四併屋）。好萊塢高樓公寓挪用法國城堡或中國亭閣建築風格，可惜不算高明。這裡也有優雅的包浩斯式中層高度公寓建築。禁城是洛杉磯鄰里的日常建築——有的迷人，有的平凡，但都是典型的洛杉磯。這些全都是違建，因為停車位都不足。

在二〇二〇年一個溫暖的二月天，我加入瓦連納多斯，再度踏上禁城巡禮。「我們禁止了洛杉磯當中人們最愛的部分。」瓦連納多斯一邊說著一邊走上山丘，來到高地公園（Highland Park），這是早期在帕沙第納附近的街車郊區。瓦連納多斯穿著時髦整齊的綠襯衫，戴著厚厚的建築師眼鏡，臉龐方方的，看起來和加州陽光有點不搭調，而且他還在大門附近鬼鬼祟祟，窺看錦熟黃楊的矮樹籬後方，顯得更加突兀。他在找電表與信箱，這樣即可判斷出建築立面後有多少公寓；這麼一來，你就能知道看似獨棟住家的房子，其實是四併公寓。他靠近一間雙層的房子，屋前有修剪整齊的灌木叢，房子漆成淺藍色——這裡有五個電表盤，代表五間公寓。這就是此建築在二〇二〇年會變成違建的證據。繞到後面就能了解原因：三個狹窄的停車位，是蓋給一九二三年洛杉磯人開的小車使用，那是最早的房客搬進來的年代。這個三車位車庫看起來好像工具棚。

二〇二〇年，若想在高地公園興建五戶的建築，就得先興建至少五個停車位（有五戶套房的公寓）、八個停車位（五戶一房一廳的公寓），或者十個停車位（五戶兩房公寓）。從這些規定來看，在面積這麼小的土地上根本無法蓋這棟建築物。那是建築化石，而賦予這座建築生命的環境早已是過往雲煙。

「這裡籠罩在一個大主題之下：洛杉磯這些較古老的街坊都是較小的公寓與住宅混合而成。」瓦連納多斯繼續前進。狗兒吠叫，鳥兒啁啾，電鑽在溫暖的空氣中發出低吟。在禁城，另一項復健正在進行中。今天禁止興建這種建築物的後果是，老建築一直成為豪宅翻修的目標。我們經過一處簡樸的白牆猶太會館——沒停車位，不行——在西班牙傳教風格建築的扇形紅屋頂下暫停腳步。這裡的低矮庭院住宅是由十間公寓圍繞著修剪整齊的花園構成——不行。在二〇二〇年，洛杉磯的新住宅就和美國幾乎所有城市與市郊的住宅一樣，停車位和廁所都一樣被強制要求設置，甚至有過之而無不及。兩房公寓不必設兩間廁所，卻要有兩個停車位。

「我們先用停車位來禁止這些建築，之後則透過土地使用分區來禁止，」他煩悶地說，「這城市本來可以擁有這樣的風貌。」瓦連納多斯的專長是政策，不是建築。對他來說，建築的形式首先是法令的產物——品味則是遙不可及的次要條件。（在我們對談後不久，他讀了《大亨小傳》〔*The Great Gatsby*〕——他納悶，是不是只有他自己這樣想，或整本書確實都在講房子和車子？）馬克最早帶領禁城導覽的那段時間，還與人共同創辦「洛城充分住房」（Abundant Housing）這個團體，倡議增加當地的住宅——即使房價飆漲、無家者增加，但這個主題仍引來爭議。白天，他在此郡的運輸機構洛杉磯大眾捷運系統（LA Metro）擔任主管，無怪乎他對停車議題有興趣。停車會涉及運輸與土地利用的交集這不三不四的領域，建築師與交通工程師都避之唯恐不及。

多數洛杉磯人當然都會開車，但是把停車位變得和衛浴一樣是強制設施，那麼這城市就會和美國幾乎每個管轄區一樣，只能迫使住房擔起駕駛成本。在一九六〇年之後，美國所興建的一切都可透過法瓦連納多斯的眼光來看：那些正是按停車法規所蓋出來的建築，就在你我身邊。

一九九一年，記者喬爾・加羅（Joel Garreau）寫了一本《邊緣城市》（*Edge City*），談論的是市郊、鄰近高速公路的辦公室、零售業與旅館建築群，構成今天美國白領勞工所身處的典型環境。他向數百位開發者談論為何這些地方會有如今的外觀，以及其中的含意。「這些地方重複之處，就在於以**停車**來衡量時間、個人主義與文明。」開發者有兩條法則，可以解釋「在邊緣城市，幾乎所有實體的安排方式」：[6]

> 要走到自己車上，美國人不會走超過六百呎（約一百八十三公尺）的路
>
> 要停一輛車，需要四百平方呎（約十一坪）

加羅把這兩條原則和興建停車建築的高成本放在一起，就解釋了為什麼這些禁城建築物會在戰後美國建築中消失：它們消失，變成了公寓建築者鍾培頓（Payton Chung）所稱的高停車要求之谷（Valley of High Parking Requirement）。[7] 這谷地的一邊是獨棟住宅、速食餐館、低樓層的倉儲式量販店——全是眾所周知的建築類型，可安穩把車「安放」在一樓，即使停車場會占去土地

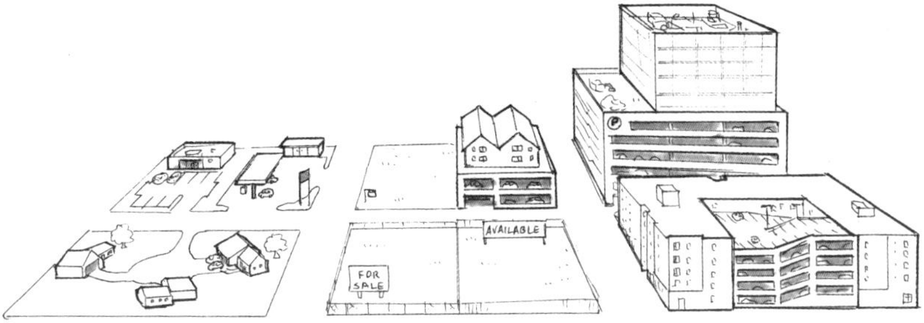

高停車要求之谷。任何介於都會蔓延與高密度開發案之間的東西都無法興建，因為不可能有停車空間——地面停車位會占用太多的地；興建室內停車場又太昂貴。

的百分之六十到七十。在谷地的另一邊則是高密度、高價值的房地產，例如辦公室、飯店、購物中心與自有公寓，這些地方負擔得起在建築物內（或甚至地下）設置車庫。而介於兩者之間者就無法興建，因為沒有辦法停車——地面停車位會占去太多空間，室內停車場又會耗費太多興建成本。高停車要求之谷是荒蕪之地，沒有東西能生長。金潔・席茲克在索拉納海灘的案子就處在這座谷地。納森・卡特的店面式教會也是。在阿拉斯加科迪亞克，丹尼爾・麥肯納－福斯特發現要服務漁民的雜貨店必須關閉，也是出於相同原因。

在二〇二〇年，任何想在美國興建小公寓建築的人，都得面對多元財務幾何題。首先是一塊地上可以容納多少停車位。接下來則是這塊地的住宅面積、數量與形式。有時候，光只有一塊地是沒辦法蓋起任何東西的。把隔壁的地買下來，或許就能解鎖些許經濟規模——例如一條車道，兩邊有停車位。買四塊地——嗯，即使你找到四塊可興建的相鄰土地，但多數小型開發商買不起。無論在哪種情況，停車空間**就是**鄰里建築中不可撼動的東西，無論在社會層面（例如索拉納海灘）或技術層面上都是如此。「停車就像是蛋，」一名建商說，「你不能只買一個，而是要買一整層……如果你要蓋一．五層樓，那就是得蓋兩層樓。」[8]

大致上，美國不再興建小型建築物了。停車位設置要求所引發的，便是導致小型填入式開發的公寓建築（例如排屋、褐石建築與三層樓建築）幾乎滅絕的局面；從一九七一年到二〇二一年，一棟含二到四戶的建築產量下滑超過九成。[9]

確實蓋起來的公寓會聚集在巨型結構中，其設計是由停車空間主導。有一種常見的模式是「德州甜甜圈」（Texas donut），也就是一圈公寓圍繞著五、六層高的車庫興建（這種建築物就是成長中的城市中，時髦鄰里會出現的樣式）。另一種是「停車台座高樓」，例如芝加哥玉米梗：馬里納城。

對於混合用途或商用地產來說，計算起來就簡單些，因為需要的停車空間太多，商討餘地就更小。以任一個美國小型城鎮的核心地段為例，位於中心的土地原本是開發為商店店面，面對人行道，樓上則是辦公室或甚至住宅。如果有二、三十塊這樣的地相比鄰，瞧，大街出現了。

但如果在二〇二〇年，你想要在這種土地上開一家商店，那麼每一千平方呎的室內商業空間，就需要提供一千兩百平方呎的停車空間——這下子，你的土地有超過一半以上是停車場。如果想蓋兩層樓的商店，那麼你的土地有三分之二會變停車場。如果想要蓋三層樓的商店，你的建築物建蔽率會縮小到只剩下土地的四分之一，成為柏油地面上的一根圖騰柱。

至於餐廳，算起來就更糟了。在多數城市，每一千平方呎的餐廳需要十個停車位，所以七千五百平方呎的標準大街土地，只能蓋出一千五百平方呎的餐廳。這下子百分之八十的土地都要供停車位使用。洛杉磯開發商莫特・史密斯（Mott Smith）告訴我他在二〇一〇年代為新建案前往社區做會議簡報的情況。「我和建築師朋友會讓鄰居看看這個社區一九三〇年代的建築物照片，那時都是些美麗、零地界線（zero-lot-line，地界線是指建築基地與相鄰土地的界線）的建築，設有咖啡館。我們的圖說寫著：『你們心中想要的』。然後呢，接下來的一個小時我們都在解釋，為什麼停車場會讓它變了個樣，除非你蓋的是「塔可鐘」（Taco Bell，連鎖美墨速食店），那就不必符合停車位規定。」[10] 速食餐館建築——在龐大土地上興建低矮小巧的結構體——其實就是因應停車位設置要求而生。建築物就像磁鐵一樣，會同極相斥。舒普寫過，最低停車位設置要求就像是「暗能量」。[11] 暗能量是讓宇宙擴張的隱藏力量，而最低停車位設置要求也推動了城市擴張。

一九六八年，建築師羅伯・范裘利（Robert Venturi，一九二五－二〇一八，美國後現代主義建築大師，一九九一年普立茲克獎得主）與丹尼絲・史考特・布朗（Denise Scott Brown）預示了美國建築的新階段，他針對拉斯維加斯提出通俗、不無爭議的評價，認為那裡值得研究、喜愛甚至仿效。他們把一間超市的停車場比擬為凡爾賽宮（Château de Versailles），這種想法雖然違反直覺，卻有嚴密邏輯：

A&P超市（A&P指的是大西洋與太平洋茶業公司）的停車場，是自從凡爾賽宮以來廣大空間演變至今，目前所呈現出的樣態。這個空間分隔高速公路及低矮零星的建築物，沒有圈圍土地，也看不太出方向。在一座露天廣場移動，就是在受到高度圈圍的建築之間移動。但在這片地景中移動，卻是在相當遼闊的紋理——亦即商業地景的巨大紋理——之間移動。這座停車場是這片瀝青地景中的花壇，停車線構成的圖案就指引著方向，一如凡爾賽宮地面鋪著的圖案、走道緣石、邊界與綠色地毯能給予方向。路燈的格狀排列取代方尖碑與成排的花甕與雕像，在這廣大空間中，成為展現識別性與連續性的點。[12]

若以千禧年左右遠郊擴張的標準來看，他們所讚賞的拉斯維加斯更是十足的都市。另一種建築選擇，是在高停車要求之谷的另一側：二、三十層樓的建築物，從中樓層以下都是車庫。在奧斯汀，有一座二〇二〇年的辦公大樓「科羅拉多四〇五號」，就是將十三層樓的水晶玻璃般辦公室置於十二層樓的磚造停車場上方。建築師圖蘭．杜達（Turan Duda）將之比擬為布朗庫西（Brancusi，指法國藝術家康斯坦丁．布朗庫西〔Constantin Brâncuși〕，一八七六－一九五七，是現代主義雕塑家先驅）的雕塑。[13]奧斯汀人說，它看起來像鑽戒糖，或是一顆玻璃臼齒放在檯子上。還說什麼停車台座建築，這根本就是停車場華麗之墩。無論你對科羅拉多四〇五號有何感想，它倒誠實展現出現代高層建築有一半量體都是停車場的事實。

南加州的停車法規已造成奇景。在二〇一五年，洛杉磯郡估計有一千八百六十萬個停車位，每戶有五個，每個成年人有超過兩個，包括五百五十萬個住宅車道與車庫的停車位、九百六十萬個商業與工業用地的停車場與車庫停車位，以及三百六十萬個路邊停車位。如果把這些空間攤平，就有兩百平方哩那麼大——占該郡轄地的百分之十四。洛杉磯已達成舉世無雙的現象：這是有超過一千萬人口的大都會，但還是停得到車，大部分免費，幾乎在家家戶戶、辦公室與商業空間都是如此。

瓦連納多斯曾是泡在高地公園咖啡館裡的自由工作者。他會花時間查詢周圍建築的年紀，研究城市的分區與建築法規，慶幸能逃避一下自己的工作。在回溯洛城歷史時，他看見這城市的建築隨著停車法規一起移動與演變。一九二〇年代，「平房群」（bungalow court）這類小屋群在洛杉磯蔓延，部分原因在於購屋者覺得這種房子很迷人，彷彿能過著鄉居生活，同時又負擔得起。這種模式允許開發者將六、八或十戶放在單一土地上，不必興建昂貴又不雅觀的兩層樓。批評者認為這樣的房子太單調乏味又擁擠。一九三四年，洛杉磯決定，每一項多戶住宅計畫中，每戶都需要有一個停車位。這項政策其實扼殺了平房群；就算你可以在這塊地後方插入八個停車位，通往停車位的車道也會吃掉半個客廳的空間。[14]

二次世界大戰後，建築榮景恢復，洛杉磯開發者仔細研讀停車法規，發展出新樣本——丁巴特（dingbat，盒式低層建築）。這種調整做法很簡單：把住宅放到停車空間上，以細細的混凝土柱架起。這樣固然比在屋子後方蓋個車庫要昂貴，從人行道上看也不那麼雅觀，因為那裡變成一條大車道，通往張著嘴的車庫大洞。但建商能透過這種方式，將八戶家庭大小的公寓，以低成本在標準大小的土地上蓋起來。丁巴特變成洛杉磯平價住宅的天然產物，就像波士頓的三層樓公寓，或是巴爾的摩的聯排屋。這種建築形式的變化版包括兩側都有停車位的登巴特（dumbbat）、山丘巴特（cheese-bat）與半巴特（halfbat）等等，其分類是依據建築如何因應當地的停車障礙，例如位於斜坡，或缺乏後門。一九五八年，洛杉磯禁止了這種面對街道、和建築物等寬的車庫，而那是五〇年代丁巴特的特色（部分原因是龐大的車道吞噬了路邊停車位）。建商以設置側面與後方停車位來因應，雖然這通常會縮小公寓空間。一九六四年，洛城把最低停車位設置要求增為兩房公寓需備有一．五個停車位。好囉，丁巴特掛了。[15] ❷

停車需求出現時，最先被犧牲的往往是綠地，庭院變成停車場。洛杉磯市中心有一座備受喜愛的中央圖書館（Los Angeles Central Library），宛如金碧輝煌的金字型神塔。一九六〇年代，圖書館員曾稱病罷工，抗議停車設施不足。圖書館員想把雕像花園剷平為停車場，支持文物保存者莫不瞠目結舌。羅伯特・亞歷山大是南加州現代主義建築師理察・諾伊特拉（Richard Neutra）的夥伴，他把自己鏈在花園的岩石上，以示抗議。但後來，噴泉與花園還是都拆除了，雕像消失，圖書館員得到停車場。[16]

那天在高地公園散步時，我們看著這段歷史在一個個街區展開——櫛次鱗比的街區，是格魯恩與都更規畫師想在市中心做的事。戰後建築開始讓出前院給停車空間。最後，整個一樓都成了車庫。規畫者以為，若能讓居民不再把車停在街上，那麼洛杉磯的交通惡夢就會改善。居民體認到，龐雜的停車法規會讓新建案卻步，鄰里便不會變擁擠。他們認為，沒有停車位的公寓會降低鄰里的地位，加劇路邊的混亂。

這樣所造成的後果遠不只波及交通。「我不認為他們想的是，『這樣能消滅洛杉磯所有中層高度的磚造建築，』」瓦連納多斯在這趟旅程中觀察道，「但事實確實是這樣。」有時候，我們會經過空無一物的空地。「在洛杉磯，許多空地會因為停車問題而無法興建。」他繼續說道。一座胎死腹中的城市。

二〇一七年，瓦連納多斯在推出第一趟禁城之旅後，感覺到情況有點諷刺。那一次，他帶領一行共五十位的洛杉磯人，走訪戰前興建的洛斯費利茲（Los Feliz）社區與韓國城。經常有人會

---

❷那些堅持興建丁巴特的人會避免興建兩房公寓，這是停車位要求阻礙家庭住宅單元興建的早期例子。

批評土地使用分區，認為這種做法毀了老派的城市街道，那是美國人走訪費城或薩凡納（Savannah）時，最喜歡漫步的街道。然而，若單純以視覺層次來看，美國人今天不愛新建築物，通常是因為對更大、更灰暗的建築反感，那些是為了因應停車法令而生的建築。建築物愈來愈像盒子了。二〇〇五年，洛城有人開始提倡要善用填入式開發建築——這些都市的間隙空間通常因為缺乏更好的用途，遂用來當停車場——於是產生聯排住宅的榮景，即使那似乎是洛杉磯人最討厭的住宅。[17]為什麼這些新建築這麼高？為什麼看起來都一樣？建商說，促成這種建築形式的最大決定因素，就是停車位設置要求。

較小規模的取捨，則在洛杉磯的每一項住宅建案中發生。「你以為建築師在設計建築物，事實上我們只是安排停車空間。」身為洛杉磯人的建築師丹尼爾．鄧南（Daniel Dunham）在二〇一九年開著玩笑對我說。[18]鄧南曾為聖塔莫尼卡的一家公司設計平價的中層高度建築，他的笑話不完全是說笑。「那是你會想的第一件事。停車空間會決定梁柱的配置，而梁柱又決定建築的樣子。」把支撐結構的柱子分開三十呎寬，對停車空間來說是很不錯，鄧南就是這樣設計，雖然這樣的空間在居住的樓層會導致一房一廳的公寓太寬，兩房的公寓又太窄。「最後，我們以這個單位為本所規畫的住宅模組利於停車，卻不利於住宅。」

二〇〇八年，想成為餐廳老闆的班．李（Ben Lee）福至心靈，計畫於洛杉磯西部的高檔區域比佛利林（Beverly Grove）開餐廳。李在好萊塢開了一家二十四小時營業的小餐館，而且他為新計畫找了個絕佳地點：位於第三街的一棟建築，那棟建築物屬於他的父親，有半個世紀的時間都是經營地毯店。那就是平凡無奇的老建築，比地板建材無限公司（Floor Covering Unlimited Inc）的營運時間還久遠，但設施已顯過時。小李說服父親把這個空間交給他改造，讓紐約人常吃的拉特納熟食館（Ratner's）在西岸重生。

但這樣有個大問題。在哈德遜河的這一邊，這間猶太熟食館會需要四十二個停車位——相當於建築物本身面積的三倍。李必須買下相鄰的建築物，把那些建築物拆除，才能開餐廳。

幸好洛杉磯市政單位說可另闢蹊徑：在附近租幾個停車位，向市府申請變更，把這裡當成停車法令的例外情況。對街的購物中心設有五層樓的室內停車場，裡頭從來沒有停滿過。所以李向購物中心租了幾十個車位，請泊車員作業。

遺憾的是，在洛杉磯進行停車位變更就和想在好萊塢功成名就一樣，是冗長且不體面的過程，成功機率不高。店家就算順利變更，也常發現有嚴重的但書伴隨而來。舉例而言，奧斯卡電影博物館（The Academy Museum of Motion Pictures）近年將建築物興建完成，但沒有停車位，而是利用附近三座泰半閒置的現有車庫。這項規畫有明顯的風險，變更文件就寫了二十二頁，其中提議「指定時間入場券計畫」（timed ticketing program），以防可能找不到車位。不退款、不能提早入場，也不保證如果你遲到三十分鐘以上還能入場。要能進入這座好萊塢文化產物的聖殿，還得受到停車的條件限制。[19]

後來，洛杉磯在二〇一〇年終於批准了班．李在對街停車的規畫（經過申訴，也歷經好幾個月的聽證會），然而附近的屋主團體對洛杉磯市提出訴訟，而李身為變更的受益人，必須出來辯護。這訴訟指控，李對於他所租的停車位並無專有使用權。李又再花了兩年時間，證明自己有合法權利能使用商場停車庫的空位，這時他已經砸了十萬元，父親也不肯跟他講話，因為他不敢相信自己的兒子竟把他們搞得一身腥。在展開這個工作三年多之後，李感到洩氣不已，徒留兩手空空，只得放棄夢想。

在二〇一九年的一趟禁城漫步中，瓦連納多斯帶領大家到巴克之宅（Buck House），這是現代主義建築師魯道夫．辛德勒（R. M. Schindler）打造的雙併屋，有明晰的白色線條與懸臂，根本是拍電影用的住宅。一九三四年巴克之宅落成時，辛德勒的事務所提供比法規要求還要多的車位，在其中一個單位下提供三個停車位。這棟住宅是洛杉磯的地標，雖然現在從幾個方面來看是違建，違反了鄰里的獨棟住宅分區及城市的停車位要求。（如今需要四個停車位。）

以洛杉磯的現行法律來看，沒有停車位的住宅可能違法，但這不表示無車位住宅不吸引人。相反地，如果要居民在高租金與停車焦慮之間抉擇，那麼一堆洛杉磯人都會選擇好萊塢或韓國城這類社區，哪怕路邊停車位短缺的情況嚴重，甚至會導致人際關係破裂。喜劇演員楊珍妮（Jenny Yang）稱在韓國城停車是「血腥運動」。[20]雖然高地公園（也就是瓦連納多斯很多日子以來在此打開筆電並啜飲咖啡之處）的住宅有停車方面的問題，但依然炙手可熱。長久以來，這是拉丁美洲後裔聚集之地，吸引了許多人前來，因為這裡有戰前的都市規畫，適合行走、街道靜謐，又鄰近市中心。菲格羅亞街（Figueroa Street）相當熱鬧，人行道旁有許多在停車位設置要求出現前就存在的一間間比鄰的商店，不僅提供遮蔭，還以景色與香氣迎接路人。有間墨西哥餐廳的窗戶畫著綜合鮮蝦盅。一名女子在人行道附近的七彩陽傘下販售新鮮水果。不遠處，東洛城的創意從業人士在咖啡店吧檯前打開MacBook工作。如果沒有停車位的公寓很難租出去，那麼高地公園早就淪為貧民窟了。不過，這裡反而是美國成長最快的仕紳化鄰里之一。好幾代的墨裔美國人社區在此過著擔心「逼遷令」（renoviction，這個字原本指房東以裝修為名，趕走房客）的生活，就怕房東硬要把大理石檯面搬到禁城的廚房中，趕走他們。雖然想再興建像高地公園這裡的建築是違法的，但你可以翻新原有的建築，並獲得可觀的利潤。

瓦連納多斯在找一棟特定建築，後來也找到了。這是一棟不起眼的四層樓箱型建築，座落於一處安靜的街角，一樓漆成橄欖綠，上方三層樓在晨光下散發出炫目的白色。這棟建築物在百年前興建時，是一座旅館。「小小的旅館房間、幾間公寓、沒有停車位。如果拆除了，你可以蓋**九間公寓**和十五個停車位。那現在這裡有多少戶？六十。我不知道居住品質如何、環境如何、房東是不是好人，但數十年來這裡對勞動階級的拉美裔來說，都是便宜的住宅。事實上，我們面對的部分問題就在於這是違法的。」

最初大家碰到的**問題**：沒有足夠的停車位，而在這脈絡下，洛杉磯很成功打造出大量停車位。但新的問題，也就是瓦連納多斯在談論的問題則是，洛杉磯是美國最讓人經濟上難以負擔的城市。停車空間就是造成此情況的一項原因。[21]

若要真正理解最低停車位設置要求的影響，那得先看看這些要求消失時會發生何種情況。一九九九年，卡羅．沙茨要求洛杉磯通過市中心的活化再利用條例（Adaptive Reuse Ordinance，簡稱ARO）。法令會讓翻新這個區域老舊的空建築更為方便，裡頭提出替代性的防震法規，也賦予合法的豁免權，不受城市繁雜的核准程序限制。條例中也讓建商在把商用建築物變成住宅建築時，完全擺脫提供停車位的義務。大家的期待很低。就像早期的停車位設置要求被視為解決市中心困境的漸進式解決方案，不受停車位拘束也被視為折衷之道。「我們必須將就點。」沙茨說。[22]

就是這樣，禁城的圍牆倒了。

率先發難的建商是出生於以色列的細分土地開發商，名叫以薩克．蕭莫夫（Izek Shomof）。蕭莫夫童年時來到美國，曾有一段時間，在市中心以幫漢堡排翻面為業。在天黑之後，這裡簡直是鬼城。洛杉磯市中心到底多死氣沉沉？一九九一年，蕭莫夫能買下前洛杉磯證券交易所，這是一棟十二層樓高的大樓，若以二〇二〇年的幣值來算是兩百萬元。今天，其價值或許已經漲到二十倍。在二〇〇一年，蕭莫夫的春天大樓公寓（Spring Towers Loft）是活化再利用條例通過之後，第一棟依照條例翻新的建築，裡面三十六間公寓有十五呎（約四點六公尺）高的天花板。蕭莫夫從一樓與地下室挖出了停車位，雖然這樣只有大約二十五個車位——比法定數量少了十幾個。有些租戶把車停在樓下，有些停在一個街區之外，還有人根本沒車。「若不是條例鬆綁了停車場的問題，市中心就會和七〇、八〇與九〇年代一樣毫無生氣。」蕭莫夫說。[23]

後來，貝瑞・夏伊（Barry Shy）出現了，他是個神祕兮兮、愛與人爭吵的建商，並把蕭莫夫的模式給系統化。夏伊利用私募基金購置、翻新失去光彩的空商辦建築，速度比誰都快。他的公寓也相對平價——部分原因是停車費用從未納入租賃契約中。夏伊讓房客自己計算。到二〇一〇年，也就是活化再利用條例實行十年之後，夏伊成為市中心第二大的住宅房東，打造了超過一千五百戶新公寓。

不過，最金光閃閃的是湯姆・吉爾莫（Tom Gilmore）。蕭莫夫看見機會、夏伊是個掮客，吉爾莫則是真正的信徒。他曾在一九九九年十月登上《洛杉磯時報雜誌》（*Los Angeles Times Magazine*）的封面，於夕陽下神采奕奕站在一九〇五年興建的國民農商銀行（Farmers and Merchants National Bank）花崗岩立面前方。吉爾莫以十萬元買下這棟建築物，是當初造價的百分之一。雜誌封面的標題寫著：**重新開墾惡地**。在跨頁中，吉爾莫又出現了，看起來就像布魯斯・韋恩（Bruce Wayne，蝙蝠俠真實身分），他戴著領帶站在大陸大廈（Continental Building）

屋頂的防火逃生梯上。這棟建築有科林斯柱、豐盛的赤陶水果裝飾，簷口也有獅頭裝飾，曾在好幾十年間有城市最高辦公大樓的美稱。現在，這裡是吉爾莫市中心再生計畫的中心：老銀行區。

有同事說，吉爾莫就像是費尼爾司・泰勒・巴納姆（P. T. Barnum，一八一〇－一八九一，美國馬戲團經紀人兼演出者），很戲劇性（或許也滿口鬼扯）。《洛杉磯時報》把他比擬成知名的新教福音傳播者麥艾梅（Aimee Semple McPherson），以及紐約的都市規畫大師羅伯・摩西斯（Robert Moses）。有個合夥人說，他像是「還沒完全長大的小狗，卻有大大的狗掌。」吃頓午餐回來，就有買下五棟新建築的計畫。[24]「不是那種當員工的料。」另一個合夥人說。這人挺誇張，沒有規矩，總是說太多話，把錢全花光。[25]但他也是個有魅力、自食其力的外來者，自稱是「寒酸的愛爾蘭裔紐約怪人」，他看不出洛杉磯不該擁有市中心的理由。[26]「洛杉磯當電影背景也夠久的了，」他說，「現在該是洛杉磯成為真正城市的時候了。」[27]

一九八〇年代晚期，吉爾莫離開了紐約，他曾在那裡經營一間普普通通的建築師事務所（雖然他不是建築師），也流連在上城區的愛蓮（Elaine's）俱樂部，那裡匯聚著有個性的人與富人。後來，他向一個高中班級解釋，他請在洛杉磯的新朋友帶他到有熱鬧活動的地方。他們試過比佛利山、世紀城（Century City）、聖塔莫尼卡——西區的中心。不行、不行、不行。「看得出來你們在盡力嘗試了，但讓我看看這座城市，也就是城市中心真正有熱鬧活動的地方，」吉爾莫說，「他們說：『喔喔喔！你是說市中心嗎？』我說：『對，市中心。』於是他們看著我，好像我瘋了。他們好像在說：『嗯，沒有人會去市中心。洛杉磯甚至沒有人知道市中心在哪。』」[28]（至少沒有白人知道——雖然較高的樓層多半是空的，但百老匯的店面確實有服務拉丁美洲人口的餐廳，至今依然如此。）

十年後，湯姆成為道道地地的洛杉磯人，只在一個方面例外：他熱愛市中心。雖然這裡很少遵守潘興廣場石頭上所刻的字，也就是在巨大地下停車場上方，一九四六年由凱瑞・麥克威廉斯（Carey McWilliams，一九〇五－一九八〇，美國作家與律師，以加州政治與文化的書寫馳名）寫下關於這個地點的字：「美國人在此爆發，猶如火山岩漿；確實，這裡就是我應該在的地方——馬戲團台邊的座位。」到了一九九九年，市中心的柏油路面涵蓋範圍之廣，宛如附近有火山爆發似地，毫不誇張。「我們對自己的市中心感到羞恥，」吉爾莫感歎道，「我們有幾十棟美麗的建築，那是連紐約人都渴望的，但我們卻認為這些建築物很礙眼，彷彿就只等著它們倒下，這樣就能把磚塊掃掉，興建另一座停車場。」[29]對曾把紐約當成典範卡羅・沙茨來說，這人根本是上天派來的。「我們會付出一切——再說一遍，是一切——以確保成功。」她說的是吉爾莫對於市中心的願景。[30]

關於洛杉磯市中心的癥結為何，湯姆和卡羅所見略同：這裡服膺以車為中心的邏輯，而這套邏輯也主導著城市的其他部分。「交通最終是撕裂市中心的主要模式。每件事情的出發點都是為了讓汽車更方便，」湯姆觀察道，「市中心有高達百分之二十五被拆除，就為了建造地面停車場。」[31]湯姆說，市中心有這麼多地面停車場，看起來好像戰後的德勒斯登。隨便扔個石頭，必能打中停車場。他曾和本地的路面停車大亨哈利．魯莫（Harry Lumer）好聲好氣地辯論。「路面停車很惹人厭，」湯姆會這樣跟他說，「這城市看起來跟地獄差不多，什麼東西都成了鐵絲網圍籬。」[32]湯姆記得，哈利會吹噓：「我比世上所有人拆除了更多洛城的房子。」一個專門建造，一個專門拆除。後來，湯姆會爬梳洛杉磯的歷史照片，與哈利的停車場互相比對（停車場有寫著和他一起創辦停車場的兄弟大名——喬的自動停車場〔Joe's Auto Parks〕；這名稱對洛杉磯人來說可能比較熟悉）。湯姆在大眾銀行（Banco Popular）大樓的地下室發現過一座車庫，那裡原本是舊舞廳。在油漬下，還看得到裝飾華美的地磚。

卡羅．沙茨同意這樣的判斷。（畢竟她的組織也提供好些協助。）整個建築法規都是在講市郊。市中心就像是個被俘虜的村莊，依照征服者：駕駛人所用的部落法律，將市中心囚禁起來。以前，人們曾試著讓洛杉磯恢復成整天都生氣盎然。一九九二年，法蘭克．蓋瑞的華特．迪士尼音樂廳（Walt Disney Concert Hall）動工，以期這項大型公共投資案能成為催化劑。不過洛杉磯郡花了七年時間在興建其龐大的地下停車場，之後經費告罄。最後，蓋瑞設計的波浪狀銀色音樂中心建築直到二〇〇三年才開幕。（其租約要求，音樂廳一年要上演一百二十八場表演——足以帶來所需的停車場收益。而在第一年，迪士尼音樂廳就上演了一百二十八場演出。）[33]一九八〇年代晚期，一位名叫艾瑞．耶林（Ira Yellin）的開發商在百老匯的百萬劇院（Million Dollar

Theater）大樓建了一百二十間公寓。不過，耶林也得在隔壁興建四百四十八個車位的室內停車場，而十年後，由於這計畫實在太昂貴，他無法獲利。一九七〇年代以後，沒有人試著把大型辦公大樓改造為公寓。

但現在情況不同了。在卡羅推動的新條例下，湯姆．吉爾莫迅速行動，讓市中心一整個街區改頭換面。在吉爾莫的監督下，空大樓一棟接著一棟重生，成為公寓。新來的居民會支持樓下的小商店，例如影碟出租店與餐廳，或二〇〇五年開幕、深受喜愛的「最後的書店」（Last Bookstore）。拜不需停車場的法規之賜，那些商店也有生存機會了，因此這裡比較不像是公路旁的商場，更像是大街。湯姆會提供免租金的條件，有時候甚至是多年免租金，盼能打造出他認為能吸引住宅房客的街頭風情。這說明了停車的另一個特質：如果把一樓清空用來停車，就不可能有零售商店。而從這方面來看，每個人把車停在自己家中，真的會比市郊好嗎？湯姆不以為然。他認為，住在市中心的意義，就是不必開車就能去買牙刷。

有些人抱持懷疑，認為他會輸個精光。在洛杉磯，人人都開車。湯姆會說：「我不需要每個人。我只需要填滿這棟建築物。」洛杉磯郡有一千萬人居住，他需要的是百分之一。他需要說服的不光是房客，銀行也拒絕貸款給沒有停車位的市中心建築物。花旗與美國銀行不會融資給這些改建案。為了「最佳同類房」（comps，即可類比的同類房地產，用來說明某案件有可行性），湯姆得大老遠找丹佛的案例。以停車來說，洛杉磯就是沒有符合目的的物件。為了融資，他找上住房與城市發展部（Department of Housing and Urban Development），這機構會提供彈性的融資方案，讓人在衰退區建造住宅。洛杉磯市中心符合資格。對於為新公寓開闢財源來說，這是好事一樁，但是對行銷來說，就不算是好消息。

二〇一〇年，曼維爾與舒普試著把放任式的新停車制度有何影響獨立出來分析。曼維爾造訪每個他能找到的市中心建商，問對方停車法規如何改變他們處理歷史建築的方式。他發現，新的停車法規不是唯一要素：多數建商同意，若非地震相關的設計法規也修訂了，那什麼事也不會發生。高價建築開發商的買家與租客都還是想在住處現址停車，而這些開發商都珍視快速無礙的核可流程。

不過，依照活化再利用條例興建的**每一項案件**，興建的停車位都比原本法令規定的還少。開發商興建建物是符合買家與租客的期待——遠遠低於法律要求的標準。或許比停車位重要的是位置：不選擇在住處現址設專屬停車位，開發商改從市中心許多室內停車場租停車位。這些室內停車場到晚上與週末是空的，恰好是住戶最需要車位的時間點。

舉例來說，美孚石油（Mobil Oil）的前總部經過整建，於二〇〇二年重新啟用，成為飛馬公寓（Pegasus Lofts）。開發者提供的建築現址停車位不到原本法定的六成。天然氣公司公寓（The Gas Company Lofts）是一棟十三層樓的石灰岩建築，大門為典雅的三拱門，停車位只有原本法定量的百分之二十，但會提供對街車庫的停車位給租客。這雖然說不上基進，不過，在一九九九年之前可是完全違法的。有十六棟建築物在依據活化再利用條例翻新之後，完全不設停車位。

曼維爾試著想像另類宇宙：歷史建築轉用依然受到現址停車位的限制，建商必須或可以挖出這麼多停車位——情況會有何不同？[34]他的結論是，洛杉磯市中心會失去超過兩千五百間新公寓。這些新的挑高公寓有將近一半都興建不起來！而這數字當然低估了影響力。如果每一棟改造的建築少了四十戶，因而降低淨利率，這些翻新案件還能吸引到建商與放款者嗎？

自從解除停車位設置的規定之後，洛杉磯市中心再度生龍活虎。在二十一世紀的前二十年，人口成長到三倍以上，總計超過六萬人。到二〇二〇年，市中心有一家艾斯飯店（Ace Hotel）、全食超市（Whole Foods），還有藍瓶咖啡（Blue Bottle Coffee）。我還發現有兩位新來的居民是我的朋友——以恩與謝伊。他們在二〇一九年租了間公寓，就位於宛如綠松石色宮殿的東哥倫比亞大樓（Eastern Columbia）內。二十一世紀初，這間一九三〇年代的裝飾藝術風地標泰半閒置，四面鐘塔上的指針停止，鐘面黯淡無光。二〇〇四年，在活化再利用條例的加持下，這裡獲得新生，成為挑高公寓。從我朋友鋪混凝土地板的公寓望出去，會是一排油亮的垂榕葉。以恩會步行前往健身房或辦公室，謝伊則把車停放在隔壁的車庫。

開發商原以為，應該就只有那麼幾棟建築物能符合卡羅・沙茨提出的新條例規定。不過在接下來的十年，諸如吉爾莫等開發商運用活化再利用條例，把超過六十棟閒置的老建築改造成六千五百間以上的公寓。這些住宅單位已超過洛杉磯市中心過去三十年建造量的**總和**。

同時，市中心可不是只有這件事在進行。史泰博中心（Staples Center）在一九九九年開張，一條新地鐵路線——以及音樂廳——也在二〇〇三年啟用，而在歷史建築掀起翻新風潮之際，也有許多新公寓建築跟著興建起來。但許多觀察者相信，是歷史建築的轉用點燃了改變的引信。丹恩・貝克曼（Dan Beckerman）在當初開發史泰博中心的公司擔任執行長，湖人隊（Lakers）、洛杉磯快艇隊（Clippers）與沙加緬度國王隊（Kings）都在這間體育館打球，他在二〇一八年一場為卡羅・沙茨而辦的活動中，說她是「成就洛杉磯市中心復興最有影響力的人。」[35]沙茨說：「大家向來稱我為市中心女王，許多人會說，我到現在都還是。」她已退休，但仍會在二〇一八年以她命名的廣場散步——前往布洛克的旅程雖然是半個世紀前的事，但她依然會來市中心修鞋子。「我會提醒修鞋匠說，他是我的子民，務必好好完成我的要求。」她打趣道。

洛杉磯並未突然變成大家都不再擁車的地方。情況恰恰相反：洛杉磯市中心的汽車持有率反而**上升**，因為年輕專業人士搬到附近了，即使以前人們會認為這是萬不得已的最後手段。洛杉磯市中心的轉變顯示出，原本大家認為停車位短缺，卻在城市不強迫每棟建築物設立**自有**停車位之後，轉眼變成停車位過剩。然而，缺少停車位依然是全美諸多城市在重新開發老建築與社區時的障礙，康州的格林威治（這裡正如九〇年代的洛杉磯，較高樓層都是空的，因為缺乏停車位）是如此，鐵銹地帶（Rust Belt）的城市亦如此，這裡「無法停車」的舊建築只能被遺棄，大門上了停車用的大掛鎖。在禁城則到處可見。然而讓這些現象更加詭譎的地方在於，大致而言，這些面臨停車位困境的建築（例如瓦連納多斯最愛的一間高地公園前的旅館）與鄰里曾廣泛被認為在其趨於老舊凋蔽時，會很自然變成平價住宅，但現在可不是這樣。反而正**因為**這些地方能讓人享有是否擁車的選擇權，所以沒有充分停車場的地方成了最搶手的建築物。幾乎在美國的每個城市，最貴的鄰里都是戰前那些混合用途、有街車的市郊，今天想要建出那樣的地方已不合法。由於很稀缺，更讓房價高居不下。沒有人會不假思索，就認為我們已興建太多像高地公園、洛斯費利茲、洛杉磯市中心等地，更別提其他超難停車的地方，例如布魯克林格連堡（Fort Greene）、波士頓的後灣（Back Bay）或芝加哥的林肯公園。那麼，又何苦讓打造更多這樣的地方，淪為違法之舉？

第十一章　舒普主義者進軍市政廳

唐諾・舒普的追隨者開始遍地開花，比如舒普主義者（Shoupistas）、底層民眾、身上T恤寫著「路邊停車是偷竊行為」的人。最後，會有人跑出來，在市議會開會時和那些顧著停車的鄰居提出爭論。舒普主義者的武器，是承諾透過更好的停車政策，打造更美好的世界：有更多平價住宅、更多新商家、更多歷史建築能重生、更多適合行走的鄰里、開車時間更短。在紐奧良、匹茲堡、奧斯汀與法哥，市中心最低停車位設置要求已經廢除。在紐約、沙加緬度、印第安納波利斯與聖地牙哥，大眾運輸系統附近也剛規定可設或不設停車場。在邁阿密，小型土地的停車位設置要求變更了，掀起小土地住宅的熱潮，宛如小牙齒長大，街區咧嘴一笑。奧斯汀與波士頓取消了平價住宅的最低停車位設置要求。一座座城市的改革者正如願以償。

舒普主義者遍及各行各業——設計師、環保人士、開發者、規畫者、行人與小店家，也有餐廳老闆與餐車主；經營電商的新創事業創辦者，還有騎自行車的文青；沒開車的人，或是不想開車的人。有些人來自左派背景，他們對全國人民都得為隱含的化石燃料成本付出代價而感到不滿，也因為興建低收入住宅會碰上的重重困難而生氣。有些人則是右派，這些人受到該如何處理地產的法規阻撓，但法規合理性卻令人質疑。文物保存者希望看到老建築得到第二生命，而反對保存的人則希望看到處處有新建築。有的人是想看到浮動式停車費率的自由市場派，也有想看到停車收益用來改善大眾生活的良善治理派。有「迎臂效應」（yes in my backyard，簡稱YIMBY；指與鄰避效應相反，以不排斥甚至歡迎的態度，面對可能帶來外部性的設施）、支持興建住宅的運動人士，也有提倡恢復小城市的「堅固之城」（Strong Towns）運動人士。還有支持新都市主義協會（Congress for New Urbanism）的建築師；該協會是由伊莉莎白．普萊特－吉伯克（Elizabeth Plater-Zyberk）與安德魯．杜安尼（Andres Duany）發起的建立傳統城鎮的運動，他們與傑夫．斯培克（Jeff Speck）稱最低停車位設置要求是「今日美國最大的都市主義殺手。」[1]

克麗西．曼奇尼．尼可斯（Chrissy Mancini Nichols）曾在芝加哥大都會規畫理事會（Metropolitan Planning Council）任職，這個組織是停車位開始大行其道時所成立的區域性智庫。「無論我們試著在運輸或土地利用上做些什麼，停車就是會主導幾乎所有的政策。」她說。[2]不光是公車專用道受到影響——克麗西知道這對於協助芝加哥公車族逃脫尖峰時間的車流而言，是刻不容緩的政策——還有城市預算：商業停車場繳的稅占芝加哥收入的百分之五到六；興建市立停車場的成本或許相當於市郊預算的百分之十到二十。中途國際機場長久以來都是民營化的備選目標，但是在停車收費表的交易案之後，伊曼紐爾市長認為風險太大。「芝加哥停車收費表公司的交易幾乎扼殺了美國整個公私營合作的市場（P3 market）。」克麗西說。不過，還是有安慰獎：收費表的災難把幾個停車改革者送上了軌道。

芝加哥開始重新協商這樁交易案時，財務長斯考特曾諮詢克麗西。克麗西打趣說，這時的她開始把人生奉獻給芝加哥停車收費表案。她的部落格仍有最詳細的描述，說明芝加哥停車收費表公司與市府為了路邊停車位的帳單宣戰時，究竟發生什麼事。到了二〇二〇年，她已把那股狂熱發揮到專業停車顧問的工作上。「什麼事都繞著停車打轉。」我們那年聊了很多次，某次她就精神抖擻地這麼說。那種感覺可能被誤讀為一種專業上的自我溢美——畢竟停車顧問是她的工作。但是就在她熱切訴說芝加哥停車收費表的故事時，我反而開始覺得自己是和一個有自信的治療師說話，即使面對病入膏肓的患者，她也不會閃躲。「他們都需要幫忙，」她說，「這些地方很值得協助。一旦大家看到停車場的價格，他們會想：『天哪，這樣可以蓋一所學校了！』」[3]

即使交易後已過了五年，芝加哥的停車似乎仍完全落伍。舉個例子吧：克麗西和先生住在鐵軌附近以前的鉛筆工廠，距離捷運站不遠。每天上班途中，她會經過一處已歇業的輪胎行。這塊地屬於芝加哥交通管理局，緊鄰捷運站，是塊圍籬後方的空地。這塊地已售出，雜草會生長，也會被除去。雪花在此片片落下。

問題在哪，想必你已經猜到了：這塊土地太小，無法蓋出法定停車位應設置的數量，也就無法讓住宅建案賺錢。即使在芝加哥、即使二十一世紀已過二十載，而且就在捷運站旁，但這就是法令規定。克麗西與之對抗。在大都會規畫理事會的會議上，她提出計算方式，算出芝加哥強調停車的法規究竟阻礙多少新公寓興建。二〇一五年，伊曼紐爾的執政團隊援引大都會規畫理事會的研究與這個組織的會長所言，取消九平方哩位於芝加哥大眾運輸系統用地或其附近的最低停車位設置限制。這條例僅涵蓋芝加哥兩百一十八平方哩的一小部分，但在這九平方哩中包含八萬兩千塊畸零地，所在位置是繁忙的商業地帶，靠近捷運站，非常適合沒有車的芝加哥人。[4] 二〇一五年夏天，第一個受惠於停車位減少條例的新公寓建案在棕線寶琳納站（Paulina）附近的空地開工。接下來三年，市府核准這一帶超過兩萬四千戶住宅，每戶都設有相應停車位的大型建築物比例銳減一半。[5] 二〇一九年，市府把法令擴張到涵蓋公車專用道。這樣推行下來，便讓老派的芝加哥建築合法化，也就是那些沒有停車場的建築物、禁城。最後，浪潮也捲上卡特的街邊店面教會。他付了罰金，退掉停車場的租約。

棕線旁邊的那塊地原本是要變成一層樓的沃爾格林藥局，大部分土地是停車位，由於市議員瓦格斯派克的幕僚長保羅・薩約維奇（Paul Sajovec）介入，才沒有興建。那些年，停車是大家議論紛紛的主題，保羅也讀過《免費停車的高成本》。他支持這裡應該要有比連鎖藥局還更好的東西。「好笑的是，每當你前往公眾會議時，」薩約維奇說，「你得竭盡全力讓他們別光談兩件事：停車位和老鼠。大家有一種與生俱來的觀念，那就是無論你在談論什麼，要考量的第一件事情就是要在路上找到免費停車位。如果你的頭號抱怨就是交通、你的頭號要求就是停車位，那你應該要了解自己根本已牛頭不對馬嘴。」[6]

即使芝加哥設有停車收費表，但克麗西認為，路邊停車仍是一團亂，而改善這團混亂又受制於嚴格法規。二〇一三年，她和兩個剛開始對停車場萌生強烈關注的琳賽・貝利（Lindsay Bayley）與珍・溫伯丁（Jane Wilberding）在威克公園（Wicker Park）的街道上巡著，要找個停車位。她們和其他人同病相憐；威克公園這個街區的居民常抱怨沒有停車位。在一萬一千六百五十個停車位當中，有將近百分之七十五是免費的。這裡也很適合試辦改良的停車政策：有一半是瓦格斯派克的選區，而相鄰區的市議員請市長在交易案修正之後，恢復週日停車收費。

克麗西、琳賽與珍對威克公園的期望，就是任何人對附近商業區會有的期望：「停一次」（park-once）策略。這相當於將格魯恩的哲學依照地方水準來調整。在以汽車為主要考量的帶狀區，每個商家都有專用停車場（有時還有虎視眈眈的拖吊車在巡視），但有許多路邊停車位的鄰里就不一樣，可以和購物商場一樣允許來訪者停一次車，之後把車留在原地一整天，駕駛就放心地去辦事、到處逛、到朋友家看球賽、去健身房，或是上音樂課。不過，威克公園卻不允許如此，因為這裡的停車位林林總總，有免費的、也有僅限住戶使用的路邊停車位（大部分時間都停滿滿），有屬於特定商家的私人停車場（總有停車位，但僅供顧客使用，夜裡則是空蕩蕩的），還有裝了停車收費表的街道——費率很高，且限停兩個小時，這樣子路邊停車位也就鮮少超過六成滿。

琳賽．貝利在芝加哥大都會規畫局（Chicago Metropolitan Agency for Planning，簡稱CMAP）任職，那是重要的地區規畫組織。她鼓吹停車應該是地區規畫者必須留意的事。她說，舒普的著作「讓我大開眼界，發現事情可沒那麼理所當然。」[7]芝加哥大都會規畫局無法要求市郊做些什麼，就像克麗西的大都會規畫理事會無法告訴芝加哥該做些什麼，但琳賽希望，芝加哥大都會規畫局藉由本身對停車問題有些概念的立場，可善加發揮力量，為那些憂心忡忡、想避免典型停車場失誤的民眾提供支援——這些錯誤常是耗資三千萬元興建出的嶄新停車庫，後來往往空空如也，只有特殊場合例外，還得要納稅人在接下來幾十年買單，而其實只要停車收費表當初裝對位置就好了。只是積習難改。琳賽可以馬上一手列舉出需要付停車費的芝加哥郊區。她在閒暇時間會騎單車到新公寓的展示中心，假裝想買房子，並詢問停車位在哪。她已幫女兒建立起與眾不同的觀念，這女孩從五歲時就能向祖父母指出路樁與人行道隆起。琳賽也讓先生把一間老糖果店翻新成沒有停車場的地方。「這是未來世代的建築物，」她先生這樣告訴什麼都要懷疑的人，「況且以後開車的人都死了。」

溫伯丁是琳賽在研究威克公園時的實習生，後來成為全職的停車顧問，就和克麗西一樣。（順帶一提，她在安娜．羅西的前主管、發明「大塞車」一詞的山姆．史瓦茲底下工作——停車改革或許是各黨各派都在提的主張，但也是個小世界。）珍在佛羅里達州長大，孩提時代就討厭都市蔓延造成千篇一律的景象，她深愛去紐約造訪祖母的旅程。珍後來明白，一切都能以停車來解釋。「在佛羅里達，停車空間會抹除一切有歷史的東西。什麼都是新的、便宜的、快速的，如果什麼都是剪下貼上，就會產生這種無聊透頂的環境，大家只想通過那裡就好。」[8] 她堅稱，這可不是什麼自以為了不起的話，而是業主刻意的設計，他們的企業策略是創造零摩擦購物經驗。舉例而言，把停車場設在商店後方很簡單，這樣前門與櫥窗就會緊鄰人行道，代表可對現狀提出一些挑戰，但這卻不吸引人。通常，城市停車位設置要求只是基準線。開發者會蓋出更多停車位，盼望能吸引到知名的零售客戶，例如全食超市。而對全食超市來說，他們不太想讓人步行來到店裡，也對保留城市景觀沒有興趣。相反地，開車的人會比行人帶更多食物回家。❶

一如許多停車顧問，珍也試著說服客戶，停車問題比較是費率與管理的問題，供給反而沒那麼重要。交通規畫其實是行為心理學。二〇二〇年七月，珍帶我騎著單車，留意途中的芝加哥停車位配置情形。她最愛的城市景觀，是從某西區醫院停車場屋頂看到的景色。她曾說服這個業主應該興建更多醫院建築，而不是停車場。她眺望著高低起伏的天際線，回想和業主的對話。「病人會這樣說：『我生病了，停車場亂成一團。』而在討論之後，我們會說：『沒錯，你生病了，但只要在這裡設個標示，把員工帶到那邊，這樣在上午一、兩小時的尖峰時間，訪客就能找到停車位。你可以採用更好的科技，顯示哪裡有車位。你也能利用接駁車把市中心的員工接過來，有很多員工是住在這兩個交叉口的半哩之內。』」以此類推。目標是一樣的：幫業主省下打造新室內停車場，或拆除老建築當停車場所耗費的數百萬元。「停車場就像是髖關節置換手術，」珍說，「但你需要的只是每天做幾個橋式核心訓練即可。」

珍依照停車的安排方式，幫幾個當地景點排名。墊底的是位於南區的白襪隊棒球園區，那裡有設置成環狀的停車場。「我曾經在那邊參加車尾派對，」她說，「那很好，因為你酩酊大醉，又和朋友在一起，但你幾乎得忘記自己在哪裡，才能真正享受其中。車尾派對就是這樣。你有啤酒、有朋友，也要假裝自己不在停車場。」在北區的零售廊道地威臣街（Division Street）感受會好些，她和琳賽與克麗西更早之前成功讓一段繁忙的街道裝上停車收費表，因為過去有駕駛人會在這裡一口氣停個七小時。在運用新的收費表時，城市面對華爾街停車霸王的態度也能表現出更多彈性，但更重要的是把長期霸占車位的人趕到旁邊的小街道上，這樣大家來地威臣街就更可能找到停車位。

更好的例子是西洛普區的蘭道夫街（Randolph Street），在新冠肺炎大流行期間，停車位忽然就被改造成豪華的戶外露台。收費表也很快來到城市的這一區。「路邊停車其實是停車管理最後的邊疆，會有很多變化。」珍說。琳賽有一段關於這個街區的故事，她因此感到樂觀。「以前人認為，停車位應該一直免費，但這個觀念正在改變。我在蘭道夫街的沙龍閣樓（Salon Lofts）剪

❶ 這和美國食物浪費問題是否有關，則是需要進一步研究的主題。

頭髮時，一直會和大家聊停車問題。我的美髮師先說：『我認為應該裝收費表。』她需要有停車位。如果她需要顧客上門，那她願意付費。她的髮型設計師同事全都同意！我坐在那邊心想：『終於啊，太妙了！』」這訊息終於獲得認可實在讓人感覺很好。在二〇二〇年夏天，琳賽和珍總算覺得萬事俱備——他們建立起第一個全國性的團體，專門推廣更好的停車政策。

不光是芝加哥的風向變了。二〇一五年，明尼亞波里斯的規畫委員克里斯・梅耶（Chris Meyer）買了十三本《免費停車的高成本》，給市議會成員一人一本。到二〇二一年，這座城市選擇取消全市的最低停車位設置要求。其中一名收到書的成員有位部屬是伊爾涵・歐馬爾（Ilhan Omar），她後來成為國會議員，也是國會中三名以上的舒普主義者之一。

明尼亞波里斯正如其他城市，改革的動力主要來自更廣泛的層面，一些人呼籲檢討土地利用法裡的種族歧視史。事實上，金潔・席茲克在索拉納海灘面對的反彈好巧不巧讓該城市碰上許多社區也有的問題：最低停車位設置要求被人刻意用來擋下平價住宅。無論是否刻意，改革者在明尼亞波里斯與其他地方緊咬這個事實：愈多停車位，就代表愈少住宅；光是這樣，就足以廢除最低停車位設置規定。

我在二〇一九年開始撰寫本書時，是住在芝加哥一個叫埃奇沃特（Edgewater）的地方。在這貧富與黑白分明的城市裡，這裡是少數不同文化相對融合的地方。在一九六〇年代晚期，也就是芝加哥剛制定最早的停車位設置要求之際，建商為了因應規定，遂於埃奇沃特蓋出幾百個矮墩墩的公寓建築，稱為四加一建築——四層樓公寓，外加一樓的一層停車位。

社區團體抗議了。有個領導者稱四加一為「具破壞性的定時炸彈。」[9]理查・約瑟夫・戴利市長（Richard J. Daley）趕緊為北區的湖濱重新訂出土地使用分區規定，但市議會卻決定採用更簡單的手法：規定每戶都要有一個停車位。四加一建築榮景倏然終止；總之就是不可能設置足夠的停車位，又讓建案能獲利。[10]

但是正因為小公寓建築大量出現，因此這個社區一直有勞工住宅可供應。也多虧四加一建築，埃奇沃特能在北區成為文化多元性的大本營；在二〇二〇年，你可以在距離捷運站兩個街區、距離湖畔四個街區之處租屋，費用僅九百四十元——比城市的平均值低了一半。

許多地方轄區會設法利用這種花招，把停車位設置要求當作拒絕低收入戶住宅的旁門左道。一九七三年，美國司法部控告俄亥俄州的帕馬（Parma）種族歧視，部分原因就是對新公寓極高的停車位設置要求。「僵化實行〔每戶〕要有兩個半停車位的要求，」一九八〇年美國地方法院下了結論，「就是帕馬阻止所有低收入戶住宅進入社區的方法之一。」[11]而帕馬的特殊之處，就是美國只有這個市郊遭到此等控訴。

想想看波士頓市郊的當代停車位要求。[12]二〇二〇年，麻薩諸塞州的艾塞克斯規定公寓每一房要設一·五個停車位，因此四房公寓就需要**六個停車位**！在艾塞克斯，沒有人會興建四房公寓，或根本任何公寓都不蓋。附近的倫瑟姆（Wrentham）則要求兩房公寓設三個停車位。再過去的丹佛斯（Danvers）則規定，套房要有兩個停車位。

這樣很有效，因為興建停車位著實昂貴。在德州奧斯汀，國際仁人家園（Habitat for Humanity）悄悄躲過超高的停車位設置要求，他們在兩房公寓裡再增加一個沒有衣帽間的臥房，並稱之為「二加一房」。沒有衣帽間就不算正式房間，也就不需要停車位了。反正睡在那邊的孩子也不在乎。

從二〇一七年開始，哈特福、水牛城與舊金山完全廢除最低停車位設置要求。開發商當然仍在興建停車位，但有一項研究是以水牛城改革之後的三十六個建案為對象，發現其中半數的新開發案所包含的停車位低於過去的法定數量。[13]在西雅圖，開發商受惠於降低的最低停車位設置要求，因此興建的停車位比過去法定數量減少百分之四十。[14]五年來，這項改革降低了興建新公寓的費用約五億元。二〇二一年，加州州議會通過《密度獎勵法》（Density Bonus Law），默默為大眾運輸系統附近的低收入戶與銀髮族住宅廢除地方最低停車位設置要求。[15]接下來在二〇二二年，奧勒岡州也通過法案，廢除對所有大眾運輸設施附近開發案的最低停車位要求。

你開始會從最奇怪的地方，聽到基進的舒普式思維——例如在都市蔓延的亞特蘭大，城市規畫部（Department of City Planning）總監提姆・奇恩（Tim Keane）可是直言不諱。「世界上的所有城市都一再證明，有愈多停車位，就有愈多人開車。」[16]二〇一六年，他這樣對當地的全國公共廣播電台隸屬單位WABE說。「我們需要改變當前的情況，從在都市化程度高的環境興建公寓建築時，要扛起沈重的停車位負荷，轉變成不要那麼多停車空間。我老是聽人這樣說：『嗯，除非有大眾運輸，否則不要高密度建築。』跟你說個消息：你必須開始習慣高密度，以及減少的停車空間。如果你不願意，那麼你就失去了機會，因為那種基礎建設一旦建好，就很難恢復。」

「我們正嘗試在大眾運輸、甚至停車方面所做的事，那和西雅圖因應氣候變遷的目標其實有直接的連結，」西雅圖大眾運輸與移動部長安德魯・格拉斯・海斯廷斯（Andrew Glass Hastings）在二〇一八年告訴KUOW廣播電台，「與其整天讓私家車占用公共路權，我們現在可以用這些空間供成千上萬人上下巴士。」[17]

一般而言，城市規畫者不是憤怒市民的對手。但現在，總算有人開始對停車位**太多**而感到憤怒。當年都更時代由上而下推行的災難措施引發了改革，於是，憂心的市民所組成的委員會在住宅、學校、運輸與其他市政事宜上都獲得更大權限。然而，賦予這些熱心人士權力未必對民主有好處，因為這些憂心市民通常是年紀不小的富有白人。（停車通常也是他們的頭號問題。）但這現象的另一面是，任何手中有一本《免費停車的高成本》的多事者，都能起身宣揚要挽救老工廠免於拆除，或提出要計算路邊停車位，將之納入新住宅群的法定停車位。

東尼．喬登（Tony Jordan）就是這種麻煩鬼。他滿腔熱血，是我見過最一心一意的停車改革者。他隨時都會傳訊息給我，還把熱忱灌注到抖音的帳號@nofreeparking（請勿免費停車）中，使用服裝、音樂與特效來重申信念。東尼可不是規畫者、建築師或工程師，只是讀了關於舒普的部落格文章，就請太太利用圖書館的館際借書系統，把《免費停車的高昂成本》送到他們在奧勒岡州波特蘭的公寓。當時是二〇〇九年，他剛放棄自己的車子，說因為那是「停車的入門級毒藥。」[18]他在家中會注意酒館的路面停車場。而在辦公室，他則留意一座室內停車場的狀況。不久之後，他會在公共聽證會上作證。他去和很多人見面：有單車族、公車捷運族、迎臂族、租客團體、孩子曾遭車撞的人。二〇一四年，他在波特蘭成立了舒普主義者的組織，稱為「波特蘭停車改革者」（Portlanders for Parking Reform）。他驕傲地說，這團體的成員超過四百個，是美國第一個草根性的停車組織。「當你開始在推特上談論停車時，大家就會找到你。」他會去停車會議上，與難搞的《今日停車》出版人凡．霍恩辯論。霍恩是這樣評論東尼：「能言善道、思維細膩，但大錯特錯。」[19]

在收回最低停車位設置要求的潮流中，波特蘭是先行者：二〇〇二年，這座城市已鬆綁了大眾運輸五百呎內（約一百五十公尺）的建築物停車位規定。[20]於是，後來出現的一百二十二棟新公寓建築，其中半數根本沒蓋停車空間，即使設有停車位，平均值是每間公寓不到一個停車位。

接下來，爭議出現了。波特蘭的停車政策搖擺不定，曾重新提出最低停車位設置要求，之後又取消大部分的規定。停車空間依然是個爭議不斷的議題。二〇二一年，這個城市最大間的幼兒園（同時也是東尼把自家孩子送去上學的地方）因為停車位問題而遭驅離校址。[21]

二〇一九年，東尼加入芝加哥規畫師貝利與溫伯丁的行列，創建了停車改革網（Parking Reform Network）。他們在全國各地招募成員，並發送貼紙——上面的舒普穿得像山姆大叔：「我要你加入停車改革網。」我加入了。他們寄給我們幾本《小花的停車場》（*Spot's Parking Lot*），那是談論舒普主張的童書，由成員布莉吉．布朗（Bridget Brown）操刀寫成。她是在二〇〇二年從明尼亞波里斯的公車站走到上班地點，途中行經地面停車場時，構思出這本書的內容。先不論《小花》中的主角是隻獀犬，這本書其實和大人看的舒普主義者臉書粉絲專頁一樣，提供給「實務人士」更正式的空間，哪怕許多「實務人士」可能和東尼一樣，所受的專業規畫訓練頂多就是讀過舒普的大作。不過，他們在社區會議上的對手都不再要求更多停車位了。

我透過停車改革網見到五花八門的停車改革狂熱分子。舉例來說，有來自檀香山的行動人士凱瑟琳．魯尼（Kathleen Rooney）；共享停車位新創公司「停車塔」（Parkade）創辦人柯蒂斯．羅傑（Curtis Rogers）與伊凡．高汀（Evan Goldin）；在達拉斯提倡停車改革的恩里克．麥葛雷格（Enrique MacGregor）。凱瑞．威斯特貝克（Cary Westerbeck）是停車改革網成員，在西雅圖市郊博瑟爾（Bothell）擔任建築師，自家案子就曾因為最低停車位設置要求而卡關，他建議地方上的熱心團體——「人本博瑟爾」（Bothellites for People-Oriented Places）幫助大家停車。他推動了泊車服務，幫那些抱怨餐廳停車位不足的駕駛繞過街角去把車停好。「我們幫你停車，免費的！只要在那張寫著『我不會再抱怨沒有停車位』的東西上簽名就好。」[22]

停車改革網休息站（The Parking Reform Network Slack）是交流訣竅與資訊的地方：有沒有人能指點我，哪些城市有居民停車費受益區？誰有在醫院停車的經驗？如果路邊停車位有太多車，該把垃圾放哪？有的改革者來自大眾運輸系統發達的城市，例如舊金山與芝加哥，但也有人是來自奧斯汀與達拉斯。「要架構出停車改革的故事，」一張停車改革網刊登的圖上寫說，「別說：『停車位設置要求』；『要求』意思是指必須要做的事，隱含著那是出於需要、價值中立之事。應該使用的反而是『昂貴停車令』〔costly parking mandates〕，提醒大家停車是耗費金錢與土地才能做到的事。使用『令』這個字，就能指涉背後有更重的施壓手段。」這樣還有另一項的好處，亦即不會讓最喜歡談法律的自由派人士，覺得那看起來像開發案鬆綁——或許還能觸及真正的一般人，他們心愛的樹木或建築若因興建大型停車場而倒下，心中會感到憤怒。

二〇二〇年九月，停車改革網舉辦第一場論壇——當然是在Zoom上進行。這年春天爆發新冠肺炎疫情，夏天又有反種族歧視的抗議聲浪，而珍、琳賽與東尼就在這兩次動盪的期間，花時間準備這次論壇，並讓論壇首度登場。八月，東尼為《今日停車》寫了篇〈系統性種族歧視影響一切，停車也不例外〉（Systemic Racism Affects Everything, Parking Is No Exception.）。

「這一年實在瘋狂，總覺得在這個時間點，很難期待大家還會思考像停車改革這種事。」東尼在活動上告訴大家。但當然了，他們心中想的**就是**停車改革。「很高興能見到關注停車問題的每個人，」東尼繼續說，「這是我第一次在做停車議題的報告時，沒使用投影片來解釋舒普教授的三大信條，希望來到這裡的人都已經知道了！多棒啊？這是停車議題中的樂趣。很高興能安排這場會議。」他們努力蒐集資料建立數位研究文庫，以及停車改革的「成績單」——這個工作是由一位實習生協助，即伊利諾大學芝加哥分校的安德魯・吉菲柏（Andrew Kiefaber）。主事者三人組找來停車研究界的金頭腦進入委員會，包括舒普本人。他和平常一樣神采飛揚，穿著藍色馬球衫，從洛杉磯連線進來。他給了什麼建議？「大家都應該試試看，在自己的城市複製東尼・喬登的做法。」

二〇二二年春天，他們的小俱樂部成長到三百名會員的規模。「休息站」總有活動要忙。他們詳細計畫停車改革辦法、將城市分級、整合出研究文庫。他們和人在新加坡的保羅・巴特（Paul Barter）合作，協助這位專注於停車研究的人製作「改造停車」（Reinventing Parking）podcast節目，這也是停車改革網的官方podcast。「改變的速度或成果有時進展得和濃稠的糖蜜一樣慢，」貝利於一次會議中承認，「我提醒自己，舒普教授是在幾十年前就著手投入這個領域，而我覺得，現在大家終於了解他要傳達的訊息了。」成員也在做事：他們在底特律宣導停車改革，在紐約上州對抗專屬停車位，在丹佛對抗停車許可證。他們在洛杉磯對抗種族主義，推廣停車改革；另外也設法取消明尼蘇達州伊代納與奧勒岡州本德（Bend）的最低停車位設置要求。

羅瑞・卓斯特（Lori Droste）是加州柏克萊的市議員，經過五年努力，終於取消了她所在城市的最低停車位設置要求。「天哪，你們都跟我同陣線！」她告訴活動上的大家，「我可以幫你們想想如何和心懷抗拒的人談這個議題，並召喚來志同道合的人。我想強調的是，這是講究實效、有證據支持的做法，可應對我們日復一日所聽到的問題——住房可負擔性、交通死亡事故。」卓斯特可是有憑有據來到市議會的：在柏克萊，超過十戶的新建築開發案所興建的停車場，僅有百分之四十五的使用率。另一位改革者派翠克・席格曼（Patrick Siegman）也支持她，並提出很好的說服理由：停車改革不會傷害到身障人士，因為他們不太可能開車，但比較可能找不到住房。「盲人不應該支付他們不需要、也不能用的停車位。」他寫道。[23]

芝加哥記者柯特妮・考伯斯（Courtney Cobbs）替這個團體發言：「我從沒想過，三十歲的我會把一部分的熱情投入於停車政策……但就是這樣，而且我覺得很不錯。」

二〇二〇年，我走訪洛杉磯西區的舒普主義大本營。舒普在加州大學洛杉磯分校任職四十年之後，於二〇一五年退休，那時他還在停車場頂樓舉行派對。不過，這位禿頭、長著白鬍子的經濟學家大部分時間還是會來到校園，進入小小的辦公室，裡頭有停車收費表、一大堆和他當時最有興趣的主題相關的列印文件：車庫公寓、停車位買斷、大學的運輸需求計畫。他的西裝翻領上仍有個單車別針，但自己倒是不那麼常騎單車了，只偶爾為之，確定自己還會騎就好。他反而會在陽光普照的洛杉磯走兩哩路，進入綠洲般的蒼鬱校園，邊走邊聽停車podcast。

舒普開設世界首創的停車位大學課程，把這門學問交給幾十個大學部與研究所學生，並豎起耳朵聆聽學生的問題。在我拜訪時，舒普正在上停車的入門講座課。他穿著花呢外套與厚重的皮鞋，口中說著文圖拉停車收費表的故事，也就是富爾頓遭到飽受驚嚇的喬克（jock，指頭腦簡單四肢發達者）砲轟那件事。他讚揚社交媒體上為墨西哥市區的停車收費表所進行的活動，自己還用Google翻譯去看看傳單上寫什麼。「誰**聽過**有人會投票贊成停車收費表。」他讚嘆道。這門課程大部分是專談加州大學洛杉磯分校附近停車安排的演進，舒普擁有的相關照片蒐藏當然舉世無雙。在希爾加德大道（Hilgard Avenue）另一邊的富有社區，停車許可證系統讓路邊停車位多半空著。「光是**住**在那樣的房子裡，就已經是全職工作了，但去工作的員工需要有地方停車。」他說。然而在有學生住宿處的社區，房東拍賣了公共路權，當成租客的停車位。「私家有錢公家窮，這就是我們洛城的情況。」

他滔滔不絕的演講肯定不下數十次，但每個例子都讓他談得滿腔熱血，也會提高音量讚揚那些頓悟的城市有多麼高瞻遠矚，他還抨擊那些短視近利的城市有多麼愚昧。一個個故事令人捧腹大笑，就像取笑傻子的音樂劇一樣，彷彿經過了這麼多年，他還是不敢相信事情會演變成至此。

他很高興能不斷獲得回饋。從東岸到西岸，成千上萬的停車信徒想為一個世紀以來的美國城市建築翻開新頁。他們要取消停車位最低設置要求、對抗新的公共停車庫；他們大力支持停車收費表、共享停車位、停車費受益區、公車專用道、自行車專用道等措施。唐諾．舒普的教戰守策被付諸實行，也開始看得出成果，從洛杉磯市中心到新英格蘭鄉間，免費停車位不再是興建建築的條件。「城市與地區政府期待能興建更多平價住宅、整頓交通、減少溫室氣體排放、降低交通傷亡人數，」東尼在停車改革網的簡介訊息中寫道，「因此，停車政策改革比以往都更加重要。」

二〇二一年六月，舒普邀請了數十個停車改革者來到他課程的最後幾堂課，學生會報告加州立法機構的一項法案：讓所有大眾運輸系統附近的開發案全數不必再配合最低停車位設置規定。法案在上課期間通過，班上響起熱烈掌聲。後來，加州州長葛文．紐森（Gavin Newsom）廢除加州大眾運輸設施附近的最低停車位設置要求，並闡述停車改革背後單純的邏輯，遂成為此議題中知名度最高的政治人物。[24]「基本上我們所做的，是讓日常生活中大家常去的地點附近能興建更便宜、更簡單的住宅，比方說工作場所、食品雜貨店與學校這些地方，」紐森在簽這項法案時，於釋出的影片中說道，「這表示會有更多房子，價格會更低、更接近可以步行的鄰里與大眾運輸系統。這樣一來就能減少每個加州人的住宅成本、減少汽車碳排。這樣就是雙贏。」舒普畢竟是個學者，對研究機會很感興趣。但看到一輩子的研究終於改變了家鄉的政策，他靜靜為此感到自豪。「只花了五十年，」這位八十四歲的教授告訴記者，「我很慶幸自己能活到這把歲數。」[25]

第十二章　市場現況：最低停車位設置要求取消，然後呢？

從二〇一五年開始，一座座城市確實接連取消最低停車位設置要求。但是在洛城市中心，每當一個地方出現無停車場的新建築物，就有另一個地方冒出來的建築並未隨法律修正而有所變化。停車場依然在興建，推高了住宅成本，讓四周支離破碎，且大部分時間依然空蕩蕩。減少停車空間或許能幫大家省錢，但沒有任何零售商店或企業辦公室想聽到一絲停車位短缺的風聲。開發商想避免風險的意願，比想省錢還高。都市鄰里的新住宅以天價登場，相較於為買屋的大財主提供適意價值的費用，興建車庫的成本就是低。而不顧停車位的老規定，即使是合法的，也會招來鄰居、銀行、政府與客戶的衝突。那些蓋較少停車位的建商所經歷的事，只顯示出就算不必擔心市府法規，當前境況依然困難。舒普的想法若要付諸實行，未必那麼簡單。

舉例來說，德州奧斯汀在二〇一三年，改革三人組默默取消市中心最低停車位設置規定。但是奧斯汀不像洛杉磯，沒那麼多舊辦公建築可供改造，也不像芝加哥那樣有穩健的大眾運輸系統，因此並未湧現無停車位的公寓。建商依然蓋出和以前一樣的建築物——看得出來，最低停車位設置要求有七十年的歷史，大家實在積習難改。布朗庫西式的辦公大樓就是最知名的例子。地方房地產人士會說：「就算你不想要停車空間，但還是要設，以後才賣得掉。」你不能以後才蓋停車場。

廢棄商場的建築面積龐大，建築師有計畫在其土地上重劃街道網格。美國短缺數百萬戶的住宅，但有夠多不算完善的公寓可供修建，再重新把許多仰賴汽車的市郊改造成適宜步行的鄰里。只是，無車生活依然是一種犧牲；即使是在紐約與芝加哥這樣的城市，你可能得冒著要捨棄大半個就業市場的風險。美國只有少數鄰里具備可支持無車生活的基礎建設，那些地方恰恰是租金最高之處，幾乎不允許興建新住宅。橫在現狀與恢復朝氣蓬勃、適宜步行的城市之間的障礙，可不只有最低停車位設置要求。

對建商來說，光是要減低設置的數量、避免車位太多已是困難重重。停車空間或許昂貴、使用率低，路邊停車位又唾手可得，但若是爭論起來——付好幾個月的建築貸款利息就為了和鄰居對抗——也很昂貴。停車空間要錢，卻能得到政治人物、放款者與鄰居的默默認可。建商通常會認為，不興建過剩停車空間是個風險，他們無意承擔。

二〇〇七年，奧勒岡州波特蘭出現了第一個興建無停車場建築的開發商，他還得請一位人在舊金山的富國銀行信貸經理搭機到現場，親眼瞧瞧有多少人會騎單車或搭公車。明尼亞波里斯在二〇一五年廢除大眾運輸系統附近的最低停車位設置要求時，開發商很不願意抵觸老規矩，連市議會議長都說，她找不到半個人支持廢除最低停車位設置要求。[1]

即使在美國人口最密集的區域也會發生這情況。紐約的東哈林有一座四十八萬五千平方呎（約一萬三千六百二十七坪）的商場堅持要蓋六十八萬八千平方呎（約一萬九千三百三十一坪）的車庫，只是在某年聖誕節前的週六，也僅有百分之三十八的使用率。[2]在布朗克斯，洋基棒球隊威脅，若紐約不幫他們在興建球隊規模較小的新球場的同時提供兩千個路外停車位，那洋基就要把球隊撤離——即使球場其實已位於三條繁忙地鐵線的交會處。市府默許了，並發行兩億三千七百萬的免稅債券來拓寬停車系統，也把附近最後幾處正規棒球場填平。[3]到二〇二〇年，停車場使用率過低，特許經銷商宣告破產，積欠紐約市一億三千三百萬元。[4]

有時候，妥善興建停車場是需要嘗試、從錯誤中學習的事。二〇〇八年，目標百貨（Target）告訴華盛頓特區，他們想在內城開設第一家分店，但條件是要為公司興建一千個停車位。（若依照土地使用分區規定，那就要有一千七百個停車位。）[5]在此分店營業的最初十年，這座造價四千七百萬元的停車場使用率從未過半。市府把停車位租給通勤者；目標百貨繼續開設更多城市分店，有些就和華盛頓特區的市郊羅斯林（Rosslyn）一樣，是沒有停車位的。

沃爾瑪（Walmart）也縮小了他們那知名的停車場規模。原本沃爾瑪的停車場很寬敞，歡迎休旅車駕駛人把車停進來小憩一番。「每回重新評估時，我們就會把〔停車位需求〕往下拉一點點，」沃爾瑪房地產主管約翰・克拉克（John Clarke）說，「這表示，在一家大型店面，停車位會從一千兩百個縮減到八百個。這影響很大，會牽涉到商店所需面積、停車場畫線與清理的成本，甚至光夜間照明也要成本。對這個設施來說，少點停車位是重要影響的因子。」[6]據說大家心目中最愛、又有神祕色彩的連鎖食品雜貨店：喬氏超市（Trader Joe's）也取得了停車位較少的店面租約——這樣不僅可直接省下成本，也比需要空間更大、店址更遠的同業較具競爭優勢。喬氏超市狹小的車位向來是笑柄：「但願你的夢想永遠比喬氏超市的停車場大。」[7]「我的汽車保險不禮賠在喬氏超市停車場發生的事。」「喔，你想要性虐戀？？有沒有試過在星期六下午停到喬氏超市的停車場？？」喬氏超市正符合未來停車改革者的理想。

為了解改變速度為何快不起來，二〇二〇年夏天我拜訪了開發商克萊．葛拉布（Clay Grubb），他所興建、經營的辦公室與住宅遍及整個美國南部的陽光地帶。葛拉布不再開自己的凌志汽車，而是改騎電動自行車或搭巴士。如果要去比較遠的地方開會，這位百萬富翁就搭計程車。此舉引來合夥人的側目——「克萊，你剛剛是……從Uber的車下來嗎？」

在芝加哥或西雅圖，這種做法可能會被視為有錢人刻意特立獨行，但葛拉布住在夏洛特（Charlotte），這座城市位於都會區向外蔓延的陽光地帶，沒有車表示要麼你運氣不好，否則就是未滿十六歲。葛拉布五十三歲，而且不是運氣不好。

他是葛拉布不動產公司（Grubb Properties）的執行長，旗下有兩百五十名員工，在美國東南部建了數以千計的公寓。這家公司自從二〇〇二年以來已為投資人賺得超過十億元，報酬率達百分之四十以上。葛拉布可以把他對公車票價的想法直接告訴交通運輸局長，兩人經常見面。

葛拉布指出，停車場是住宅可負擔性的毒藥。他告訴我，這是由於興建成本及駕駛成本兩者的緣故。美國汽車協會（AAA）的數據顯示，在二〇二一年，美國人每個月花八百元以上，或一年近一萬元在買新車。[8]（夏洛特的人均稅前收入中位數為四萬元。）每個成年人為了買車而砸下高成本，遂帶動汽車次貸的家庭小公司出現——高利息、長期債。在二〇一〇到二〇二〇年這十年間，美國尚未清償的車貸幾乎翻倍，從七千四百億增加到一．三兆元，超越了信用卡債，而車商如今從貸款利息與保險賺到的錢，比賣車收益還多。[9]

二〇二〇年，葛拉布獲得許可，在夏洛特興建近一世紀以來第一棟無停車場的公寓。「這會是選民在汽車、住宅之間要做的投票選擇。」他告訴帶著戒心的市議會。而市議會選擇了住宅。

然而嚴格來說，葛拉布在多數時候並非平價住宅的開發商，亦即利用租稅扣抵興建住宅的費用，並透過抽籤把住宅分配出去這種運作模式。他說起停車固然頭頭是道，但他的公寓卻是在公開市場上出租的。他的租客有許多其他選擇，畢竟從某方面來看，夏洛特是美國都市蔓延範圍最大的城市。在美國前二十五大都會區當中，人口密度最低的就是夏洛特。

二〇〇一年，葛拉布初次嘗試了住商混合建築，把公寓和商店興建在同一個地方。住商混合在戰前美國相當普遍，但因為土地使用分區法規，這類建築多已消失——即使有些建築還在，但卻是在聯邦土地使用分區的「紅線」法規下苟延殘喘，要翻新、再融資與銷售會相當困難，而且得花大錢。他首度試圖在夏洛特翻新的住商混合案是拉塔館（Latta Pavilion），那是一對堅固的五層樓磚造建築。其中一棟是封閉式方盒形建築，中央有大型的內側庭院；另一座則是E字形建築，和古老的辦公室、旅館與公寓一樣，是在空調發明以前興建的，建築上設法多開了些窗戶。夏洛特的當地報紙寫道：這是「新舉動」。[10]

我在二〇二〇年造訪時，拉塔館的一樓有除刺青館、理容院、燈飾店、熱蠟除毛店、美甲沙龍、餐廳與咖啡館。在中間則有一條車道，通往車庫的黑暗之口，而這座車庫也改變了葛拉布的人生。他試著把夏洛特打造成一座城市，因此得依照規定砸下一千三百萬元來興建地下停車場。這樣很麻煩——這棟建築物看起來好像在布魯克林——也為他招來很布魯克林式的回應：零售商店租客怨聲載道，因為他們的顧客找不到停車處。若從成本來看，他的下一個建案更慘：每個停車位會耗資五萬元。這還是二〇〇二年的情況。等到那些早期停車費用到期後，葛拉布建立起一套模式，用來追蹤他建案中停車場的使用率。

後來，他開始另闢蹊徑：讓旗下不同建案共用彼此的停車位。以他在夏洛特的辦公建築為例：這棟方盒子形的混凝土建築物會與對街的出租房產共用一間室內停車場。在白天，車庫是由在辦公室上班的人停滿；等到他們下班回家後，住在這邊的居民就回來了。

這種模式為什麼沒有更普遍？因為建築物若屬於不同主人，這可是違法之舉。但葛拉布是辦公室與住宅的所有人，可以讓車庫供雙邊利用，他也愈來愈常採行此道。在夏洛特市郊，一個二〇一〇年代的建案就是很好的例子。一棟商辦建物有十一萬平方呎，依法需要三百五十個停車位；一棟公寓建物有兩百八十八個住宅單位，依法需要三百五十個停車位。但透過共用車庫，葛拉布把七百個停車位減少到四百八十個，節省了興建停車場的資本支出五百萬元。在這四百八十個停車位當中，他把一百三十個留給晚起床或在家工作的人。還有另一項因素對葛拉布有利：他不必支付兩間不同車庫的營運費用，只要支付一間的即可。他說，這樣每年可以省下百分之四十的營運成本。

葛拉布把住商空間整合起來，共用停車空間，這麼做能為單一建案創造出通常在大城市鄰里才有的全天候效率。在有住宅、辦公室、學校與餐廳的鄰里，一天與一整週的時間內，人行道、下水道、街道、甚至輸電網在使用上都比較平均。但是如果把範圍拉大，綜觀整個美國的開發案，共用停車位極為少見，雖然許多建築的用途會互補，並不需要同時使用停車位（例如學校與公寓、辦公室與公寓、銀行與酒館等等。）

夏洛特是美國成長速度名列前茅的城市——機場公共廣播系統每五分鐘就會宣傳一次，他們還提到這是「有小鎮風情的大城市」。多年來，我們或許能這樣詮釋其中的含意：龐大的市郊。夏洛特以前就是如此，深具市郊特徵。有個地理學家曾計算過這裡的街道走向——在連接早已消失的村莊到郡法院的農場軸輻道路上，旁支是許多的囊底路；他發現，夏洛特更像巴黎或倫敦（糾結複雜，沒有節奏或理由），不像美國街道那樣垂直相交。夏洛特市中心有小小的網格，腹地則十分廣大，其都市型態就像在一盤義大利麵上，放一片有方格線條的脆餅（Triscuit）。

但城市在改變中：一九八八年，夏洛特出現籃球隊，美式足球隊則在一九九五年成立。一九九〇到二〇〇〇年間，城市成長百分三十五；二〇〇〇到二〇一〇年間又成長百分之三十五。這表示，夏洛特在二〇二〇年，規模已是葛拉布剛從法學院畢業、於父親公司任職並想闖出名堂那年的兩倍大。美國沒有哪個大城市成長得這麼快。

在他其中一棟辦公室的樓頂上，葛拉布可俯視自己的「連結夏洛特」（Link Charlotte）建案與隔壁棟大樓。他的建築物是德州甜甜圈式建築：六層樓的公寓圍繞著一個室內停車場而建。

葛拉布的房產對面是新孟福德園（Novel Montford Park），那是他的開發商對手新月社區（Crescent Communities）的租賃建築群。新孟福德園看起來和連結夏洛特很像，有七層樓的室內停車場，但由於附近沒有辦公室上班族，因此白天整天是空的。「他們沒有共享停車位，沒有獲得補助，因此月租金會比我們這邊貴四百元。」葛拉布說。[11]

這情況會讓建商陷入惡性循環：停車場耗資不菲，開發商勢必得調漲租金。為了讓高租金合理化，開發商又投入軍備競賽，提供更多宜人的設施——例如屋頂花園、健身房——這樣又會增加成本。接著大家回過神來，才發現這些建案全都成了「豪宅」開發案。二〇一八年，葛拉布投書到《夏洛特觀察家報》（*The Charlotte Observer*）把話說得清清楚楚：「如果我的葛拉布房地產公司今天要在夏洛特市中心興建三百戶的公寓社區，且收取中價位的租金，那麼成本會超過七千五百萬元。可是，如果我們要興建一樣的公寓社區，卻不必興建停車場，成本會變成差不多六千萬元。這樣總共省下一千五百萬元，會讓每個月的租金平均減少兩百五十元以上，租得起的居民比例也會大幅提高。」[12] 一年省個三千元租金在夏洛特並不算什麼了不起的數字，但是對於貧困家庭來說，這筆錢就占了收入的百分之十。

葛拉布有一項策略：他想興建平價住宅——不是要中籤才能入住的那種，而是興建成本低、租金也就跟著低廉的那種。但這也不無爭議。有些左翼人士不認為住宅應該是市場上的商品，也就是說，如果開發成本較低，租金就會下降；住宅較多，就表示會較便宜。在許多市場上，房屋供應很吃緊，因此買下新住宅實際上都成了一種奢侈，原因就在於人們願意支付那樣的代價。

研究住房的學者會反駁，葛拉布這種人在住宅生態系中占據著關鍵的利基位置。如果把平價住宅交給獲補貼的建商來建造，他們蓋出來的公寓租金會受到管制，需要抽籤才能租到（正如紐約和舊金山這種居住成本高的城市的情形），那麼就不可能達到一定的生產規模，以彌補現實生活中無所不在的住宅短缺。雖然從窗戶望出去就會看到起重機，但美國在二〇一〇年代所建造的新住宅，是二次世界大戰之後數量最少的十年。換言之，我們需要更多像葛拉布這樣的人——這種開發商可以提供非豪宅類型的產品，並從中獲利。

為什麼沒有更多類似葛拉布的建商呢？有些鄰居把他建的平價、無車位建案貼上「怪物」（monstrosity）標籤，並蒐集四百份簽了名的請願書，抗議停車位短缺。有些政治人物不一定喜歡停車法規，但肯定很樂於能掌握權力，依個案不同的情形發出核可證。即使是沒有停車法規的管轄區，通常也要經過某種形式的政治檢視，於是缺乏停車位就會成為政治利益交換的主題。葛拉布知道該以什麼策略來面對他們。當他來到紫區（指在共和黨與民主黨之間搖擺的選區），例如位於丹佛市郊的奧羅拉（Denver suburb of Aurora），他打算在醫院建築群對面蓋四百戶公寓，於是他會順應講求「市場力量」的群體：「美國是自由的國家。我可以照我想要的方式興建公寓，如果別人不想住在這，因為這裡沒有停車位，嗯，那也是我自己而不是別人的問題。」在深藍地區（例如夏洛特〔指民主黨強勢的選區〕），他就打出住房可負擔性這張牌：「如果我得按照法令興建那麼多停車位，那麼這個建案會很貴，或根本蓋不起來。」

最重要的或許是放款人，每次一提到停車這麼基本的事，放款人可是一板一眼，相當保守。放款人包括銀行，他們對葛拉布偏離停車規範的做法深感疑慮。葛拉布對無車族或不那麼仰賴車子移動的住戶有信心，但放款人可不信賴他的信心。要是他破產，這些放款者可就遭殃了。

這還包括住房與都市發展部（Department of Housing and Urban Development）——葛拉布認為自己在執行較為精簡的計畫時，這個部門就是他的頭號敵人。他怒斥，那些照本宣科、食古不化的官僚要他在北卡羅來納大學教堂山校區的一個公寓建案中，增加**幾百個**沒必要的停車位。為了這個計畫，葛拉布找來知名的丹麥事務所：「哥本哈根化」（Copenhagenize）設計單車道，還裝設公車站牌。住房與都市發展部並不贊成。因此，停車場還是興建了，而成本飆漲兩百萬元，租金一年多出一千四百元。

在後續一個亞特蘭大建案中，葛拉布蓋的公寓緊鄰一間辦公室，也與它共享停車庫，而他直接向住房與都市發展部說謊，告訴他們說不會共享停車位。「一、兩年後，我搞不好會坐牢，」他在二〇二〇年告訴我，「他們可以取消我們建案的抵押品贖回權，但當初要那樣才能讓我們辦公室的放款人安心下來。」

興建停車位少的辦公室也需要足智多謀。大衛．康寧翰（David Cunningham）是達拉斯格蘭奈特不動產公司（Granite Properties）的執行長，該公司在全美擁有大約四十棟商辦建築。康寧翰從未聽過唐諾．舒普；他之所以靈光乍現，是因為租戶在租賃時要求愈來愈多停車位，導致雙方關係緊張。許多格蘭奈特較有年代的建築是依照陽光地帶戰後的停車法規而興建（例如達拉斯、休士頓與亞特蘭大等地的建築），這表示每一千平方呎的辦公室空間，就要設三個停車位——這規定會使得每平方呎幾乎有一半面積都是停車場。康寧翰很擔心。依照法規興建的建築物難道已不受渴望停車位的辦公室租戶青睞？

二〇一五年，康寧翰開始計算車輛。每年春天，他會花整整兩個星期，從早上十點到下午兩點半，計算公司旗下一千兩百萬平方呎的各種房產組合的概況，假日不算。他會在每塊不動產挑出兩週中最繁忙的時間。之後，在衡量每處房產的閒置率時，他會把尖峰時間的比例拉高，推想建築物在百分之百出租出去時的情況。結果他得出整個不動產組合的平均使用率：每一千平方呎的辦公空間有一．九輛車。最繁忙的地點是亞特蘭大郊區，每一千平方呎有二．六輛車。

「若再進一步具體說明，」康寧翰在二〇二〇年告訴我，「我們判斷，在各種房產組合中的兩萬個停車位，隨便哪一天，大約有一半車位都是空的。如果還要再更具體，計算我們到底花了多少錢蓋停車位，那就是花一億元，**只為了**蓋沒車子停上去的停車位。這一億元的投資就晾在那邊，沒有人使用。這還只是我們房產組合的情形！永遠浪費了。幾百萬又幾百萬又幾百萬美元變成鋼造混凝土廢物。實在是太過分了。」[13]

「在亞特蘭大都會區，一個停車位要三十八。」他的意思是每個車庫中的停車位造價要花三萬八千元。「打造五百個停車位？你算算看。兩千萬元哪！」這情況很普遍。在拉斯維加斯，若按照法規興建地面上的室內停車場，就會讓興建成本增加百分之五十。在洛杉磯，則是增加百分之三十二。如果是地下停車場，前面這些數字會加倍。[14]而正如康寧翰指出的，租客通常要求的停車位配置量會超過法律規定。

如何解釋這巨大的落差？這些辦公室不在曼哈頓中城，要步行是不可能的。康寧翰判斷，有很多原因導致室內停車場裡的車鮮少如預期中那麼多：請病假、出差、職位開缺、度假、在家工作（別忘了，這是在新冠疫情大流行之前）。不過，負責設施、告訴公司該如何選擇停車場的人深知怎麼做對自己有利：如果停車位不夠，他會被炒魷魚，但他永遠不必為「租約上要有多少停車位才符合整體辦公室租賃市場」而講話。在德州北普萊諾（North Plano，這座城市是達拉斯北邊富裕的邊緣城市）的高速公路交流道旁，格蘭奈特興建了三十三萬平方呎（約九千兩百七十二坪）的辦公室給房貸放款行房利美（Fannie Mae）。房利美堅持每一千平方呎要有五．五個停車位，幾乎是普萊諾法定量的兩倍。最後，這個建案會變成有一千八百一十五個停車位，裡面的辦公桌卻只有一千五百五十張。「同時，」大衛說，「他們又開始抱怨造價很高。」他們的對話如下：

房利美：「我們該如何降低成本？」

康寧翰：「嗯，興建一千五百五十個停車位就好，如何？」

房利美：「這樣能幫我們省多少錢？」

康寧翰：「四百四十萬。」

房利美：……「好。」

「我們每一千平方呎蓋四．七個停車位，」大衛繼續說，「仍比法規多了百分之六十。他們使用整棟建築物，讓大家在那邊上班，然後，猜猜看他們用過的停車位最多是多少？一千一百個，就是法規規定。如果我們蓋的比法定數量多也不會有問題。不過，現在他們剩五百個停車位沒用，合約還規定要租個十五年，那就是花六百萬元，這些錢都在租那些永遠用不到的停車位。這裡是很遠的北普萊諾，是郊區中的**郊區**，來到這裡的唯一方式就是開車。我猜是可以騎單車，但是得穿越幾條高速公路。」房利美這個建案很令人難忘，因為大衛就在隔壁上班，他從辦公室窗戶望出去時會看到六座停車場，其中一座就是房利美租的，他們屋頂上從來沒有停半輛車。（從這裡望出去的景象沒有芝加哥市中心的屋頂停車場那麼浪漫。）

康寧翰說，他的資料成為對城市規畫者來說很有說服力的報告。規畫者通常心知肚明，最低停車位設置要求不是好政策。和住宅案件不同，興建商辦建案時不必去安撫鄰居，而他都會去取得變更許可，興建比對手小的車庫。「所有建築師都會跟你說，多年來，我們都蓋了太多停車位。但人家要他們畫什麼，他們就畫什麼。」康寧翰無法說服租客、要他們別要求那麼多停車位，於是只好耍點花招。如果有租客告訴他，他們想要每一千平方呎有五個停車位，他會信誓旦旦說好。之後呢——這是他成功的祕訣——他重複保留停車位，也就是把同一個停車位交給兩個租戶。「我們的租戶從來沒有**一次**停不到車的。」由於不必興建過多停車空間，因此錢也省下來了，康寧翰就能裝設精密的管理系統來蒐集數據，幫助通勤者找到停車位。

即使可以讓租戶重複登記車位、哄哄放款人，並依法取得變更許可，你或許還是無法完全克服重重障礙。庫德薩（Culdesac）的經驗就是這樣，這是一項大型混合用途開發案，在二〇二〇年於毗鄰亞利桑那州鳳凰城的中型城市坦佩開始興建。庫德薩是由雷恩．強森（Ryan Johnson）與傑夫．貝倫斯（Jeff Berens）所推動，兩人在土桑就讀亞利桑那大學時是室友。十年過去了，他們稱自己的公司是「全球第一家後汽車時代的房地產開發商。」[15]

這兩人帶著寫滿大量筆記的《免費停車的高成本》，在亞利桑那州立大學附近取得一塊十六畝大的土地。他們在廣告上寫著，這是美國第一座從無到有開始打造的零汽車鄰里。（至少有段時間是如此。）這片基地位於連接坦佩與鳳凰城的輕軌鐵道旁，有超過六百個住宅單位分布在一百六十七間聯排屋大小的建築中，還有兩萬四千平方呎（約六百七十四坪）的零售商店空間（包括一間食品雜貨店），以及三萬五千平方呎（約九百八十三坪）的娛樂休閒設施，其中包括遛狗公園與公共中庭。而這對搭擋說，之所以能打造這些空間，完全是因為把建案從停車位設置要求解放出來的關係。

這可不是一次就到位的。「我們的設想可能比現在大個十倍，」貝倫斯在二〇一九年告訴我，當時這片基地只是一塊泥土地，「運輸系統日新月異，但房地產沒跟上時代。」[16]而庫德薩的未來居民要考量的是：放棄車子，擁有社區鄰里。強森自己就沒車。他喜歡說，坦佩的人口密度比奧斯汀或科羅拉多州的波德還高。但這個概念應該也能應用到其他城市才對，坦佩只是個開端。

不過，如果建案要通過地方政府的核可，庫德薩就得做些史無前例的事：要求居民在租約中表明自己不會在這裡停車，或也不會停到附近的鄰里。庫德薩的居民不能像鄰居那樣使用公共路權，否則就有被趕走的風險。這是很大的讓步，但唯有如此，才能讓太陽谷的無停車設施公寓得到建造許可。

從葛拉布的公寓建築、康寧翰的商辦建築，以及庫德薩的總體規畫社區來看，就算避開了市政法規問題，要推動無停車位建案依然會碰上挑戰。但他們的努力也顯示出，在仰賴汽車的陽光地帶已有無停車位或少停車位的開發案冒出頭來，這可不是偶然。明尼亞波里斯與舊金山的街車都市主義或許是改革者較容易看見的目標，但是賦予美國人行走權利的工作，則必須在都市向外蔓延的地區實行。我們擁有的，大部分就是這樣的地區。而諸如鳳凰城與夏洛特這種蔓延擴張的城市，由於有當地的日照與低住屋成本，因而成了成長最快的地方。

改造市郊並不容易，然而對於未來，我們仍有理由保持樂觀，因為家家戶戶可以從三輛車變成兩輛車，或兩輛車變成一輛車：即使在新冠肺炎疫情爆發之前，上班的路程也只占行程的百分之十五到二十。[17]在美國的大型都會區，有一半以上的旅程是少於三哩（四．八公里）。換言之，所有行程中有一半可以靠步行、單車或小型電動車完成，前提是道路要設計得可供這些運輸方式使用。即使在以開車為主的城市，住在有二十五家店的零售商圈半哩內的美國人，人數也高出預期。在拉斯維加斯，比例為百分之三十一，亞特蘭大為百分之四十，洛杉磯為百分之五十五，邁阿密為百分之六十七。[18]如果停車場和住宅或零售商店脫鉤，那麼這個數字會更高。同時，隨著遠距工作，以及電商、電動自行車與機車之類小型電動車輛的興起，都會讓低汽車使用率的生活比以往更輕鬆。

還有件事情：二〇二一年房價的曲棍球桿效應、租金攀升與無家者增加的情況，根本原因就在於有數百萬戶的住宅短缺。在哪裡興建、以及如何興建住宅，不僅會改變未來居民的生活方式，同時可能會改變整個鄰里如何運作——也就是透過創造稅收、消費力，並達到臨界量，便能支持大眾運輸服務、食品雜貨店、咖啡館或日間照護中心的營運。有些想法談的是如何大刀闊斧改造市郊：像庫德薩這種超大規模的開發案、在廢棄商場上方建住宅、在好幾畝的停車場上規畫街道網格。最了不起的點子，或許從街上看不到，那就是接管室內停車空間。

第十三章　美國人為何住進了車庫

二〇二〇年初，荷西・特立尼達・卡斯塔涅達（José Trinidad Castañeda）和媽媽同住。他可不甘心為了一房的公寓每月得付出一千五百多元，被租屋市場榨乾積蓄。於是他和母親、兩個姊妹同住在一間小房子。在他這個世代，這是很普遍的現象：即使在新冠肺炎大流行之前，十八到二十九歲的人有百分之四十六與雙親同住。在新冠疫情之後，數字升到百分之五十二，是大蕭條以來的最高點。[1]

不過，荷西的例子之所以特別，是由於那間沒有租下來的假想公寓其實不在租金高昂的地點，例如科羅拉多州的波德市、華盛頓特區或麻薩諸塞州劍橋。上面這類城市會迫使年輕人搬到狹窄的房子與他人同住。荷西住在加州的橘郡，這一帶牧場住宅與三車位車庫多的是，也是現代美國保守派的溫室，不是年輕人或飢餓的人愛來的地方。好幾個世代的美國人從東部出走，於此地落腳，急於擺脫老城市的問題——種族衝突、反文化、高稅賦、民主黨政治人物。荷西的家鄉富勒頓恰好就是當年尼克森上中學的地方。隆納・雷根（Ronald Reagan）曾說過一句話，恰恰道出自由派人士對這裡的埋怨：橘郡是「所有好共和黨人跑去終老之處」，把白人道貌岸然、反政府的政治態度輸出到全國。但是近年來，橘郡成為居民當初想逃離的地方。二〇一六年總統大選時，橘郡由民主黨總統候選人勝出，是一九三六年以來頭一遭。二〇一八年，民主黨橫掃此郡的七個國會席次。橘郡的少數族裔成為人口中的多數，有百分之三十的居民是在外國出生。這裡原本有張橘色的簾幕，將此處的田園風情與北邊的洛杉磯隔開，然而，簾幕已然崩塌。大城市某些特定的惡性循環也出現了：高房價、過度擁擠、無家可歸。

我在二〇二〇年二月去拜訪荷西時，加州再過兩週就要進行總統初選，他忙得不可開交。他在富勒頓市中心一家咖啡店點了杯冰馬薩拉燕麥奶茶，並想找個插座幫那台沒電的惠普筆電充電。他才剛找到靠牆的座位，就馬上起身，速速走出門到對街去，打開車子行李箱。「不好意思，這裡一團亂。」他說著就抓起黑色肩背包，裡面是滿滿的競選資料，然後又回到咖啡館。情況是這樣：前一刻有人會問他脖子上掛著的串珠袋的事情；那上面有星星圖案，裡頭裝著白色鼠尾草——「這是很好的聊天題材。」他之後這麼說。下一刻，他就開始暢談政治理念，說起兩個同時在進行中的競選活動，一是橘郡的民主黨中央委員會，另一個是富勒頓市議會。就像總統候選人那樣，他在提到選舉時，都是以自己勝選的態度在說話：「等到我市議員勝選時……」

從某方面來看，他穿著皮鞋、黑色休閒褲、白淨的扣領襯衫，和周圍不是很搭調，畢竟這間咖啡館就在加州州立大學富勒頓分校附近。這裡沒人穿扣領襯衫，別人穿的是柯比・布萊恩

（Kobe Bryant）的運動衫與背心，在位子上埋頭寫報告或和朋友聊天。但在另一方面，這群人很能代表他的橘郡：沒有一個人是白人。就和荷西一樣，他們是七〇、八〇與九〇年代移居橘郡的移民後代，可能是墨裔、韓裔、印度裔與越南裔美國人。他們在這個郊區城市長大，當地在一九九〇年有三分之二的人口是歐裔，到二〇二〇年則變成三分之一，反映出整個郡的發展趨勢。特立尼達的整個大家族都住在富勒頓，親戚也都曾參與創作檸檬街壁畫（Lemon Street Murals），亦即當地的奇卡諾（Chicano，墨裔美國人）藝術之作。（在一九七〇年代晚期，當地居民與藝術家用壁畫來取代塗鴉，以期美化居住環境，最先開始的地點就是在檸檬街高架橋下。久而久之，這些壁畫也代表著此社區居民的身分認同。）二〇〇八年，有個白人市議員想把這些壁畫抹除，聲稱這種圖像會讓人把富勒頓和幫派活動聯想在一起。[2]今天在當地藝術家與市府的經費支持下，這些壁畫得以修復。

正如北邊的洛杉磯與南邊的聖地牙哥，橘郡二〇二〇年正歷經嚴重的住屋可負擔性危機，問題逐年惡化。二〇一九年，房價中位數落在七十三萬元，因此只有百分之十五的人口能負擔得起房屋所有權。這對荷西來說是個政策議題。他提倡「安全停車場計畫」（Safe Parking Program），讓富勒頓設立橘郡第一座開放給加州無家者使用的通勤停車場，他們可以在車上睡覺。他幫忙說服城市廢止向住宅附屬單元（accessory dwelling unit，簡稱ＡＤＵ）收取費用；住宅附屬單元又稱為後院小屋、阿嬤房，或車庫公寓。在政策改變之後，發行住宅附屬單元許可證的地方行政區從二〇一八年的三個，增加到二〇一九年的四十四個。

住宅附屬單元也牽涉到他自己所面對的問題。這位三十歲的青年在非營利組織任職，需要花上將近十五年的薪資，才能負擔得起橘郡房價中位數的住宅，住到叔伯嬸嬸與家族同輩親戚的附近。荷西並不是第一個碰上這種問題的人。在加州海岸，房價長久以來都居高不下。由於加州鄰里主要是獨棟住宅的天下，因此很難讓離開傳統核心家庭的人找到大小合適的住房，更別提價格也要合理。富勒頓有兩個區域有公寓建築，住在這些地方公寓中的年輕教師與消防隊員要兩、三人住一間，彷彿這裡是擁擠的舊金山使命區（Mission District），而不是無止境蔓延的大洛杉磯地區。幸運的是，這些蔓延的住宅——尤其是那些一層樓的富勒頓牧場式住宅——幾乎每一棟都有個大型的獨立空間，其用途和原本設定的往往不同，那就是車庫。荷西之前就打算住在這樣的空間。

荷西有張寬寬的臉，掛著政治人物的燦爛笑容，烏黑的頭髮上面是長的，兩邊則修短。他開著現代汽車，飄忽的駕駛方式讓旅途中的城市景象從窗外飛逝，速度稍嫌過快。一下會有個朋友請荷西幫她在自家後院蓋個小空間來出租，然後又會有哪個鄰居家裡有不合法的住宅附屬單元。一下子，荷西的叔伯也想要讓祖母搬到住宅附屬單元裡。荷西說，等他自己的蓋好之後，就幫他們蓋。「大家都想這樣做。」媽媽家（也就是他現在居住之處）的車庫可以改成兩房的空間。另外還有個非法的住宅附屬單元——有個菲律賓家庭住在那邊。他怎麼知道？「他們很疼我呢，還想要我跟他們家女兒結婚。這可不行。」但他或許能協助他們讓那間違法住宅附屬單元登記在案。「我不喜歡說違法，」他糾正自己，「未獲許可比較好。」[3]

荷西的父親是墨西哥移民，在醫院擔任心臟科檢驗技師，他在這裡的靜謐街道上擁有一間房子，出租給一戶墨西哥移民家庭。荷西在父母離異之前就是在那間屋子長大的。那是棟樸素的米白色房子，有棕色屋頂，前院種植棕櫚樹。荷西不愛棕櫚樹。「對生態沒好處。」他嗤之以鼻。他正在推動富勒頓都市森林管理計畫，對我一口氣講出了一串耐旱的原生植物名。除了在市議會與橘郡民主黨委員會工作之外，他也在非營利環保組織擔任有給薪的組織幹部。同時，他還幫爸爸重啟副業——那是一家餐館，卻在跨年夜遭隔壁非法大麻溫室的祝融之災波及。簡言之，荷西·特立尼達·卡斯塔涅達可能是橘郡最忙碌的人。他日出而作，日落後許久仍尚未休息。不過，有許多議題激發他努力行動——運輸交通、住房政策、移民、能源；這些都和看似模糊的車庫住宅合法化議題盤根錯節。「我不必利用車庫停放車子，」荷西告訴我，「停在街上就好。我不懂為什麼需要把車停在室內。這裡的天氣向來很好，不會下雨。」

他孩提時代住家的車庫面積當成套房綽綽有餘：五百平方呎（約十四坪）。荷西取得五萬元的房屋淨值貸款，遂展開自己的計畫。他下載繪製建築草圖的軟體AutoCAD並自學，修修改改自己的設計，把電腦搞到發燙，後來還得放進冰箱。他認識房子的租客許多年了，房客樂於把兩輛車停在車道上，以換取租金優惠。「我一直都夢想著興建住宅附屬單元。」荷西說；這麼說的同時，我們倆人在車庫裡，空氣悶熱，因此汗流浹背。這裡充滿洗衣粉與機油的氣味。「我想要一張隱形壁床。我想要能開會，安排活動。」

他開車到附近找建築承包商，車子在車流中搖晃前進時，後照鏡下的風鈴發出叮噹響，他腦中也在各個想法間跳躍。「我常看網飛（Netflix）的節目《小房子大天地》（*Tiny House Nation*），內容是室內設計比賽。但仔細看的話，能發現不同的事。」他曾去過地平線重建公司（Horizon Remodeling）一次，想從中汲取靈感，只是沒人有空理他。這一次，他想知道自己在市議會中所提倡的事情——取消城市向住宅附屬單元收取費用——是不是對他們的生意有幫助。答案是有。

他的手抹過交錯排列的深色防潑濺玻璃磚。他喜歡這樣。「這些節目帶給我的一個想法是，可以利用磁磚打破清一色的牆壁漆。玻璃磚能捕捉到些許夕照。窗戶會從西南邊把夕照餘暉引進小廚房，能捕捉到一點夕陽的色彩，真的很美。」他有父母在翻修房子時留下的木地板，但如果不夠的話，他會選擇較容易清理的油氈板，搭配幾張小地毯。他看著和小車一樣大的淋浴間。「還挺大的。」他想，用到大理石檯面就太誇張了。「是啊……我們應該不會用大理石檯面。」他的預算是兩萬五到三萬元，算是改造住宅附屬單元時偏低的預算。房屋淨值貸款是五萬元，但如果靠自己動手做的話，還能再省點錢。

「搬到那邊去的話，我就有機會……倒也不是說從頭開始，但就有機會讓自己成為社區領導者，」他後來解釋道，「可以沒有包袱，比如說『喔，你是千禧世代、跟爸媽住之類的』這種包袱。這些聲音會不見。」荷西是個冷靜沉穩的人，但碰上較年長的屋主認為他是占了某種便宜的候選人時，總會令他抓狂。他是本地長大的孩子。他在富勒頓遊騎兵（Fullerton Rangers）少年足球隊踢足球，還和西富勒頓（West Fullerton Terminators）打小聯盟棒球。他做過公園與遊憩委員，並擔任社區緊急救援隊的一員。他出手協助公園的興建。如果他就是要住在車庫會怎樣呢？

獨棟住宅在加州有超過八百萬棟，加州建築的DNA就長那樣，不光奠定建築風格，更是加州文化的基礎。那會左右政府的運作、人民的活動、會有什麼樣的鄰居，以及不會有什麼樣的鄰居。作家托馬斯．品欽（Thomas Pynchon）曾寫過從上方俯視這些房屋的神祕經驗：「她俯視斜坡，在陽光下得瞇起眼睛，望向大片一起長出來的房子，它們就像得到悉心照料的作物，從沉悶的棕色大地生長起來；她想起曾為了換電池而打開電晶體收音機，於是第一次看見印刷電路板。她沒想到，從高處觀看房屋與街道井然有序地彎曲盤繞，那畫面就和印刷電路板一樣清楚，因此感到相當驚訝。雖然她對收音機的了解程度，不如像對南加州人那麼熟悉，但兩者外顯的模樣皆如象形文字，有隱含意義想傳達。」[4]

達娜．卡夫（Dana Cuff）是加州大學洛杉磯分校城市實驗室（cityLAB）研究中心的主任，她收到了一則訊息。「我心中最大的兩難，就是住宅與環境危機，而當你在思索這個問題時，」

她二〇二〇年在電話上告訴我，「郊區就是解決這些問題的地方。」[5]她先說起一個基進的概念：洛杉磯應該要比目前的密度高一倍才對。四十年來，這座城市一直盡力往反方向發展，把一個個鄰里法定可興建天際線高度縮減到和煙囪等高。在明尼亞波里斯與波特蘭，運動人士倡議要讓一棟含三、四戶的住宅合法化，這已是個普遍的目標，但是很難想像洛杉磯的屋主會讓這種事在當地發生。

受到洛杉磯市中心歷史建物改建風潮的啟發，卡夫建議，要把這種對停車場的放任的態度，轉移到一種未獲得善用的歷史建築上，而這樣的建築遠比市中心的商辦樓還常見得多，亦即住家車庫。加州已經在二〇〇三年通過核准住宅附屬單元的法律，但是礙於各種地方法規，尤其是和最低停車位需求有關的規定——你必須增加給新單元的停車空間，**以及**替補上那些改造車庫而失去的停車空間——導致修法沒能發揮功用。要翻新老舊車庫很簡單，可是要在你的土地上找到另外三個停車位是緣木求魚。這種州與地方法律的衝突，是加州住房政治議題中的家常便飯。加州早在一九八一年就要求城市要遵循法條，允許所謂的第二套間（second unit）。然而在洛杉磯，要得到附屬居住單元的核可，需要辦公聽會並繳納不退款的一千九百元申請費（以二〇二〇的幣值來算，就是超過四千元）。這個國家的第二大都市一年只發出這樣的許可二十幾次。[6]

二〇一六年，卡夫與加州眾議院的議員理察．布魯姆（Richard Bloom）共同撰寫一項法案，要讓整個加州的住宅附屬單元**確實**合法化：只要半哩內有公車站或火車站，得免設停車空間，其適用範圍涵蓋了洛杉磯及大片市郊。隔年，法案輕鬆通過。卡夫對他們默默達成的目標可不低調：「我們不僅把加州的密度提高一倍，還根除了獨棟住宅的土地使用分區規定。」[7]在洛杉磯，高達百分之八十的住宅土地是歸在專屬於獨棟住宅的土地使用分區之下。現在你可以讓戶數倍增了。卡夫認為，這表示自戰後市郊蓬勃發展以來，又出現了住宅用房地產最大的新市場。

獨棟住宅的土地使用分區原本是美國地方政治不可動搖的重大基礎，但是二〇一六年的住宅附屬單元法卻在整個加州推翻了這種分區，允許填入式開發提高住宅密度，而且從外面幾乎看不出來——倡議支持者稱之為「偷偷加上的密度」。不過，對於倡議者來說，比起更大張旗鼓的手段，這項改革提供了許多相同好處，一樣能解放美國城市內部與附近的土地利用方式。在機會高的鄰里，建立住宅單元更便宜了。而人口密度提升能帶來更多地方商業活動、更好的公共運輸服務，以及更多適宜徒步的地方。租金收入可讓高齡屋主繼續住在子女已離家的房子，也有利於想住在原本的社區，但希望屋子不要那麼大的銀髮族，或者空間也可供同住照料者居住。當然，對注重隱私、負擔能力有限的年輕人也很適合。

廢除當地停車法規是個關鍵，卡夫提出的法律正是在這一點上，有別於十四年前的失敗嘗試。在加州，大城市發出的住宅附屬單元許可從二〇一六年的六百五十四份，攀升到二〇一八年的八千七百八十五份。在洛杉磯尤其明顯，屋主對這樣的機會欣然接受。[8]而以整個城市來看，住宅附屬單元許可從二〇一六年的兩百五十四份，躍升到二〇一八年的五千四百二十九份。[9]這些單元多集中在谷地——也就是聖塔莫尼卡山北邊的市郊擴張區。這裡有超過兩千四百個住宅附屬單元是歸類在「轉用」（conversion）名義下，通常是以現有的車庫改建。許可中的另一大部分則是以小房子取代老舊該淘汰的車庫。這表示，二〇一八年，在整個洛杉磯市，獲得許可的新住宅單位有**五分之一**就蓋在別人家後院。至少有十分之一則是從車庫改造而來，或者是蓋出來取代車庫。[10]顯然，這兩種類別都是靠著二〇一七年的州優先適用法，因此得以擺脫最低停車位設置要求的毒藥。

城市會以費用、許可證作業延遲，以及其他冗長程序來反擊。但是在二〇一九年，加州立法機關又往前邁了一大步。更完整的新法律允許在某些土地上，興建額外的「初級住宅附屬單元」。這需要六十天的核准時間，而七百五十平方呎（約二十一坪）以下的住宅附屬單元核准費用也取消了。這些法律先排除了屋主協會與契約限制條件，也確保城市不會施加屋主自住的規定，此外還促使城市允許大眾運輸設施附近的車庫改建轉用，不需另設新停車空間。

從美學觀點來看，美國住宅車庫的黃金期恰好與最早的汽車發展時代吻合。早期汽車或許是富人的玩具，但也是難以捉摸又危險的機器，平日就需要專業維修保養，而車輛的停放也反映了地位與風險兼具的特質。一九〇六年，《美麗家居》（*House Beautiful*）展示了幾種較美觀的設計：殖民式、都鐸式與美式工藝風的車庫，通常是從模仿巴黎飯店的車寄（porte cochere）外觀的美麗拱門進出。「日後的設計在面積與高尚感方面，鮮少能出其右，」建築史學家約翰・傑克遜（J. B. Jackson）在一九七六年寫道，「上方有第二層樓能讓司機住；儲車空間很大，光線明亮，很不浪費空間，通常有調車轉盤（以免需要倒車）、高架起重機與修繕坑。後來，車子設計成打開引擎蓋修繕，而不是從底下時，車庫的修繕坑就消失了……唯有在司機發動汽車、測試火星塞及風扇皮帶的張力、檢查油量，倒入一兩加侖的石油之後，象徵意義上，車子才會正式成為家中一分子。」[11]

從法蘭克・洛伊・萊特（Frank Lloyd Wright）的建築，可以看出車庫快速演變成現代模樣的過程。萊特建築中那些容納車輛的空間的演進，既預示也影響整個美國的建築趨勢。一九一〇年，萊特在芝加哥南區為當地的商人費德烈克・羅比（Frederick C. Robie）興建一棟堅固的住宅。他設計出有三個停車位的車庫，從庭院進出，可視為是美國第一座房屋的附屬車庫。（萊特曾在最早期建案：切尼之家〔Cheney House〕中嘗試建造地下停車庫，但自己的規畫卻一再遭到市議會打回票。）[12]在羅比之家，萊特設計的車庫和其他草原風格住宅不同之處，就只有寬闊且外開的門。在車庫內，他挖了修繕坑，並有一個洗車與清洗零件的工作區。車庫天花板是混凝土構造，以防萬一。附屬車庫是地位的象徵，暗示屋主能負擔更高的火險費率。即使在一九一九年，這也是很罕見的設計，因此作家會寫：「在家裡設車庫聽起來像個笑話，但其實不是。」[13]

對許多都市美國人來說，聽起來確實像笑話。根據《美國建築師》（*American Architect*）的調查，即使到了一九三六年，每四棟**新建**房子中也只有一棟有附屬車庫，更別提在幾十年前蓋的房屋了。[14]就算美國少數住在城市、擁有自宅的人，他們也都住在狹長的土地上，面對街道的立面僅僅二十五呎（約七點六公尺）寬，深度則往後延伸一百呎（約三十公尺）。因此車庫是位於這塊土地後方的獨立建築，在芝加哥等城市是緊鄰後巷，在洛杉磯與其他城市，是由廢輪胎與混凝土構成的成對通道連接到街道。傑克遜寫道：「這種配置不雅觀，也會造成讓後院淪為廢墟的影響。」[15]

後院確實**是**廢墟。屋子後方區域以瀝青或碎石鋪成，是「實用空間，可燒垃圾、洗衣晾衣，還可以把不需要的家用品放到這裡，任其生銹。」[16]孩子們是在屋子前面玩耍，可能是在庭院，也可能是在街上，總之，是在鄰居的視線範圍。私人與公共空間的界線，就是前廊透氣的凹室，從那裡可以監督孩子；也可在公共視線下和同學打情罵俏，同時窺探到鄰居也在做一樣的事；或者靈巧變通一下，在這裡招呼親戚或推銷員，因為屋主其實並不歡迎那些人進入屋內神聖的居家空間。這就是喬治．華盛頓（George Washington）維農山莊（Mount Vernon）長長前廊的功能——運用遮蔭下的椅子創造出虛有其表的好客氣圍，實則是迎接源源不絕、卻不歡迎入內的訪客。[17]

一九二〇年代，後院開始超越前廊，成為住家主要的戶外社交空間。這樣的轉換會因為某些室內享受（例如電視與空調）的出現，以及洗衣機、烘衣機的等家電的到來而加速，後院因而可以擺脫原先所發揮的平凡功能。不過，變化其實是從汽車展開的。在擁有汽車的比例變高、變廣泛之前，街道是多功能的公共空間，適合叫賣者與市場，可以打棍球與打雪球，也可收納建材與垃圾。亨利・福特（Henry Ford）T型車所帶來的隆隆車流鞏固了街道作為幹道使用的單一功能。《柳林中的風聲》（*The Wind in the Willows*）是讓人一瞥早期駕駛人在地面駕駛的情況的書。在方向盤後方出現了「最卓越高尚的蛤蟆、可怕的蛤蟆、鎮壓車流的蛤蟆、孤寂小徑的霸主——在他面前誰都要讓路，否則會被撞得不省人事，永不見天日。」[18]郊區的囊底路就是擁車的新現象日益擴張後產生的結果——也是逃避車輛的避難所。一九二二年，《美麗家居》注意到前門令人厭膩的現象：「車流量增加、四處灰塵，又太靠近其他住宅，往往會讓前廊一年比一年不討喜……我們寧願〔門廊〕擋下街上瑣碎的戲劇場面，包括叫賣小販、牛奶貨車與閒言閒語。」[19]在一九二九年的第十屆全國住房會議（National Conference on Housing）中，有個發言者宣稱，骯髒老舊的後院是可以重新改造的地方，以此提供「迷人的氣氛與避難所，遠離過於喧囂的世界」——遠離「前廊的淫亂。」[20]

不過，改變美國住宅形式的，與其說是汽車的移動方式，不如說是如何容納汽車的問題。從前廊移轉到後院的變化，剛好符合車庫的前進路線——離開後院，成為房子的一部分，因為這輛車（後來是很多輛車）登上了家庭生活中重要的位置。率先引領這條路的就是萊特。隨著他推出的美國風住宅——亦即一九三〇年代他設計的中產階級住宅，這位全美最有前瞻性的建築師也發明了一個新字——車棚（carport）——描述能提供遮蔽的附加凸出結構，供人停放車輛。這項創新通常會歸功於萊特的同代人暨員工：華特・伯利・格里芬（Walter Burley Griffin）。他在芝加哥郊區一棟一九一〇年房屋的汽車車庫納入側邊敞開的通道，但萊特是在二十年後才開始對全國宣傳車棚的福音。在萊特手中，車棚的增建可以自然而不著痕跡，就位於巨大的水平懸臂樑的陰影下。他偏好車棚，而不是附屬車庫，原因就和他不喜歡地下室一樣：封閉的車庫可能會成為累積住家雜物的另一個地方。

然而，封閉式的附屬車庫已就位，等著要在戰後住宅榮景中上場。在一九一〇年代，往上開啟的車庫門已很普遍，電動車庫門到一九三〇年代也很常見了。[21]早期住宅群可能沒有供汽車使用的內部空間——最知名的例子是紐約市東邊的萊維頓（Levittown），整個住宅幾乎是現代三車位車庫的大小——但是到了一九五〇年代，附屬車庫已成為標準配備，因為這時大眾運輸系統的乘客大幅減少，汽車又更加能夠主宰交通。結果，幾個世紀以來美國住宅結構最大的變革隨之而來。車庫不僅面積超大，大家也較喜歡從車庫進出住宅，於是前門淪為裝飾性的過時之物。車庫有可以掀起的巨大白牆，再加上上方一對窗戶，其影響幾乎是帶有人性的。詹姆斯・哈維・康斯勒（James Howard Kunstler）寫道，車庫門賦予新房子「張口結舌」的神態。[22]在日後的住宅區房屋（tract-home，指同一個地區興建大量且類似的住宅）模式中，車庫成了住宅臨街面唯一的元素。此現，變成人類使用的門是從屋側小通道進出——完全翻轉了二十世紀初平房的布局。

門廊擺放著藤條椅、屋簷下有上了漆的鏤空裝飾，只能淪為老屋照片的場景，並被新房子一片單調的車庫門取代，門口通道也成為一種障礙。貝絲・貝利（Beth Bailey，美國歷史學家）的語句令人難忘，她形容打情罵俏、男歡女愛從「前廊移到汽車後座。」[23]原本在門前草坪上的東西，如今泰半被寬大的混凝土車道取代，爸爸會在這裡洗車，青少年在這裡玩花式投籃（H-O-R-S-E），或者讓媽媽全神貫注待在上面，聆聽最後幾分鐘全國公共廣播電台編輯所說的「車道故事」——這部分太好聽了，不能關掉。「原本北歐住家煙囪的鸛鳥巢帶有的傳統象徵意義，」傑克遜寫道，「到了美國家庭，就是車庫門上的籃框：一個以孩子為主的家庭生活。」[24]若加上永遠沒有人停的路邊停車位，以及車庫內的空間，這車道可讓住家的停車容量在必要時提高到六、七個車位之譜。就是這裡、停在家裡——美國汽車有泰半壽命是在此度過。

談到這種把車庫放在房子前的做法究竟是實用或蠢到無法挽回的問題時，美國人和建築師的意見是天差地遠。即使相當喜歡獨棟住宅社區的建築師，通常也希望車庫成為地景中不那麼明顯的一部分。（在都市環境中，住家車庫所增加的停車位供給量甚至不如民營室內停車場，因為那會把街道上的路邊車位移除，方便住戶進出車庫。）建築師會擔心房子外觀，以及這樣會打造出何種街道。一九九九年，奧勒岡州波特蘭的規畫者研擬的土地使用分區法要求「汽車住的房子」必須從屬於人類的房子，他們把這種車庫突出的形式叫作「豬鼻屋」（snout house），因為車庫朝著前方的路凸出，就像豬鼻子。「基本上，我們希望房子能通過『不給糖就搗蛋』的測試，」城市委員（後來成為市長）查理・黑爾斯（Charlie Hales）當時說，「小朋友過來討糖果時，要真的覺得有人住在這屋子裡，而且他們還要找得到門。想像一下。」[25]萬聖節或許是最佳機會，讓人能夠想像夏夜裡那些早期的市郊街道有多麼熱鬧。但小朋友很聰明，在某些市郊，這些小食屍鬼會跑到車庫門去討糖果。

萊特的車庫斜坡道經過美化，還能冒充世上最有代表性的美術館，從中就衍生出一些智慧：車庫**會**有各種事物進駐。二〇二〇年冬天，我去了洛杉磯一趟，住在好萊塢一九一七年打造的一間美式工藝風平房的車庫。正如許多二十世紀的房子，這間小車庫位於房屋所在地後方，要從沿著地界線延伸的狹長巷子進出。車庫裡有張床、洗衣機和烘衣機，成為隸屬於這房子的第四間有隱密性的臥房。在南邊的那塊地，一戶人家把車庫當成居家辦公室，而在北邊那塊地的車庫，我隱約聽到樂團練習的樂聲傳來。

那一刻，我才猛然想起美國曾發展出一種音樂類型，其命名由來就出自我們其實不需把車停在自家車庫的事實。巴迪・霍利（Buddy Holly，一九三六－一九五九，美國搖滾歌手與作曲家）按理是在德州拉伯克（Lubbock）創造出車庫搖滾，但南加州隨處可見的汽車洞穴也會滋養後來的威瑟樂團（Weezer）、夢魘（Incubus）、眨眼一八二（Blink-182）與聯合公園（Linkin Park）等樂團。加州有更多的車庫傳說，這裡是夢想家懷抱偉大理想的棲身處；迪士尼、美泰兒

（Mattel）、惠普（Hewlett-Packard）與蘋果（Apple）就是其中幾家聲稱草創於加州的車庫的公司。

車庫所扮演的工作坊、櫃子與家庭娛樂室角色，在garage這個字當中有跡可循；這個法文詞起初是指儲存空間，其法文字根*gar-*是英文*war-*的近親，*war-*就出現在英文倉庫（warehouse）這個字當中。卡夫認為，車庫能讓加州人口密度翻倍，原因之一就是似乎沒人真的把車停在裡面。二〇一二年曾有一項研究是以三十二個加州家庭為對象，研究者發現，只有其中八戶的車庫裡確實停放著車輛——其他家庭的車庫則裝滿了**東西**。提到「車庫拍賣」（garage sale），大家會馬上覺得很熟悉，正好說明了這個空間在一家裡面主要的功能，也是居家生活流動中旋渦匯聚之處。

雖然在車庫把音響音量調大，或開始做Uber寵物食品生意都很誘人，但車庫最重要的創新用途，還是讓人在**住**在裡面。這股趨勢在文化上的展現，可從電視節目《歡樂時光》（*Happy Days*）看出，劇中人物方奇（Fonzie）就住在車庫樓上。但在二十一世紀，這情況日益普遍，因為住宅成本上升的速度超過收入增加的速度。房利美的研究人員透過對房地產列表進行資料開採，尋找像是小屋（casita）、客房（guest suite）與姻親房（in-law quarter）等字眼，從中判斷在二〇二〇年，美國有一百四十萬個住宅附屬單元。[26]初次上市有住宅附屬單元的房地產每年成長百分之八。在二〇〇〇年，連同住宅附屬單元一起出售的美國住宅不到九千件；到二〇一九年，數字就增加到七萬件。不出意料，住宅附屬單元最多的地方在加州、佛羅里達州、德州與喬治亞州——這些州的住宅總量中比重最高的就是獨棟住宅。住宅附屬單元提供了大家相當需要的另一種選擇，在居民多為少數族裔的鄰里尤其如此。[27]

不過，大部分住宅附屬單元有可能是不合法的。正因如此，估計值依然嚴重失真。在卡夫的部分實地研究中，她發現洛杉磯的鄰里每四棟房子就有三棟建了違法的住宅附屬單元。[28] 一項著眼於房屋銷售狀況的專案估計洛杉磯郡有兩萬五千個未經核可的單元。[29] 經過五十年把停車看得比住宅還重要之後，人們會自行努力調整失衡的狀況。他們會住進車庫，或甚至是停車場上。

在南加州，這現象從一九八〇年代真正開始與日俱增，《洛杉磯時報》估計，大約有四萬兩千座車庫為整個郡的二十萬人遮風避雨。[30] 在康普頓東邊的小城市南蓋特（South Gate），城市做的調查顯示，每五名居民當中就有一名違法住在車庫中。這個城市每年將數百個家庭趕出住處。「迫使人離開家園是錯的，」主管南蓋特牧師會（South Gate Ministers Association）的衛理公會牧師班・文魯安（Ben Vinluan）如此告訴報紙。不過，他說，更嚴重的錯誤是讓「非法的外來者住在你的車庫，再向他們收錢。」

車庫住宅變得這麼常見，正好證明停車空間（每棟房子都要有、大部分沒用到、沒有多少市場價值）與住宅（大部分鄰里禁建、卻有高度需求、價值高得多）之間的套利空間有多驚人。當然，人們會抱怨停車，卻沒有人曾為此付過很多錢。但住宅是另一回事。剛來到大洛杉磯地區的

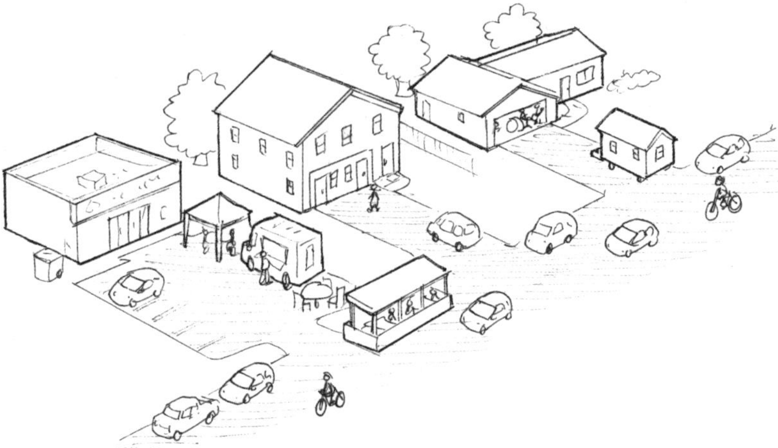

車庫住宅變得這麼常見，正好證明停車空間（每棟房子都要有、大部分沒用到、沒有多少市場價值）與住宅（大部分鄰里禁建、卻有高度需求、價值高得多）之間的套利空間多驚人。

人，尤其是墨西哥與中美洲移民，都迫切需要便宜的住所。對他們來說，提供最豐富選項的就是南加州的車庫。由於這樣的住宅未獲得核可，因此租客通常只能忍受低水準的環境，任由房東擺布。

在經濟大衰退之後，西岸的停車位供給與住宅供給之間，浮現出更明顯的套利空間：無家可歸的人會睡在車上。二〇一九年，洛杉磯郡有超過一萬六千人住在車上。洛杉磯市為無家者發展出另一種庇護選項，稱為「安全停車場」，也就是有人看管的停車場，無家者可以把車停在這裡好好睡個覺，不必擔心被逮捕、搶劫或攻擊。長灘城市大學（Long Beach City College）規畫了一項讓學生睡在停車場的方案。[31]諸如聖地牙哥、西雅圖與鳳凰城等城市（以及比較小的地方自治區，例如加州的帕羅奧圖〔Palo Alto〕與恩西尼塔斯〔Encinitas〕）也發展出類似的計畫，以回應需求。荷西曾在富勒頓協助推展這種計畫。在拉斯維加斯，新冠肺炎大流行初期，城市挪出一座停車場給無家者搭帳篷，讓每人有一個停車位的空間可住。

而同時，城市卻也微調停車場規範，導致住在車上的無家者淪為罪犯——或至少會把睡在車上的人推到偏遠區域，例如工業區。二〇一九年，洛杉磯禁止人在停於住宅區街道的車中睡覺，也不可在停放於公園或學校一個街區距離內的車上睡覺。（之前還有禁止使用毯子，但是聯邦法庭判定不合法。）加州佛利蒙在特斯拉（Tesla）工廠附近的銜接道路上沿途擺放大石頭，不讓人睡在汽車或拖車上。蒙大拿州米蘇拉（Missoula）禁止車輛在機場附近的停車場過夜。在美國西部，到處是住宅缺乏、停車場過剩的情況，這些問題帶來了悲劇性、卻也屬意料中的折衷辦法。

車庫轉用在加州與奧勒岡州成為成功的政策，其中一個原因在於它聽起來像是DIY計畫，只不過是把後院工具棚升級；這是深植於一個人的家就是他的城堡、院子就是領土的概念。然而一旦管制鬆綁，在洛杉磯，興建住宅附屬單元彷彿就迎來荒野西部無法無天的光景。包商把廣告以釘子槍釘到電話杆上。建築師改變業務內容以回應新市場。有矽谷撐腰的新創事業聲稱他們只要二十八天就能把車庫改造成家，並把目標設在大規模改造——每年增加數以千計的後院家庭。

對荷西來說，他自己在富勒頓的計畫並不是花個二十八天就沒事了。荷西去家得寶的次數差不多二十八次。他二〇二〇年幾乎天天來這間房子報到，很勉強平衡著自己肩上的所有事。他中途放棄城市選戰，把焦點放在預計於隔年舉行的特別選舉。而住宅附屬單元進度落後。他想要在六月完工，設下七月四日這硬性的期限，但他當時只完成了戶外的小屋，它是放洗衣機與乾衣機的地方。他爸爸的租戶馬文是個包商，荷西已經聘他來改造房屋。

於是得要有所妥協。車庫的門開在側邊，荷西本來希望把整個面對街道的牆往外拉幾呎，擴大內部的面積。「現在這樣不是我本來想要的。」他那年夏天說。[32]但他說，不做結構上的改變，倒也讓整體計畫的成本縮小了五倍。廚房已經被轉到車庫的另一邊；夕陽餘暉不會照耀在防潑濺板上。他們還是會增加一面較大的窗戶。「比起美感，我比較重視保養方便。」他說。他在室內設施所省下的錢，可以用來買些植物，讓新家更生氣蓬勃。

但他的目標感依然強烈。有天，他早早來這裡和馬文見面，因為馬文想把其中一間房間租出去。有一對老夫婦把他誤認為馬文，以為他要出租車庫。其中，瓦樂麗來自波多黎各；艾格斯托來自多明尼加共和國。兩人在這個鄰里住了三十年，過去五年是附近一位老太太的看護。老太太去世之後，她女兒要他們搬走。「喔，我們可以養隻狗！」瓦樂麗這樣告訴先生，一面想像他們在新的車庫公寓中的生活，講著講著便在荷西面前淚水盈眶。他之後不得不解釋其中的誤會。這會是他的房子，不是他們的。「我也希望他們能夠美夢成真。」他後來說。最後，他們每個月要付一千元租一個房間。

第十四章　打造「溝」中花園

住房需求正瞄準加州住宅車庫的空間，打算狠狠搶奪過來；在此之際，另一個停車堡壘也遭到攻擊——路邊停車位。若想找個最具現代城市功能的空間，鮮少有比路邊車位更明顯的地方。綜觀街道的歷史，隨時看得到街道兩邊都停著車其實是相當新近的現象。對於各路人馬而言，土地都是價值菲然，而在二十一世紀初，有一波探勘者帶著新想法看待路邊停車位，思索這裡可以如何、或應該如何運用。這一章就來說說這些人崛起的歷程。長久以來，城市對待路邊空間的方式，就和對待水濱的方式一樣：免費開放、垃圾場；差不多就這樣。然而，城市已經開始重新評估水濱地帶，許多人也在路邊停車位中看到寶藏。

加州停車位的費率和隱含價值之間的落差很大，很少有地方能超越，不過紐約就是其中之一。若與鄰近的室內停車場費用相比，紐約的路邊停車費率不僅是全美最低，更堪稱世上數一數二划算的空間（如果只是拿來停放車輛）。曼哈頓的店面租金，以及路邊鋪著瀝青的公共土地之間的價差，引起諸多觀察家的興趣，其中開啟探討先河的，就是發明交通號誌的威廉．菲爾普斯・伊諾。（在伊諾與汽車革命之前，這種機會不那麼顯而易見，因為那時的街道上有五花八門的商業與休閒活動——自從一七六一年以來，這座城市就要求攤販每半小時要移動位置。）一九七七年，有假髮小販在店家門前的人行道擺攤，並支付費用給店家，當時正逢這座城市的經濟谷底，以費率來看，威廉・懷特指出，那時中城的停車位一個月要價高達兩萬元。若以小時計，則一小時只收幾分錢。

最早抓住這種商機的業者之一，是賣冰淇淋的攤販。冰淇淋車之所以存在，部分原因就源自土地使用分區限制：住家、公園與遊樂場所在的鄰里通常和買得到冰淇淋的地方有段距離。無論這部卡車是在郊區的遊戲攀爬架旁出現，或在住宅建案群之間現身，都很受到歡迎。由於紐約的商業租金很高，冰淇淋車駕駛大可以利用食品流動攤販許可證，一年只要一百元。❶

冰淇淋車能否出現，得依不成文的路邊地盤掌控圖而定——這份地圖是靠著約定俗成、握手商量談妥，並仰賴暴力強制執行。冰淇淋車的競爭史可是血淋淋的。一九六九年，富豪冰淇淋（Mister Softee）的對手帶著槍械，挾持位於布魯克林與布朗克斯的兩間富豪冰淇淋車庫，當時搶走了三十九輛卡車上重要的攪拌機葉片，導致冰淇淋車在七月四日國慶週末的重要檔期無用武之地。（在紐約東區，有個共犯還綁架富豪冰淇淋的司機，炸掉他的卡車。）[1] 二〇〇四年，在布朗克斯有一對賣冰淇淋的老夫婦與十五歲的孫女遭到之前的學徒以扳手毆打，命在旦夕，原因是為了爭搶路線。「路線代表的就賺錢機會。」老夫婦十四歲的孫子淡然觀察道。[2]

二〇二一年春天，我打電話給瑪莉亞・坎貝尼拉（Maria Campanella），她繼承父業，在布魯克林灣脊區（Bay Ridge）開冰淇淋車，自稱「冰淇淋女孩」（Ice Cream Girl）。她也是經過一番廝殺，才搞定卡車停車場的地盤。她曾聽說，有個司機闖入別人的地盤，所以臉部被潑酸，還有人遭殺害。「亂晃過來的人可是會被抓起來揍的。我是個女生，周圍全是男子。他們絲毫沒把我放在眼裡。但要是讓他們在那邊待上一天，那邊就會變成他們的路線。我記得自己使出拳打腳踢，把他們拖出卡車，摔到階梯下。那些傢伙會回擊。『操你媽！給我滾出去！』他們關上車窗？那我就砸他們的窗。我才不要跟你們老闆講電話。你給我手機，我就把手機扔了。我想要聽到的就是你發動卡車的車聲。」[3]曾有人朝坎貝尼拉吐口水，於是那人車子的擋風玻璃就被園藝用鋤頭砸爛。「如果得擺脫哪個人，我可不惜與他衝突，無論採取什麼手段。對我要放尊重點。」

長久以來，冰淇淋車這行業就是這麼回事，棒球棍和攪拌機葉片一樣重要。二〇一三年，有個富豪冰淇淋的加盟主迪米特里奧斯・西爾科斯（Dimitrios Tsirkos）受夠了加盟費，遂把自家卡車更名為「富翁冰淇淋」（Master Softee）。富豪冰淇淋提告，也贏了官司。於是，西爾科斯把自家卡車更名為「紐約冰淇淋」（New York Ice Cream），成功搶下曼哈頓中城的路線，那裡是紐約

❶許可證限額嚴格，因此黑市景氣活絡。在轉賣市場上，有限額的城市許可證出租的租金可達兩萬元以上。

最有賺頭的地盤。「在中城，富豪冰淇淋車絕對連個影子都沒有，」一個司機告訴記者，「要是看到了，問題就來了。過不久，那輛車就會消失。」[4]富豪冰淇淋的副總裁吉姆・康威（Jim Conway）說，他曾希望自家司機有機會深入曼哈頓，然而司機擔心自身安危，不敢擅闖。二〇一六年，有名紐約冰淇淋車司機手持棒球棍，在現代藝術博物館附近毆打蝴蝶餅攤販的頭部。

這情況一直持續到二〇一九年，當時城市發動了「熔毀行動」（Operation Meltdown），要對付七十六輛冰淇淋車，包括許多紐約冰淇淋白車身紫底邊的卡車。[5]紐約市指控，在二〇〇九與二〇一七年間，這七十六輛冰淇淋車已積欠兩萬兩千四百九十五張滯納停車罰單（主要是其中四十六輛），積欠金額達四百四十七萬元，或每輛車將近十萬元。這些罰單包括八百四十六件阻礙人行穿越道、一千一百九十二件遮擋消防栓，以及六十三件阻擋路緣斜坡。所有檢舉照片上都是紐約冰淇淋的卡車；百分之九十九的罰單集中在紐約冰淇淋聲稱為其地盤的地區。紐約冰淇淋的頭子西爾科斯被指名為六個「透過擁有、經營或掌控權，主導與濫用自家企業的管理高層」之一。他也被點名開設四十二家空殼公司，註冊地就是他的皇后區車庫，地址就印在紐約冰淇淋卡車上。那些公司名稱包括瘋冰淇淋（Ice Mania Inc.）、轉轉冰（Twirly Twirl Ice Inc.）、柔滋味公司（Softee Taste Corp.）與超軟心快遞（Super Softee Express Corp.）。其他在皇后區或布朗克斯註冊的被告，還有傻瓜公司（Meathead Inc.）、殊榮公司（Privilege Inc.）、冰男孩公司（Ice Boyz Inc.）與中城男孩（Boyz of Midtown Inc.）。

為何這些卡車並未在更久以前就被驅逐？城市指控，因為這些卡車的主人在幾十家空殼公司之間，以僅僅兩百元的便宜價格轉賣卡車。其中一輛冰淇淋車在二〇一〇至二〇一七年間，累積了二十一萬九千元未繳納罰款，並在十三家不同的空殼公司間轉手了十二次，過程中換過十三張車牌。每回市府還沒收到罰款，車子就已轉賣出去。

還有新一類的創業者也懂得利用高昂的商店租金與低廉的停車費之間的落差：餐車。在德州與南加州，墨西哥移民長久以來就在商用停車場與市中心路邊的空間經營塔可餅餐車。第一輛現代塔可餅車是一九七四年於洛杉磯開張，這輛車是以老冰淇淋車改造而成。[6]數十年來，奧斯汀與波特蘭等城市的居民都會向餐車購買食物，但這股趨勢是在二〇〇〇年代初期開始成為主流，因為流動廚房的低管理費用與彈性優勢深受料理界企業家青睞。許多餐廳主人認為，餐車能帶來追隨者與收入來源，也能證明其餐飲概念行得通，繼而替接下來的實體店面鋪路。但餐廳很快看出行動據點的吸引力，許多餐廳自己也開起餐車；從二〇一二到二〇一七年之間，美國餐車的銷售額增加了一倍。

餐廳推動立法，想限制這些免租金競爭者的生意，但情況依舊。紐約的許可證便宜，但是數量有限，因此轉售市場相當熱絡。而在伊利諾州餐飲協會（Illinois Restaurant Association）的急切督促下，芝加哥禁止餐車在任何飲食服務場所的兩百呎（約六十一公尺）內販售食物——嚴格地維護其市中心地盤——並要求餐車攜帶全球定位系統發射器，向監管者傳達移動狀況。[7]於是，有個杯子蛋糕餐車提起訴訟，然而伊利諾州最高法院仍維持這個規定。諸如明尼亞波里斯與聖安東尼奧這類城市也有類似的規定。

二〇〇五年夏天，一名舊金山景觀設計師約翰・貝拉（John Bela）思索著高登・馬塔–克拉克（Gordon Matta-Clark）的作品。這位藝術家的「不動產贗品」（Fake Estates）計畫整合了畸零地的小土地契約並拿去拍賣；那些畸零地是「無用」的都市空間。貝拉的事務所瑞巴（Rebar）發現，路邊停車位就是舊金山「可以即興利用的土地碎片」。[8]那年九月的某一天，瑞巴在市場街（Market Street）停車收費表付錢，攤開一些人工草皮，擺上一張木製長椅與盆栽樹。幾分鐘後，兩個陌生人就坐下來聊天。這項計畫引來非營利組織公共土地信託（Trust for Public Land）的注意，一項傳統於焉誕生：停車公園日（Parking Day）。瑞巴寫下八步驟的執行手冊，引導世界各地要響應、參與的人。新加坡出現一個巨大的播棋棋盤，沿著一段路邊停車位延伸。在蒙特婁，則出現震撼人心的藝術裝置。從馬德里到聖塔莫尼卡等城市，路邊停車位冒出了咖啡館與共同工作空間。

舊金山受到此活動啟發，遂委託瑞巴事務所展開一項專案，打造「小公園」——路邊停車位的土地可由商家長期租賃，當成額外座位與綠化空間。小公園從舊金山開始，擴散到柏林與聖保羅等地，且出現的地點不僅限於路邊停車位，還包括各式各樣的都會空間畸零地，早年那些畸零地實際上都被當作停車場。在馬賽據說是找不到停車位的──停車位是要由你來創造。每座城市都有這種界線不明的過剩空間。在墨西哥城，這種地方稱為「邊角空地」（relingos）：「鋪著瀝青與石頭的梯形與三角形路面，像不規則的拼圖片，其來源與目的已不可考，但同樣無人敢摧毀或永久挪為某種用途。」[9]

紐約一個仕紳化的水濱鄰里也有這種空間，房地產開發商稱之為「登波」（Dumbo，「曼哈頓高架橋的下方」〔down under the Manhattan Bridge overpass〕的縮寫）。二〇〇七年，紐約市新任交通運輸局長珍妮特・薩迪可罕（Janette Sadik-Khan）決定，要把高架橋下陰影區鋪著瀝青的三角地變成小廣場──這就是她稱為「公共廣場倡議」（Public Plaza Initiative）的原型。「不久前，這裡是荒涼的停車場，」她在剪綵時說，「但隨著綠意進駐，大家立刻開始填滿這個空間。」[10]這裡的綠意大多是油漆漆出來的──雖然這塊三角地周圍也有植物從笨重的混凝土花盆中冒出來，作用是防止汽車又跑上這個地方。「紐約的交通有個原則，任何沒被汽車占用的街道空間，之後仍會被汽車占用，除非受到實體屏障或執法人員保護。」她寫道。[11]

薩迪可罕是在格林威治村長大，也就是珍・雅各當初指出「街道芭蕾」（sidewalk ballet）的所在地；她認為，與其說是街道芭蕾，更像是橄欖球這種接觸式運動。一九八〇年代晚期，薩迪可罕開始投入紐約市政工作時，她問曾為《紐約郵報》（*New York Post*）撰寫市府報導的母親，該以哪個部門為目標。「如果你想要接觸大家的日常生活，」她說，「那就是衛生或交通。」在八○年代，她會坐在先生的單車座椅上，由先生站立著踩踏板，靠那輛單速車the Tank騎在凹凸不平的紐約路上，前往市中心。[12]

到她通過面試成為麥克・彭博（Michael Bloomberg）的交通運輸局長時，彭博十二年的任期已過一半，紐約也展現出新風貌——更富有、更多高樓、更整潔、更多元。重要的是，這裡更擁擠了。紐約吸引近百萬人前來，人口超過城市在二十世紀中期的高峰，這還不算每天湧入的觀光客與通勤者。這些族群的移動人數都在增加。自一九五○年代起，擁有車輛的車主註冊數量已增加超過四十萬。每天進入曼哈頓的汽車數量倍增，達到一百八十五萬輛。[13]街道堵塞嚴重——不僅有私家車，還有現代城市中各式各樣的石油驅動設備：垃圾車、消防車、救護車與警車；物流廂型車與箱式卡車；加長豪華轎車、小巴；當然也有小黃計程車，且不久後就會被光鮮的黑色Uber取代；冰淇淋車與餐車、校車、城市公車、遊覽車；滅蟲業者、水電工與鎖匠的廂型車。

在其中穿梭、數量也最多的，就是城市中提心吊膽的行人。

要開闢更多空間給車輛是不可能的。車輛幾乎已占用所有可用的空間——公園大道的公園、萊辛頓大道的門階、布魯克林大橋的有軌電車路線、從中央公園到展望公園的馬車小徑，以及冰淇淋、手表、刀子與水果攤販的路邊空間。但是要挪出空間給行人簡單多了，舉手之勞就事半功倍。彭博的團隊深信**非如此不可**。市長認為還會有一百萬人將成為紐約人，要是他們也想開車，交通勢必永遠動彈不得。

行人在紐約是遭到漠視的：這座城市會鏟去道路上的積雪讓駕駛通過，卻讓推嬰兒車的女子與坐輪椅的男子在泥濘的行人穿越道上碰運氣。街道設計來讓汽車加速通過，卻導致行人冒著危險；每年都有數百人死亡，數千人受傷。公車慢吞吞繞過併排停車，而單車族不屈不撓穿過暗藏死亡危機的障礙車道。人人默默忍受喇叭聲，吸入充滿廢氣的空氣。若不繳納幾百元的罰單，你的車輪可能會被鎖住；跳過二·七五元的收費閘口，你可能就得進大牢。

薩迪可罕聘請丹麥建築師揚·蓋爾（Jan Gehl）審視紐約的街道。城市中人口有百分之三十是孩童與長者，但這些族群只占行人的百分之十——她認為，這就代表老幼者無法自在地在外移動通行。在許多交通繁忙的街道，行人比待在車上的人還多，獲得的空間卻少得多。一九七四年，懷特調查過第五十七街與五十八街之間的萊辛頓大道東側：在早上八點到晚上八點之間，一共有三萬八千名行人走過十二呎（約三·七公尺）寬的人行道。這情況並沒有改變多少。而同樣的十二小時中，九點五呎（約二·八公尺）寬的路邊停車位，是由乘客共十五人的十二輛車使用！[14]

這種失衡的狀況有時確實可以一夜之間改善，用點油漆就行。

薩迪可罕團隊就是把這個方式應用到登波的停車場：油漆與盆栽。基本上，那是要走一趟家得寶的工作。一旦開始這樣思考，就有無限的可能。紐約市有六千三百哩（約一萬零一百三十九公里）長的街道，占城市面積的百分之二十五。薩迪可罕明白，交通運輸局長是紐約最大的房地產開發者。在百老匯、第五大道與二十三街的三條道路交叉口，交通局收回另一個大型的瀝青四邊形空間，重新打造成徒步區，位置就緊鄰熨斗大樓。建築工才剛搬出橘色警示桶以分散車流，一群學藝術的學生就坐到路上開始素描。這蘊含的意義很清楚：那些交通繁忙的曼哈頓人行道藏有對更多公共空間難以計量的需求。熨斗大樓的三角地尤其值得注意，因為這個廣場就在一座美麗公園延伸過來的街道對面。其中一位規畫者解釋：「為什麼有這麼多人選擇廣場，而不是公園？原因就和大家在聚餐開派對時會聚在廚房，而不是待在客廳或飯廳一樣。」[15]

等到熱鬧的景象融進咖啡桌、遮陽棚、花朵藤蔓構成的島嶼之後，薩迪可罕把眼光望向百老匯。這條深具代表性的大街斜斜貫穿街道網格，形成許多特殊的三角形土地，熨斗大樓與時代廣場的獨特樣貌就是這樣來的。但同樣的交叉路口也造成交通規畫的夢魘，而且車禍頻傳，常傷及駕駛人與行人。交通運輸局認為，讓百老匯的車道消失，其實可加速中城的車流，並在堵塞的城市中心為行人清出空間。薩迪可罕告訴彭博她希望把時代廣場改成徒步區時，彭博說這是他聽過最愚蠢的想法。但十分鐘之後，他就被說服了。這個暫時性的徒步廣場在二〇〇九年夏天初成立便引來人潮，最後出現三百五十張來自布魯克林五金行的海灘椅。這次的體驗很不可思議：你還真的可以在世界中心翹腳休息。行人受傷率減少了百分之四十，車禍減少百分之十五。二〇一四年，這個廣場成為永久徒步區，裝上了禁止車輛進入的路樁，而人行道的混凝土鋪面也墊高了，布有會反光的鋼製圓片。海灘椅換成了長長的花崗岩長凳，讓紐約人與觀光客有地方坐。有四分之三的紐約人說，這個廣場「大幅」改善，而商業租金也漲到三倍。[16]

打從一九六〇年代，紐約的運動人士就想向汽車奪回街道空間。那時珍．雅各與雪莉．海耶斯（Shirley Hayes）發起運動，要把車流從華盛頓廣場公園（Washington Square Park）逐出。許多參與者的重點是要為單車族爭取空間。一九七三年，數以百計自稱「交通替代選項」組織的單車騎士，從中央公園騎到華盛頓廣場，並以擴音器要求市府在努力遵循新通過的《空氣清潔法案》（Clean Air Act）時，也要把自行車道納入政策中。皮特．西格（Pete Seeger，美國民謠歌手）出來演奏斑鳩琴。不過進展很緩慢：自行車道設立了，之後又取消。一九六六年，車輛在週日禁止進入中央公園，一九六七年則是週六禁止進入——但一直要到五十年後，城市才會在週間禁止車輛進入這座公園的小徑。

薩迪可罕認為，毫無疑問，應該要讓人在紐約騎自行車更為輕鬆。紐約成人有四分之一會騎單車。愈多單車族，就表示車流量會愈少，也能紓解面臨壓力的地鐵系統人潮。騎單車是免費的運動，不會排放溫室氣體，也不太需要停車空間，頂多要用到的就是這城市無所不在的基礎設施——停車位標誌杆，而單車族本來就會把車鎖在這裡。騎單車往返各個地點既宜人又快速。不過，騎單車很危險，往往令人心驚膽跳，尤其是駕駛人似乎常看單車族不順眼。[17]

薩迪可罕身為交通運輸局長，上任後不久的第一步，就是走一趟哥本哈根，為紐約找靈感：

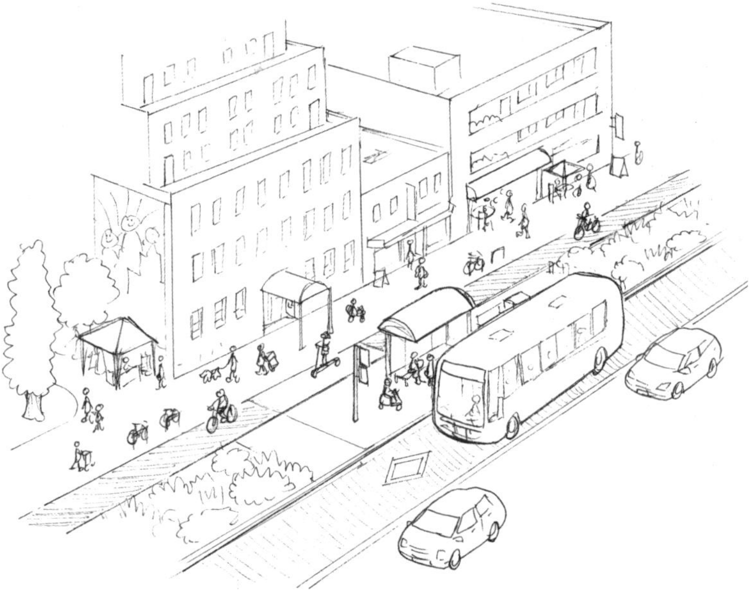

一波探路者帶著新的理想來到路邊，他們認為這裡應該有：公車專用道、共享自行車站、餐車、汽車共享車位、小公園、貨車卸貨區、接送區。

她學到可運用停好的車輛來保護單車族。而把自行車道放在人行道與停車道中間，立刻就能為單車族與快速車流之間築起一道牆。結果，單車風氣興盛，受傷人數減少，駕駛抓狂。在布魯克林，鄰里團體花了六年時間控訴展望公園旁設立的自行車道，雖然車流速度和以前沒有兩樣。「等到那些該死的單車道取消，恢復汽車通行時，我一定要去一堆剪綵活動。」市長候選人安東尼・韋納（Anthony Weiner）在二〇一三年說道。[18]而民調領先的克莉絲汀・奎因（Christine Quinn）打趣道：「我把自行車道列入不該在晚宴上討論的事物類別，這樣沒錯吧？」[19]布魯克林區長馬提・馬克維奇（Marty Markowitz）重新改編〈我的最愛〉（My Favorite Things，音樂劇《真善美》的插曲）的歌詞，並在市議會的抗爭公聽會上唱起〈我最愛的車道〉（My Favorite Lanes）。（他最愛的車道不是自行車道。）

然後，Citi Bike出現了（這是美國最大的公共單車系統，由花旗集團〔CITI〕贊助，其意義除了字面上的「花旗單車」之外，也取「城市單車」〔city bike〕諧音）。要設立這個單車共享系統的單車站，就要把數以百計的汽車停車位換成數以千計的單車停車位。桃樂西・拉賓諾維茲（Dorothy Rabinowitz）是《華爾街日報》的編輯委員會成員，她主張，社區沒能成功反抗Citi Bike，顯示出「單車遊說活動是威力無窮的雄心大業。」[20]關於停車位消失的抱怨消退之後，藍色共享單車確實非常熱門。二〇二〇年九月，系統有將近十八萬名年度會員登記，每天騎八萬多趟行程。平均而言，一輛單車每天會被使用五趟。在人行道、公園或停車空間，共有超過一千個單車站。二〇二一年九月，共享單車的使用次數創下新高：每天有十三萬五千零五人次騎乘。[21]

「千年後，考古學家細細檢視停放車子的照片，看到我們在公共空間排列車子的情景，就和雕像一樣，還興建建築予以安置，應該會深信這些車輛是某種神聖的文化圖騰。」薩迪可罕在其回憶錄《偉大城市的二次誕生》（*Streetfight*）中如此寫道。「如果我不在路邊停一輛車，而是搭起貝都因人的帳篷，用收費表繳錢，並在帳篷裡擺設客廳家具，那麼我的甜茶都還沒冷，帳篷就會被拖走。」[22]當時是二〇一八年。後來，共享單車站打破既有局面，即將創造出種種可能性。

薩迪可罕的計畫雖然有爭議，但並未對這城市三百萬個路邊停車位造成多少打擊。不過單車站確實以龐大的規模成為有關路邊停車位新思維的一個例證，遠遠不僅著眼於老舊的停車收費表那麼簡單。不意外的是，有家公司也對路邊停車空間的用途有興趣，認為那裡不光是能停車而已，這家公司就是Uber。這個叫車服務界的鉅子旗下車輛如今在市中心商業區占了相當高的比例，通常會暫停幾分鐘來接送乘客，但很少把車真的停放下來。二〇一八年，Uber委託舊金山的菲爾與皮爾斯顧問公司（Fehr & Peers）進行研究，並提出新概念：路邊空間生產力指數（Curb Productivity Index）；他們希望在思索路邊停車空間時，不是以摩根士丹利那種粗糙的利潤來衡量，而是以總利用率來思考。如果有對夫婦在那邊停車停了四小時，則二十呎（約六公尺）的空間每小時只服務〇・五人。如果一個長度八十呎（約二十四公尺）的公車站牌在四小時服務一百名公車族，那麼每二十呎的路邊空間每小時就服務了六・二五人。事實上，公車停靠站所服務的人數遠不只如此——在舊金山，公車停靠站每小時每呎路邊空間所服務的人數，比路邊停車位高出一百六十倍以上。在生產力指數上，路邊空間除了供公車站與汽車停放之外，還有五花八門的其他用途：共享單車站、餐車、共享汽車停車位、小公園、貨車裝卸貨區、接送區（因此Uber很有興趣探討這個問題）。

人類利用率是個不算嚴謹的衡量尺度，不妨改以冰冷、實在的現金來衡量。突擊紐約冰淇淋車的熔毀行動之所以獨特，在於找出冰淇淋車躲避罰單的方法——而不是司機收到的罰單數量。路邊空間的價值遭到低估，幾乎迫使每個想在路邊做生意的人都會收到龐大的罰款繳費單，也就間接顯示出這個進出點多麼珍貴。在紐約市，一輛商用卡車每年很容易累積一萬元以上的違停罰單。在二〇一六到二〇一九年間，一輛箱式卡車就能累積將近三萬元罰款的紀錄，這暗示了警察、教師與其他市府工作者的停車特權中隱含的價值。[23]為了維護在單車專用道停車的權利，美國郵政的發言人在推特上解釋，郵政工作者必須合法停車，否則無法及時或者以有效的方式遞送郵件。[24]確實如此，無需爭論。

在紐約市的財政局，不難看見律師代表物流公司對停車罰單的技術性問題提出申訴。（這些有爭議的罰單有半數會取消，主要原因是拼錯字——正因如此，花錢聘安娜．羅西這樣的人來取締路邊停車有其價值。）光是四家公司——聯邦快遞（FedEx）、優比速（UPS），以及食品雜貨公司生鮮直達（FreshDirect）與豆莢（Peapod）——在二〇一八年就有五十萬次違停，這還不計沒被逮到的！[25]許多公司甚至有罰單折扣的協議，還能避免車輪被鎖，而交換的代價是不占用市府時間來解決違規爭議。（在「可信賴的慣犯」折扣六百六十萬元之後，優比速支付了一千四百四十萬元，好在紐約街頭做生意。）城市可以從沒有設置停車收費表的街道及停車亂象中獲利，紐約就是個例子。在紐約，那一千兩百萬張的停車罰單，張張都是維持現狀不變的理由。

然而，每出現一輛併排停靠的物流車，實際上就移除了一條交通工具賴以循環的車道，這表示紐約快速成長的物流經濟有力量扼住街道網格，使之不流通。一項針對希臘雅典的研究顯示，若沒有併排停車，能減少交通堵塞百分之三十。在洛杉磯聖塔莫尼卡大道（Santa Monica Boulevard），百分之四十四的路邊停車是併排停車——其中百分之八十是叫車服務在接送乘客。[26]有一項針對西雅圖市中心兩千九百趟旅程的研究發現，某間包裹遞送公司的商業駕駛人，駕駛時間百分之二十八都是花在尋找停車位上，因此產生了更多車流，拉高營運成本。[27]

在城市與更好的路邊空間管理之間，出現了一個問題。談到數據取得這件事，大部分的城市就像芝加哥二〇〇八年的情況：焦點放在停車收費表與罰單所帶來的收益，卻不去思考接下來該做什麼。官員甚至沒有路邊停車位配置圖，更別提還要知道某個空間是否已有人停車，或多常有人停車。

然而到了二〇二〇年，出現幾家公司試著把路邊空間加以量化。通行證（Passport）、路緣（Curb）與座標（Coord）是其中三家新創公司，他們積極想理解這個在地圖上尚未標明的領域。如果摩根士丹利可利用最簡單的科技——把價格拉到最高的停車計時收費表——從芝加哥的路邊停車位榨出幾十億元，那麼立意良善的市區規畫者可以在紐約這樣的壅塞大都市達成何種成就？他們可從路邊停車位挖掘多少的收益與公共福利？史蒂芬．史密斯（Stephen Smyth）是座標公司的創辦人，他和舒普所見略同：這些土地是有價值的，卻以遠低於市價的價格售出（或者更嚴重——送出）。

座標公司背後的支持者，是Google旗下一個著重於城市的企業：人行道實驗室（Sidewalk Lab），其關注的遠不僅停車收費表。史密斯當初是在中城一間髒兮兮的共同空間做經營工作。這家公司把數十個城市的路邊停車規則數位化，通常是派出員工親自走上人行道，幫一個個街區畫圖表，製作出停車法規的波赫士地圖（Borgesian map，應是指阿根廷作家波赫士寫的〈論科學中的精確性〉，他提到一張理論上是很完美、處處對應實物的帝國地圖，但實際上卻完全無用）——這裡有消防栓、那裡有車道、這裡有兩小時停車、那邊要居民停車許可證才行、黃漆線、紅漆線、草坪椅——這些是美國城市公共標誌的大宗。其價值主張很簡單：座標在蒐集城市本身沒有的資料，那是很難從Google街景服務開採到的數據。（被太多停著的車擋住，很難看得清楚。）

路邊停車的法規可能是最複雜的道路規則，對當地人來說是挑戰，對於訪客來說也很難理解。在洛杉磯，有時候垂直高度五呎（約一．五公尺）的圖騰般的停車標誌上充滿各種資訊，於是座標公司把三萬五千個標誌、七千個街區的三萬個路邊路段數位化。這花了十二個星期，動用超過二十名調查員。（聽起來很可怕，但是想想當年，克麗西、琳賽與珍花了多少時間日夜調查芝加哥的威克公園，似乎又不那麼可怕了。在洛杉磯，兩名座標的員工花兩小時，即可取得一哩長的路邊空間如何使用的資訊。）他們做出來的數位地圖提供了生動的亂象證據，不光是在城市，在城市之間的地方亦然：羅曼大街（Romaine Street）從洛杉磯延伸到西好萊塢（West Hollywood）的一個街區，有一段是白天有兩個小時的免費停車，而從晚上十點到早上八點，則是有停車許可證才可停車，但另一段路又變成白天無限制免費停車，從晚上七點到早上七點又是需要許可證才能停車。這樣實在說不上是對使用者友善。在舊金山，有些停車標誌每年都會隨著舊金山巨人隊整個夏季的賽程而更新，分成白日賽事、夜晚賽事與移師賽事三套規定。

在科羅拉多州的亞斯本（Aspen），座標公司在二〇二〇年與市府合作，把商業裝卸貨區改成「智慧區」，送貨卡車可以預訂。SpotHero為芝加哥室內停車場所做的，是讓成千上萬個停車位可在線上預約，而座標公司則是要針對路邊停車位提供商用預約服務。座標公司認為，這樣可提供各家企業難以抗拒的二合一優勢：不必浪費時間找車位，且只要花一點點使用費，可免去編列大筆預算支付停車罰單。在亞斯本，有超過百名駕駛登記——有一半是來自全國性的車隊，例如餐飲服務西斯科（Sysco）、聯邦快遞與可口可樂——而在這項計畫一百天的試用期間，有超過上千次的預約。

二〇二〇年，我收到一封電郵，寄件者名叫霍華德·亞羅斯（Howard Yaruss），是七號社區委員會（Community Board 7）的主席，這個組織是管理紐約鄰里政治的五十一個協會之一。「我

身處於停車大戰之中，」亞羅斯先這麼表示，之後又說，「坦白說，其中很多是我發動的。」[28]

紐約市路邊停車空間最劇烈的改變，是出現在曼哈頓核心區：行人徒步廣場、靠停車防護的自行車道、最大的Citi Bike單車站網絡。但是這個城市大部分是住宅區，有隨著公車或地鐵延伸的商業大道穿插其間。怪的是，紐約最麻煩的停車爭端，就是在這樣的鄰里發生的。自從一九五〇年代以來，這些鄰里實施令人傷腦筋的「換邊停車」法規：每個星期一或兩次，駕駛人要把車子移開九十分鐘。商家往往高估開車來店的客人的比例，因此抗拒門前有公車專用道與單車停放。裝卸貨區的想法引來很強烈的反彈，即使每天來自亞馬遜公司的物流是每個街區的慣例景象，連消防栓前面也變成貨物裝卸區。交通運輸局開玩笑說只要多裝一些消防栓，就能解決併排停車的問題。（同時在社區的臉書社團裡，還有人問如何撤除消防栓好變出更多停車位。這麼想要停車位？幹嘛不在房屋火災裡死死算啦？）由於街道很窄，只要有幾部併排停車出現，整條路就會變成像障礙訓練場一樣，或是根本無法通過的交通死結；也可能某輛車不知道被誰卡在內側，天曉得要卡多久。亞羅斯住在中央公園西區（Central Park West）的建築，他想到只要是有人住的公寓，每天都會有物流送東西上門。「猜猜看，我們有多少裝卸貨區？答案是零，」亞羅斯在二〇二一年告訴我，「交通運輸局不斷跟我說，他們一直在研究最佳數字。我回答，幾個世紀以來，科學界都在研究一個人最佳的睡眠時間是幾小時，但我們知道，那不會是零。」[29]

諷刺的是，停車會變成紐約鄰里一個挑戰重重的主題，其原因就和行動人士認為重新改造街道有無限潛力一樣：大家就是沒有那麼常開車了。不僅多數紐約家庭沒有車，就算是有車的人也不會開車通勤。紐約的路邊停車事實上就是讓車主長期把車停放在此——市府在報告中揭露這一點，令聽眾火冒三丈。行動人士因此認為可以樂觀看待街道空間新的運用概念：你還沒用過這種新空間呢！但是擁車者卻認為自己可以卸責：交通亂象可不是我們害的！我們只有星期四下午會開車載小山姆去上大提琴課而已。

亞羅斯是經濟學家，因此把車子免費停在百萬富翁豪宅區的想法，很自然會吸引他的目光。「上西城（Upper West Side）公共空間最常見的用途，就是長期停車，而當你開始這樣想的時候，就會變得很憤怒。任何體系只要免費發送好幾十億元的東西，就會碰到濫用的情況，」他說，「等你開始看出來是怎麼回事，看待眼光就會不同了。這些空間一定有比長期停車更有意義的用途。」霍華德在康尼島附近長大，是紐約土生土長的第二代。他是道地的在地人，因此他開車到佛蒙特州的鄉間小路參加單車之旅時，父母還很苦惱：他該去哪裡找停車位？而在上西城，每走一、兩個街區，就會有人以濃濃的本地腔與他打招呼：「你好嗎？」（How ah yah?）

然而幾起發生在鄰里的死亡車禍令他大受刺激：二〇一四年，九歲的庫柏・史塔克（Cooper Stock）被一輛轉彎的計程車撞死。二〇一八年，澳洲旅客麥迪森・萊頓（Madison Lyden）騎著租來的單車，卻被垃圾車撞死。無論是否在他所住的地區，當時還有更多、更多的行人與單車族命喪輪下。有時候，解決之道似乎很簡單：對於像庫柏這樣的孩子來說，亞羅斯希望「日光照明」（daylight）打亮車多的繁忙十字路口，就是指要消除視線死角，移除最靠近行人穿越道的停車位，這樣轉彎的駕駛與穿越馬路的行人才能更早、更容易看到彼此。對於像是麥迪森這樣的單車族來說，解決方案更明顯，那就是受到中央公園西區路邊停車屏障的單車專用道。很不幸，這些設計每一種都必須移除停車位。亞羅斯無法說服市府在上西區以「日光照明」打亮交叉路口的可見度。但他的確在推動自行車專用道，也成功戰勝附近一間豪華公寓建築發起的訴訟——借助於一個失去女兒的母親寫的嚴厲控訴信；自行車道在二〇一九年興建出來。自行車專用道取消了兩百個停車位，這一點鄰居們可不會馬上忘記。

這事件揭開序幕，亞羅斯繼而在二〇一九年向社區委員會宣揚一個概念：路邊停車要收費。正如車牌辨識器與攝影機都除去了設一間收費亭的麻煩，新科技紛紛出籠，付停車費可以毫無阻礙地執行。舒普在二〇一八年曾於《紐約時報》的讀者投書專欄版提倡這個概念，他提到，這城市街上有三百萬個停車位，其中百分之九十七是免費的，並涵蓋紐約面積的百分之六，也就是十七平方哩的土地，相當於十三座中央公園。如果這些停車位有一半是要收費的，一天收個五．五元，舒普算下來，每年就能賺取高達三十億元，足以蓋一條新地鐵路線。五．五元這個數字可不是隨便喊的——那是一趟地鐵來回票的費用。

亞羅斯採納這個想法，並在二〇一九年向《紐約每日新聞》（*New York Daily News*）的讀者投書專欄版提出基進的提案：把免費停車換成免費大眾運輸。如果城市中**所有**停車位以每天六元的收費表費率收費，他推論，這城市每年賺到的收入就會和全國最繁忙的大眾運輸系統一樣。這還是保守估計值，因為免費的運輸系統還可捨棄所有昂貴的收費機械（或者通勤者使用鐵路仍維持付費），以及懲罰逃票者的成本。這是很進步的構想，因為比起搭地鐵與巴士的紐約人，開車的紐約人比較富有，也多為白人。亞羅斯甚至大膽假設，經常開車的駕駛（到處演奏的貝斯手、鎖匠、優比速的員工）可能會喜歡上這樣，因為路邊就不會有一個月只開幾次的車。亞羅斯指出，世上沒有還活著的人記得紐約路邊可以免費停車之前的情況，「免費停車就像是地球引力。」

亞羅斯提出要研究這個議題之後，在一場公共會議上，鄰居們並不接受。[29]「這個問題任讓人很不舒服，要站在這裡又不能哭……」珍妮・喬治（Jeannie George）哽咽道，「你說你是秉持左派原則，卻把我們當成某種收入來源，好像我們是搖錢樹一樣。你對待你的家人時，會打著算盤看能從他們身上榨出多少收益嗎？這是我們的社區，但正在被摧毀。」另一個發言人說，亞羅斯會剝奪她的謀生能力。「是政府在干預我們的權利，」史蒂摩・加柏列（Stilmore Gabriel）說。「我就要失去我的謀生方式了，」畫家亞伯拉罕・波里恩提（Abraham Poliente）說，「我整天都載著畫，要是我沒了停車位，就得離開這城市。」最後一句話是真正的問題所在：有些紐約人的工作會仰賴汽車，他們在幾十年前曾搬到人口不多的城市，卻發現很難維持生計。

李奧納多・丹尼爾斯（Leonard Daniels）是十二月社區委員會會議的第一個發言人，他和亞羅斯直球對決。[30]「我們得把停車位要回來，不能失去停車位。把腳踏車架放到人行道上，霍華德，不然就放棄你的車庫空間——因為你這樣自相矛盾了。」的確，霍華德是把車停在大樓車庫，一個月要繳七百二十五元，不是個平價的選項。

但也有人同意霍華德的想法。山姆・奇邁克（Sam Zimak）說，汽車從五〇年代就開始改變，或許停放車的地方也該改變。芭芭拉・萊斯（Barbara Rice）把這件事跟在室內抽菸相互類比：以前是正確的，現在則是不可思議。麗莎・歐曼（Lisa Orman）說：「目前路邊停車位是嘉惠少數人，但對其他人來說，成本很高……由於公共停車位有限，我們需要一套合理的系統強化為公眾創造的利益。」另一個發言人貝絲・歐蘭（Beth Orlan）則聲稱自己代表無車的紐約沈默大眾。「我代表的是這個鄰里與這座島上絕大多數的人。這傢伙，」她指著前一位發言人，「說我們不能把公共空間私有化。嗯，早在很久以前，我們就把公共空間送給私家車了。」[31]

抱怨車位難找已不是新聞。抱怨停車本身呢？那就很新奇了。亞羅斯知道自己的想法很天馬行空，幾乎是種譏諷，當初他只不過是提議要做某種研究而已。但他開啟了對話，而且還上了報，市長與市議員候選人都聽見了。為什麼你把自己的車放在公共路權的空間**會是**免費的呢？我們還能利用這個空間做什麼？

第十五章　新世界

從某些方面來看，我彷彿向猴掌許了願望。你知道猴掌的故事嗎？就是一個人可向猴掌許三個願望，雖然願望會實現，但代價極為慘痛（《猴掌》〔*Monkey's Paw*〕是英國作家威廉・雅各布斯〔W. W. Jacobs〕在一九〇二年推出的恐怖小說。故事提到有對老夫婦取得了可以許願的猴掌，於是許了個願，盼能得到兩百英鎊，結果他們的兒子意外死亡，因此得到兩百英鎊的賠償金）。我會開始寫這本書，部分原因是某次突然受到啟發。我們在城市街道沿線，以及為數不少的廣場和公園，都讓出龐大的公共空間供車輛長期停放。這是因為在已不可考的過去某段時間，大家曾一致認為這些空間的最佳用途就是讓車子休養生息，之後再踏上下一段旅程。在諸如紐約與洛杉磯這樣的大城市，房地產很昂貴，瀝青路面旁的路邊帶狀土地都有龐大的價值。這是世上數一數二昂貴的地方，而你可以免費使用，只要有符合此處唯一的用途：停車。

我許下願望，但願其他人也能這樣看待：看見這樣的公共停車空間本來都**不是**給停車用的，是我們決定了這個空間的用途。維護得好的停車場會散法出亙古氛圍，彷彿宙斯劈出閃電、壓下了那片柏油。但你看過停車場崩壞嗎？那可以發生得很快。水窪出現，路面開始龜裂。地面結凍、融化，出現高低不平的表面，而柏油被壓彎。種子鑽進裂縫，冒出芽，其根部與樹幹一天天悄悄長大，把人類盡力做好的鋪面一分為二。在你還沒發現時，停車場已成為鳥兒與蟲子的地盤。本來這邊開了間必勝客，現已完全成為小野菊的地盤。

我許了個願望，願他人也能有和我同樣的領悟，體認到一千輛停著的車底盤下，那塊被遮掩的土地具備多大的潛力。這下子，猴掌的部分出現了：我開始動筆寫這本書時，新冠肺炎疫情爆發，大半個世界都關閉了。但是對救護車來說，車流消失了，空氣更清新了。少數的幸運兒能遁入鄉間，但大部分的都市人要留在空蕩蕩的城市，四周瀰漫著不安的氣氛。公寓擁擠，人不再有公共生活；街頭安安靜靜，不見汽車蹤影。那就像有人把浴缸的水塞拔起，一夜之間，城市的車流已經排乾。街道彷彿遭到遺棄，室內外停車場與路邊停車位空無一車。

忽然間，美國幾乎每個商業與市民空間旁都有一塊瀝青地，這件事彷彿神來一筆。教會算是率先轉移陣地進入停好的車子的機構。在維吉尼亞海灘（Virginia Beach），一間巨型教會的教區居民會按下一聲喇叭，代表「阿門」，按兩聲喇叭，代表「榮耀！哈利路亞」；同時間當地的調頻廣播電台則播放禮拜式與樂團演奏。[1]在西維吉尼亞州，一名牧師回報，教區居民受到的拘束沒有那麼大。「總是有許多人坐在那邊，雙臂抱胸，皺著眉頭，但也會跟著吟唱……我的確看到更多人無拘無束、敞開心胸，真心敬拜。」[2]在奧哈馬的復活節禮拜上，牧師葛瑞格．葛利菲斯

（Greg Griffith）在大家按下喇叭時感到歡欣無比：「真高興看到大家震破撒旦的耳膜。」[3]

醫院爆滿，改成在停車場接收病患。結婚登記處會在停車場舉辦典禮。費城的文教區建議家中沒有高速網路的學生到學校停車場上課。老師也會尋找wi-fi連線速度快的停車場。賓州有個叫凱特・貝爾（Kate Baer）的媽媽，家中有四個孩子，而她在潘納拉麵包店停車場上的迷你廂型車裡寫下一系列詩歌，還登上《紐約時報》暢銷榜第一名。

二〇二〇年十月，我到麻州參加一場市民會議——這就是亞歷克西・德・托克維爾（Alexis de Tocqueville，一八〇五–一八五九，法國政治學家與歷史學家，也是政治人物，曾深入探討西方國家的民主，並以自己在美國遊歷的經驗，寫下《民主在美國》，成為這個領域的重要著作）在《民主在美國》（*Democracy in America*）書中提及的重要主題——而會議已完全遷到停車場舉辦。民選官員坐在開放式遮陽篷下，對著麥克風說話。數以百計的市民坐在車上，以按鈕器投票，他們依循著極鎖定本地受眾的車用收音機廣播的指示。

大家花了很久的時間，才好不容易意識到，新冠肺炎病毒不會在戶外傳播。在四月初，奧克蘭宣布封閉七十四哩（約一百一十九公里）長的街道，不讓汽車通行，好讓大家有走到戶外透氣的空間。舊金山與芝加哥等城市不久之後如法炮製。在四月底，立陶宛的維爾紐斯市（Vilnius）決定加快咖啡館、酒館與餐廳重新營業的腳步，於是提供公共空間，讓大家能夠坐到戶外餐桌、保持社交距離。時至盛夏，美國幾乎所有城市與市郊都實行一樣的措施。

短短幾個星期，從東岸到西岸，氣氛從疫情導致的封城，變成戶外嘉年華。從加州聖卡洛斯（San Carlos）之類的市郊，到波士頓北區（North End）等古老鄰里，都可見到餐廳把桌邊服務移到他們一度認為不可或缺的停車空間。在聖地牙哥與奧斯汀，大家想都不想，就把神聖不可侵犯的最低停車位設置要求拋諸腦後。停車場擺滿餐桌，於是整個美國都在戶外吃飯。《洋蔥報》打趣說洛杉磯在一〇一號國道中間開設餐飲區，也和實際情況**差不了**多少——在洛杉磯的格倫代爾廣場（Glendale Galleria），用餐者是在室內停車場用餐。[4] Yelp指出，比起未禁止車輛進入的地區，消費者對於完全不讓車輛進入的餐廳大街興趣大增：前往芝加哥富爾頓市場（Fulton Market）用餐者的流量，比整體城市一般情形高出百分之二十五；這裡就是停車改革網的溫伯丁曾讓我見識到停車場未來的地方。[5] 舊金山的瓦倫西亞街（Valencia Street）生意提高百分之十八。愛達荷州波夕城（Boise）的第八街提高百分之二十九。波士頓的小義大利位於人潮擁擠的北區，數字則上升百分之六十一。

在面對新冠病毒時，沒有任何地方在停車文化上碰到的挑戰比紐約市還大。紐約人飽受病毒攻擊，對於在室內用餐感到戒慎，於是紐約把整個城市內外翻轉過來。這就像是伊塔羅．卡爾維諾（Italo Calvino）《看不見的城市》裡的故事：一座原本存在的大都市忽然間遭到遺棄，而替代城市得要在旁邊建造出來。起初，這個替代城市很簡單：把桌椅搬到路邊車道，靠著一排疊起的貨運棧板擋起來，那裡會有野餐桌，餐廳則透過窗戶來服務。到了夏末，餐廳確定他們還有一段未定限的時間可繼續使用路邊停車位空間，於是路邊的擺設發展成完整的建築物。薩迪可罕曾開玩笑說要到停車位上搭起貝都因人帳篷，但實際情況更是往前一步。到二〇二一年底，紐約有將近七千家餐廳會在停車道上提供服務。這些附屬建築開花結果，變成美妙的路邊用餐區。有些還掛著花朵盆栽與紙燈籠，其他則提供幾排絲絨簾隔起的包廂，讓人彷彿在西伯利亞鐵路上搭著火車旅行。未加工的合板實在是非常有二〇二〇年代表性。

市長比爾．白思豪（Bill de Blasio）對此讚譽有加，稱之為救生索，能挽救面臨危機的餐旅業，這話確實不誇張。不過，這種改變其實牽涉到更基本的層面：數十年來，原本保留給車輛免費停放的空間，現在是每小時供幾十個人使用，某些停車空間每天都能帶來幾百元的營業稅。有的餐廳在二〇二〇年疫情肆虐的夏季，即使沒有觀光客與通勤者，營收還比二〇一九年多。從南布魯克林到布朗克斯，數不清的紐約人在紐約街頭坐著吃東西，把幹道變成廣場，更常與朋友、鄰居打照面。在餐廳密集的街道，例如韓國城與小義大利，這些地方都出現了半永久性的街道嘉年華，充滿表情與聲音。在某些街區，街道餐飲幾乎占據了每個停車位。二〇二一年春天，疫苗已經大規模為民眾接種，於是內用人數解禁。但大家還是不動，有生氣的地方受到歡迎，那就是戶外。

白思豪計畫以幾個月的時間取消停車位，讓都市景觀改頭換面，而不動用到社區資源。然而，這樣的政策卻引來駕駛人的質疑。市長反駁：「當然，挽救十萬個工作機會遠比保留停車位更重要，重要性根本差很多！」[6]無論批評者或支持者對這些大改變持怎樣的意見，總之這城市三百萬個路邊停車位中，餐廳用去的只占了八千五百五十個。[7]

典範轉移不光發生在室外用餐這件事上。二〇二〇年，第十四街禁止私家車通行，也為後來的公車專用道鋪好了路，這讓車速提升百分之三十到四十，週間乘客人數增加百分之二十五，週末增加百分之三十。如此一來，救護車、消防車、送貨車與各項必要服務就能快速通過市區幹道。布魯克林出生的創業家沙巴茲．史都華（Shabazz Stuart）開發出讓人停腳踏車的停放艙「奧尼波」（Oonepod），協助住在無電梯小公寓的紐約人也能把腳踏車安全停放在外。史都華利用一輛車的空間，幫十輛單車遮風避雨，確保安全。這個點子實在「神奇」，後來當選市長的艾瑞克．亞當斯（Eric Adams）在二〇二一年說道，並表示應該要推廣到「整個城市。」[8]衛生局長凱瑟琳．賈西亞（Kathryn Garcia）在二〇二〇年就職時，啟動「潔淨路邊空間」計畫，將紐約市商業改善區（Business Improvement District）的垃圾從路邊移開，放置到停車位上密閉的垃圾子車中。[9]紐約人原本很習慣人行道邊擺滿垃圾，和前臂一樣大的老鼠會在那裡大飽口福，誰也沒料到解決辦法簡單到不可思議。審計長暨市長候選人史考特．斯特靈格（Scott Stringer）說：「第一優先是變更路邊停車與街道空間的用途，供行人、單車、巴士、推嬰兒車者、輪椅族、餐廳、零售商店與各種公共用途來運用……停車位很珍貴，不該免費奉送給私家車。」[10]日後將擔任曼哈頓區長的馬克．萊文（Mark Levine）想改變城市的土地使用分區規定，允許室內停車場把一樓的空間租給貨運公司，讓卡車可以停在這裡，將一箱箱貨物交給停在「綠色裝卸貨專區」的推車與單車，再運送給附近的收件者。[11] 全食超市已漸漸明白，卡車會浪費時間、空間與金錢；全食超市曼哈頓的店面會在店外的路緣幫送貨單車裝卸，之後再將貨物配送出去。

如果城市光靠八千五百個停車位就能做到這些事，那麼有五萬個停車位能做些什麼？五十萬個呢？「交通替代」在二〇二一年提出一份報告，鼓吹紐約把分配給汽車的停車位收回百分之二十五。[12] 這樣城市能擁有什麼？十三座新的中央公園。五百哩長的公車道；四十哩僅長的公車專用道；三千八百萬平方呎的社區活動空間；每個交叉路口的視野會更好；一千哩無汽車的零排碳街道；額外五百四十萬平方呎的空間，供餐廳、商家與文化機構使用。三百萬平方呎可供設置徒步區、讓輪椅通過，也能設長椅與公車亭。每個街區有八十呎可以裝卸貨物與集中垃圾。還會有一個街區的空間，讓城市的一千七百所公立學校每所都有戶外遊戲與學習的空間。

二十世紀很長一段時間，美國對外輸出了汽車文化。在世界各地，市郊與以汽車為中心的零售商店如雨後春筍般冒出，並引進美國最低停車位設置要求的標準。（在德國，納粹似乎是自己發展出這個概念。）格魯恩在維也納郊區碰到自己打造出來的情景時很不高興，而無數的市中心眼睜睜看著市郊在邊緣發展起來。車子愈多，表示生活愈好，從倫敦到北京的各地城市居民垂頭

城市街道以及許多公共廣場與公園，都向長期停放的車子讓出了大量的公共空間。

喪氣、紛紛向外遷移，模仿洛杉磯式的發展。

然而這幾十年來，潮流似乎在逆轉。日本是率先以停車政策對抗大量汽車化發展的國家之一，首先是禁止隔夜停車，並以「車庫證明書」的法規將政策推到巔峰：一定要擁有註冊好的停車位，之後才能為車輛註冊。為什麼日本街道有其獨特的魅力？原因很簡單：沒有路邊停車。

拉丁美洲帶頭把街道還給了人民。一九七〇年代，波哥大率先發起行人／自行車專用區（Ciclovía），每個星期天會把好幾哩長的街道開放給家庭、慢跑者、單車族與小販。有超過兩百萬人次參與，之後也引來幾十座城市仿效。在巴西，諸如里約熱內盧、聖保羅與巴西利亞等城市，他們也會定期封閉高速公路，不讓車輛通行。巴西以快捷公車系統誕生地而聞名——這是一種僅靠低成本就能讓大量人口在原本壅塞的大道上移動的方式。墨西哥城每個星期天會在雄偉的改革大道（Paseo de la Reforma）上舉辦行人／自行車專用區的活動，並取消了最低停車位設置要求。

在歐洲，汽車擁有率較高，然而改革也已展開了。阿姆斯特丹在一九七〇年代曾到處都是交通亂象，於是一群母親提出「停止扼殺孩童」（Stop de Kindermoord）的口號，發起運動。一九七五年，荷蘭的人均車禍死亡率比美國高出百分之二十；到了二十一世紀，人均車禍死亡率則低了百分之六十。阿姆斯特丹從交通大堵塞，變成以人（及騎單車的人）為本的城市，不再是有意義的比較基準——因為太不真實了。

二〇〇四年，大倫敦政府（Greater London Authority）把英國首都的最低停車位設置要求以最高停車位限制來取代。倫敦幾乎每個行政區都比照辦理。原本必須依法設置停車位，現在成了嚴格的數量上限。在這項決策實施後的七年內，倫敦興建的車位比舊有法規可能促成的車位量少了十四萬四千個。這座城市悄悄變成旗手，逆轉了美國輸出到全球的政策：「世界上沒有其他城市用這麼基進、全方位的尺度，改革了停車要求的規定。」研究人員郭湛寫道。[13]

挪威奧斯陸的進步派政治人物在二〇一五年掌權之後，就提出在市中心禁止車輛的計畫，這裡的居民大多沒有車。商店主人反彈；於是市府重新思考後，改成禁止停車，並把市中心的六百五十個路邊停車位全數移除。[14] 取這些空間而代之的是遊樂場、文化空間、長椅或單車停車位。

在巴黎，市長安妮・伊達戈（Anne Hidalgo）撤除了數千個路邊停車位，騰出空間給公車專用道、自行車道與裝卸貨區，並計畫在二〇二五年以前取消首都半數的路邊停車位（亦即取消七萬個）。二〇二〇年冬季的某一天，負責交通運輸的巴黎副市長克里斯托夫・納吉多夫斯基（Christophe Najdovski）歡迎我走進位於哥德式建築內的市政府辦公室，從那裡可以俯視他們執政團隊最具代表性的計畫：里沃利路（Rivoli）的雙向自行車道，而這條路是巴黎最大的東西向幹道。就和他坦率直言的上司一樣，納吉多夫斯基跟我說的話，是我很難從自己家鄉地方政治人物口中聽到的。在巴黎，汽車只占行程總量的百分之十一，卻用了公共空間的百分之五十。他估計，伊達戈與前任市長貝特朗・德拉諾埃（Bertrand Delanoë）撤除了大約兩萬個路邊停車位。伊達戈拓寬人行道、種植樹木、讓塞納河兩邊的公路變成行人徒步區，於是就有了兩個廣受喜愛的線形公園，可供民眾散步、社交。

此外，巴黎還投資公車與路面電車，因此人們很願意離開汽車：大眾運輸系統的利用率在二〇一〇與二〇二〇年間，提高了二位數的比例。巴黎大量的各種車庫空間（路外停車位與路邊停車位的比例大約是六比一）都淨空了，有些變成地下蘑菇農場，我也聽到另一個車庫傳來有人在練習薩克斯風的聲音。納吉多夫斯基也想要取消公共室內停車場。「那就像是汽車吸塵器。」他說，市郊的汽車駕駛會被吸引過來。[15]對巴黎人來說，這場戰鬥的急迫性在年復一年的春天都更加顯著，因為當地天氣模式會把霧霾困在碗狀的谷地內。有幾天時間，巴黎的空氣品質會比北京或新德里還糟。「我們把幾萬輛車以幾萬棵樹來取代吧。」納吉多夫斯基建議。隔年，我回到巴黎，伊達戈已趁著疫情的機會，在城市中造出大型的單車公路，沿著最多人使用的地鐵路線建設。雖然比起汽車道，這些只占街道的其中一小部分，但每分鐘都能讓更多人在城市中移動。數百間巴黎的學校如今在校門外都有禁止車輛進入的街道，於是小朋友吱吱喳喳的聲音取代了輪胎與引擎的噪音。和阿姆斯特丹一樣，忽然間巴黎就走得太前面、早已不能當比較的基準了。不需要太多的停車位，就能幫城市改頭換面。

結論

在美國，新冠疫情改變了停車的動態。即使尖峰時間車流量大、停車費高昂，也無法讓通勤者改搭大眾運輸系統。市區室內停車場的復甦速度比公車與軌道運輸還快，因為上班族提高警覺，會以開車這種移動方式回工作崗位。一方面，大眾運輸系統的未來看似模糊不清，另一方面，有些美國人不再長時間通勤，而是於在地鄰里工作，這裡的通勤路程較短，街道空間也由人群奪回了。線上購物暴增，於是實體停車位過剩的情況比以往更明顯——而且，到處都看得到物流車併排停車的情況。

處處都有跡象顯示，停車空間在美國生活中會出現大變革。有一家公司把最大的商業停車業者整合起來，那就是REEF。這家公司背後有超過十億元的創投基金支持，他們預期我們所知道的停車現況即將畫下句點。REEF的目標是：「重新想像常見的停車場不同的樣態，可以成為隨需經濟（on-demand economy）茁壯發展的樞紐。」簡單來說，這表示發展以外送為重點的「幽靈廚房」餐廳；聯邦快遞、優比速與亞馬遜最後一哩路上的分貨樞紐；或也可能純粹是彈性化再利用美國過剩的停車空間。「這些空間雖然算不上美麗，但都能發揮功用來支持五花八門的應用方式，」REEF執行長亞利．奧賈沃（Ari Ojalvo）在二〇二〇年說，「如果你想在那邊開雜貨店，那就開雜貨店。想開洗衣店，就開洗衣店。」[1]停車場經營者就像是恐龍，而REEF會讓生意人更容易利用到價值受低估的空間——畢竟他們旗下有四千五百個室內外停車場，共有超過一百萬個停車位。「我已經接到全國各地好幾個業者來電，詢問關於停車大師（ParkJockey）的事情，」《今日停車》的凡．霍恩寫道，他提到的停車大師是REEF的舊稱，「他們是誰？軟體能做什麼？唉呀，我們會被坑殺嗎？」會。[2]

而大家開始轉換為電動車，也對舊有的停車方式造成威脅。突然間，尋找停車位的混戰場面失去了意義。電動車是自從停車收費表以來，為路邊停車位掀起最大改變的一件事——或說它危及了路邊停車位供車輛長期停放的可行性。在費城、波士頓與芝加哥等城市，對於在路邊停車的居民來說，改開電動車是一項挑戰。二〇二〇年初，在紐約市註冊的車輛有兩百四十萬輛，其中僅五千八百輛是電動車。在設有路外停車場的集合住宅，情況也只稍微單純一點，因為公寓管委會與地主必須自行設法解決充電基礎設施的問題。裝在哪裡才安全？充電速度應該多快？費用該由誰支付——所有駕駛人？只有電動車駕駛？所有居民？這個過程必須大規模在整個城市為電動車複製，才能在美國最大的都市定下標準。為了避免費用過高，以及每個停車位都有汽車充電器而造成浪費，城市需要有更成熟的方式來決定路邊停車位該如何應用，以確保每個駕駛都能得到所需電力，也要確保那些居民都把車停在路邊的老社區不會被置之不理。從窗戶掛一根延長線是行不通的。

然而這些事和即將發生的改變相比，根本不算什麼：自駕車有天會主宰道路。新的汽車已能自動停車；如果這項科技也應用到停車場那麼大的規模，要用來停放車輛的空間就會大幅下降，因為停車位會更狹窄，而進出通道也會消失。想像一下以後靠自駕車通勤的情況：你住在距離城市很遠的大房子，反正不必自己開車，多個幾哩路也無妨。你不必在走走停停的車流中弓著身子、手握方向盤，而是可以拿出筆電打字或打個盹。車流會移動得更快，因為機器人車輛行駛時可以相互靠得更近，並傳達前方路況。絕不會有意外發生，導致左邊兩條車道封閉。但是車流也會更緩慢，因為有**好多、好多人在開車**。等到孩子長大一點，汽車座椅坐不下的時候，就能自己上路。銀髮族也不必放棄開車。許多身障人士（例如視障者）也可以上路了。你不必駕駛的時候，開車的好處會多更多，因此過去已經在開車的駕駛現在也會花更多時間在路上。

但真正的改變是發生在你抵達目的地的時候。你的車把你送到工作場所後，就去找地方停。既然開車很便宜，停車很昂貴，那麼你的車會完全離開市中心——或許前往高速公路旁的便宜停車場，或停到附近住宅區的路邊停車位。如果你只是要速速辦點事，或只是喝杯咖啡，你的車可能根本不必停。如果你手頭很緊，或許那天你的車可加入計程車的行列，接送陌生人幾個小時。無論是哪一種情況，大型市區的室內停車場的價值主張——也就是高價停車場所在的胖墩墩建築

（例如漢莫施拉格的詩歌停車場）——就消失了。我們所認識的那種停車模式步上滅絕，以其他方式取而代之。

我在報導與撰寫此書時，有時從政策的觀點來看，未來該如何前進路線似乎很清楚。廢除最低停車位設置要求，讓開發商興建客戶想要的停車位數量。把室內停車場的租金和公寓租金分開，這樣無車房客就不用出錢補貼開車的鄰居。要有以下認知：愈多停車位就代表愈少住宅，尤其是平價住宅。讓不同用途的建築——辦公室與公寓建築、學校與電影院——共用停車空間。最好的路邊停車位要收費，善用停車費率與執法——目的不是賺現金、產生懲罰迴圈，而是藉此管理城市街道。把收益投資到鄰里。請建築師設計能讓人徒步的環境。請駕駛人承擔一些汽車使用的外部性。把部分多出來的停車位轉換成新的東西。

你還可以更進一步。近年出現了一種相當弔詭的情況：位於市中心且適合行走的鄰里，在擁有較多車的富人之間蔚為風潮。在這些地方，例如曼哈頓或倫敦市中心，開發商會興建超出需求量的停車場，因為豪宅買家願意多付點錢，方便自家停車。在這些地方，光是取消停車位設置規定或許不足以減少空氣污染、車禍死亡人數，並紓解交通堵塞。因此，訂定最高停車位設置上限可能是必要之舉。

對駕駛人（也就是對我們大部分的人）來說，無論去哪裡，停車變革會讓世界更加便利，甚至更容易停車。舉例來說，物流公司的專業司機能受惠於更專業的停車系統。但到了最後，停車改革其實表示，我們要取消駕駛人在宰制地面以來百年間所累積的優勢。從方向盤後方來看，那些改變——停車空間消失，改成了公車專用道、一排樹苗、一間餐廳的戶外座位區——是挺令人沮喪沒錯。但我希望，駕駛不會只透過擋風玻璃來看待這些改變，同時也要知道：雖然停車難度提高，但開起車來反而可能更輕鬆。

等到世上的停車空間改善，我們也會更加適應。如果停車場不再是街道與建築物所不可或缺的設施，人口密度與商業活動的型態也不再受到停車牽制，那會增加多少人可生活在適合步行的空間？在不受停車空間的法律拘束之後，會有多少仰賴汽車的地方變成可騎單車的鄰里？這樣原本有三輛車的家庭，只需要兩輛車就好，而有兩輛車變成只要一輛車就好，於是孩子又可以走路上學了。

我起初擔心，停車改革者所追求的目標是沒有人希望發生的事情。的確，停車侵蝕城市的空間，導致城市四分五裂。但大部分美國人不是挺樂於拿出代價交換嗎？他們一有機會就撤到市郊——在那裡必須開車，日日夜夜都有充分的停車位。美國人想要開車，想要更大的住宅，還要有院子。就算順應停車位設置要求而生的城市並不美，也或許停車管理並不佳，但這卻是真實的眾人偏好所造成的結果。美國人不僅持續遷往市郊，也大量聚集到最不宜行走的區域，例如德州奧斯汀。如果有什麼事情能讓停車改革者站上同一陣線，最重要的一件就是——他們不開車。或許他們只是一群對著機械手臂奚落攻擊的怪胎。

但是當我在著手寫這本書時，卻開始相信情況恰恰相反：為數不少的美國人確實想住在可到處走走的地方，有人甚至願意為此放棄車子。大量補貼停車位只是做牌給郊區生活，從房貸利率折扣、有偏見的貸款辦法、不公平的學區劃分，到便宜的汽油與其他無法估價的駕車外部性皆是如此。雖然有這些情況，在美國，最昂貴的居住地仍多半是人口密集、適宜行走的城市鄰里。如果從市場能讀出任何信號，就是這麼回事。

我才剛深信如此，市區停車的平衡就改變了。從較深的層面來看，對於停車的執念把人拒於門外：停車法令導致填入式開發無法進行。停車問題摧毀平價住宅。提供停車場的財務與政治義務，成為都市密度的限制，也使得機會多的鄰里依然屬於少數人。但從表面來看，當然停車也是進入一個地方的機會。經過了幾個世代，停車改革者吹捧的環境已從面臨拆除的貧民窟，變成一般人根本負擔不起的昂貴地方。停車需求少的鄰里成為城市中最熱門之處。隨著都市規畫的焦點從生活品質變成講究平等，我看得出免費停車可能變成一種安慰獎，能提供給那些被排擠到仰賴汽車的城市邊緣的居民。之所以那麼做，並非像格魯恩的時代是要誘惑他們，而是給一點小小補償——因為我們沒辦法在這裡給他們一個家。

二〇二〇年秋天，我在德州奧斯汀遇見葛雷格・安德森（Greg Anderson）時，他正蓄髮抗議這座城市「像坨屎」的土地利用法規。[3]「我們深深在意汽車停放，卻根本不在乎住宅，」那年秋天，他在奧斯汀的萊恩飯店（LINE Hotel）露台告訴我，「實在太離譜。」安德森任職於國際仁人家園的奧斯汀分會，正嘗試在市中心的一塊地幫該組織開發首座無停車位的住宅。他的分會主管擔心沒人想住在那裡，也沒有銀行願意提供融資給這項計畫。那位主管問我，有沒有任何資料可供比較。最後，他們賣了這塊地。

葛雷格主張，奧斯汀市中心是城市中很適宜步行的地區，住在那附近是許多人的首選——這樣的偏好是源自於房地產價格，房價從市中心往仰賴汽車的邊緣地區遞降，就像標靶的環那樣。即使在德州中心地帶，也得花更多錢才能住在停車不容易的鄰里。但多數人並沒有體認到平價住宅與易於停車之間要做出取捨。相反地：鄰里變得愈昂貴，**每個人**就認為停車位愈重要，無論他們是否住在那邊。那些造成新住宅無法興建、打造不出有文化包容性的二十一世紀城市的人，可能會拋出免費停車當作安慰獎。你負擔不起住在城市，但至少負擔得起在那裡停車。

葛雷格在奧斯汀大學講授一門都市主義課程，有一天，他邀請我和幾個奧斯汀的舒普社群成員一起到課堂上客座。這些改革者談著他們在城市做的工作，說完後，安德森面對一群滿臉狐疑的聽眾。這所大學有四萬名大學生，其中百分之八十住在校園外，許多人住得並不近。他們很不滿大學每年停車費要收六百元。對他們來說，停車位少，就代表自己更像被擋在校園外，而那是學費之外還要另外付的一筆錢。他們住不起西校園（West Campus），也就是緊鄰著德州議會大廈建築、氣氛熱鬧的學生街坊。葛雷格希望他們問的問題並不是「為什麼停車這麼難？」，而是「為什麼不開車這麼難？為什麼住在能不在乎停車費用，或者有無停車位都沒差的地方那麼難？」

即使葛雷格對奧斯汀人真正的偏好理解正確，但事實上，奧斯汀就和許多美國城市一樣，由於收入差距大，房價又高不可攀，導致許多勞工階級的家庭搬離城市。停車議題中的政治引發的結果：很難幫那些需要住在市中心附近的人興建住宅，這情況實在糟糕透頂。不過，他們一旦前往城市邊緣，平價住宅的美夢也不再屬於他們，城市不再屬於他們，剩下的就是免費停車。在這個城市，無車生活可說是一項特權，於是那些擁擠的路邊停車位就帶有平等主義的力量。停車如果是免費的，那麼要找停車位就得花點時間，而在時間之前，人人平等。

這項論點有些瑕疵。在美國，整體而言，住在郊區的人依然比住在城市的人富有。有車的人也比沒車的人富有，愈富有就擁有愈多車。於是駕車的直接外部性依然明顯，對於住在繁忙道路附近的都市人來說，影響也愈大。不過，在我報導的過程中，一個核心主張卻一再出現：減少停車位的可得性或提高停車費，是把懲罰施加在最拮据的人身上。

如果你無法想像有個更佳停車安排的世界，那我可以理解前面這個主張有其說服力：在那樣的世界裡，房屋平價且容易興建，開或不開車可以自選，街道對孩童與長者來說是宜人的公共空間，而停車位在你需要的時候都有。我們大部分的人都無法想像，因為已經深深陷入停車這個大坑內，根本看不到邊緣以外的景象。我又想到那位不敢去食品雜貨店的波士頓女子了，她削瘦憔悴，但保住了停車位。

停車是權利，卻是最膚淺的一種。它粉飾著更深層的不平等，而那些正是我們不願意處理的問題。棒球場有充分的停車空間感覺起來很必要，因為道路太危險，家長不會讓孩子在那邊騎腳踏車。校園附近的免費停車場看起來不錯，能嘉惠那些無法奢求住得夠近、可走路上學的人。在富裕社區容易停車，對於要去當地工作、卻永遠無法住在附近的人來說宛如救生索。若公車一小時只來一班，市區幾畝大的停車空間感覺對通勤者與購物者來說是好事。在上述每個情況，停車都像是一種粗糙的權利，為更深層且人人都該享有的城市權利罩上陰影，也形成阻礙。

致謝

若是少了地方新聞記者的努力，這本書無法問世。感謝《洛杉磯時報》的黎安．迪隆（Liam Dillon）、班．波斯登（Ben Poston）與茱莉亞．巴拉傑斯（Julia Barajas），刊登關於金潔．席茲克在索拉納海灘的計畫，這篇精采的報導是最早引起我注意的相關新聞。「環球樞紐」（Universal Hub）的亞當．賈芬（Adam Gaffin）報導一名波士頓女子，因為害怕失去停車位而瘦了五公斤。《芝加哥讀者報》（*Chicago Reader*）的記者伸張資訊自由，揭露停車收費表背後的機關算計。紐約市街頭部落格（Streetsblog NYC）將市警局違停瀆職事件，以及城市進行改革的小步驟，依照時間娓娓道來。我讀過無數地方刊物，這是其中四種，而他們的努力讓我發現這些故事，盼能為這枯燥的主題注入生命。

也深深感謝停車研究的前輩之作：艾蘭．班－約瑟夫（Eran Ben-Joseph）的《再思停車場》（*Rethinking a Lot*）、約翰．賈科（John Jakle）與凱斯．舒爾（Keith Sculle）的《形形色色的停車場》（*Lots of Parking*）、莎拉．馬魯瑟克（Sarah Marusek）的《政治與停車》（*Politics and

Parking)、馬克・柴爾斯(Mark Childs)的《停車空間》(*Parking Spaces*)、凱瑞・賽葛雷夫(Kerry Segrave)的《在美國停車》(*Parking Cars in America*)、麥克・康頓(Michael Condon)的《二〇〇八年芝加哥停車收費表的特許權》(*The Chicago Parking Meter Concession of 2008*)、凱瑟琳・米勒(Catherine Miller)關於停車歷史的論文、約翰・傑克遜(J. B. Jackson)關於室內停車場的文章,還有唐諾・舒普的《免費停車的高成本》。在此要特別感謝舒普,我在本書中談論他本人率先提出的主題,而他很善良慷慨,不吝給予鼓勵。那些作者都幫助我思考關於停車與城市的故事,且不光是在這裡引用,而是思考得更深更遠。謝謝這些討論停車的人,本書最後的附註會提及他們的作品。他們的研究與知識就是本書的基礎。

還有其他一流的歷史研究,協助我洞悉美國城市的發展,這些作品包括肯尼斯・傑克森(Kenneth Jackson)的《馬唐草邊疆》(*Crabgrass Frontier*)、多洛瑞斯・海頓(Dolores Hayden)的《營造郊區生活》(*Building Suburbia*)、傑佛瑞・哈德維克(Jeffrey Hardwick)的《商場建造者》(*Mall Maker*)、克萊・麥克夏恩(Clay McShane)的《柏油路上》(*Down the Asphalt Path*)、羅伯・波爾加(Robert Beauregard)的《衰亡之聲》(*Voices of Decline*)、李察・隆斯卓斯(Richard Longstreth)的《洛杉磯免下車服務、超市與商業空間的轉型》(*The Drive-In, the Supermarket, and the Transformation of Commercial Space in Los Angeles*)、厄爾・斯威夫特(Earl Swift)的《大路上》(*The Big Roads*)、瑟曼・葛蘭特(Therman Grant)與約書亞・史丹(Joshua

Stein）彙編的《丁巴特2.0》（Dingbat 2.0），以及達娜・卡斯波（Dana Caspall）與約瑟夫・施魏特曼（Joseph Schwieterman）的《地方政治：芝加哥土地使用分區史》（*The Politics of Place: A History of Zoning in Chicago*）。我第一次讀到關於停車場的激烈批判，當然是來自《偉大城市的誕生與衰亡：美國都市街道生活的啟發》（*The Death and Life of Great American Cities*）的〈邊界真空的詛咒〉（border vacuums）這一章。

在新冠疫情大流行期間，我進行了關於停車空間的報導。特別感謝那些花時間親口說出他們故事的人：金潔・席茲克、荷西・特立尼達・卡斯塔涅達、納森・卡特、約翰・漢莫施拉格、馬克・羅倫斯、羅瑞・卓斯特、麥克・曼維爾、莫特・史密斯、約翰・凡・霍恩、山姆・史瓦茲、珍・溫伯丁、琳賽・貝利、克麗西・曼奇尼・尼可斯、馬克・瓦連納多斯、維克多・彭提斯（Victor Pontis）、霍華德・亞羅斯、克里斯托夫・納吉多夫斯基、克萊・葛拉布、麥特・帕克森（Matt Parkerson）、蘇珊・赫格蘭、葛雷格・安德森等人。

謝謝為我開啟大門、給予信任、提供資源給我的圖書館：芝加哥紐伯瑞圖書館（Newberry Library）與伊利諾理工學院（Illinois Institute of Technology）、紐約公共圖書館（New York Public Library），以及巴黎的黎塞留藝術史圖書館（Richelieu Art History Library）。我的作品也同樣受惠於在報導期間，包容我進入他們家中的人，包括芝加哥的艾米・曼德松（Amy Mendelson）、洛杉磯的彼得・舒茲（Peter Schultz）、舊金山的安德利爾・薩波塔（Adriel Saporta）與安妮佳・古拉（Anichya Gujral），還有休士頓的尼克·格魯伊（Nick Gruy）與米夏·沙瓦庫希（Meesha Savadkoohi）。

我有幸能關注這麼特殊的主題，背後有過去和現在的同事給予支援，尤其是《石板》雜誌的強納森·費雪（Jonathan Fischer），在過去六年多來忍受我冗長又遲交的稿子，分享編輯智慧，善於加油打氣。利昂·尼費克（Leon Neyfakh）是第一個認為這本書會是好點子的人。丹·克伊斯（Dan Kois）勇氣可嘉，成為閱讀本書書稿的第一個人——可憐的傢伙。潔西卡·溫特（Jessica Winter）在引言中幫我寫下許多註記，彼得·貝克（Peter Beck）也是。傑瑞德·霍特（Jared Hohlt）、劉洛文（Lowen Liu）與希萊瑞·弗雷伊（Hillary Frey）給予我所需要的時間，完成這件事。

艾里絲·錢尼經紀公司（Elyse Cheney Agency）的整個團隊是這次出書過程中不可多得的好夥伴，尤其是我的經紀人愛麗絲·惠特漢姆（Alice Whitham），從這本書尚未開始動筆就持續關注這項計畫，我實在幸運。這本書的書名也是她提出的。

感謝企鵝出版社（Penguin Press）的安·葛多弗（Ann Godoff）、凱西·布魯·詹姆斯（Casey Blue James）、莎拉·哈森（Sarah Hutson）、山姆·米徹爾（Sam Mitchell）、羅倫·洛森（Lauren Lauzon）以及美術編輯團隊的每個人，把一個Word文件變身為這本書。感謝娜塔麗·科曼（Natalie Coleman）奮力把我的書稿編輯完成，忍受我遲交；還要特別感謝我的編輯威爾·海沃（Will Heyward），海沃是除了我本人以外，對此書投入最多時間的人，還得看相同的笑話那麼多次。他知道何時與何處該多講一點笑話，而本書中許多最好的片段，都反映出他絕佳的直覺。

希拉瑞・羅伯茲（Hilary Roberts）與艾瑞克・維特（Eric Wechter）是這本書一流的文稿編輯，修正無數錯誤。艾弗烈德・杜（Alfred Twu）畫了可愛的插圖，能和他合力工作很開心。他完全知道怎麼把我的文字變成藝術，我非常感激。雙箭頭的點子則是來自山姆・李（Sam Lee）。

這本書花了四年撰寫，從我開始提案，到交出文字與校樣，這段時光實在是充滿重重考驗。很感謝與我分享停車故事、在我需要時給予回饋，或只是問「還好嗎？」的友人。我的姊妹奧莉薇亞（Olivia）與兄弟瑪爾斯（Mars）是最好的夥伴。同時，我的雙親當然一如往常給予支持，卻又反常地不插手。這本書獻給他們。

最重要的是謝謝瑪格達（Magda），她對這本書與作者的信念從未動搖，即使我自己都不那麼確定。對我而言，一起找停車位的好夥伴非她莫屬。

注釋

引言

1. Donald Shoup, *The High Cost of Free Parking, updated ed.* (New York: Routledge, 2011), xxiii.
2. Claudia Peschiutta, "California Looks to Curb Meter- Maid Assaults," NPR, August 14, 2007, npr.org/templates/story/story.php? storyId=12776134.
3. Mikhail Chester et al., "Parking Infrastructure: A Constraint on or Opportunity for Urban Redevelopment? A Case Study of Los Angeles County Parking Supply and Growth," *Journal of the American Planning Association* 81, no. 4 (October 2015): 268–86.
4. Daniel Rowe, "Right Size Parking: Final Report," King County Metro Transit, August 2015, metro.kingcounty.gov/programs-projects/right-size-parking/pdf/rsp-final-report-8-2015.pdf.
5. Jesse London and Clark Williams-Derry, "Who Pays for Parking? How the Oversupply of Parking Undermines Housing Affordability," Sightline Institute, December 2013.
6. United States Government Accountability Office, "Low-Income Housing Tax Credit: Improved Data and Oversight Would Strengthen Cost Assessment and Fraud Risk Management," Sep- tember 2018: 31, gao.gov/assets/gao-18-637.pdf.
7. Hayden Clarkin (@the_transit_guy),「要是帝國大廈得遵守加州庫柏帝拓的停車位需求，那麼地面式停車場就會涵蓋十二個城市街區，或是二百五十四萬一千平方呎！」Twitter, June 9, 2022, 4:51 p.m., twitter.com/the_transit_guy/status/1534 910961055940609.
8. Andres Duany，作者訪談，2022年2月10日。
9. Henry J. Cordes, "Chamber Eyes 'Big Moves' to Transform Omaha's Urban

Core," Omaha World-Herald, March 27, 2022, omaha.com/news/chamber-eyes-big-moves-to-transform-omahas-urban-core/article_0f6d1b6e-ab97-11ec-88eb-172f1c0d58b1.html?fbclid=IwAR1yaG9EX5e3B-F0mpQHyHWJuUujz_EBKXSzyWBGa2ou-kd _-FyMNekE6hMf.
10. Catherine G. Miller, *Carscape: A Parking Handbook* (Columbus, IN: Washington Street Press, 1988), 4–9.
11. Bruce Russell, "Gargantua," *Los Angeles Times*, November 18, 1945.
12. Larry Cohen, *The Quirky World of Parking: Four Decades of Observations, One Parking Space at a Time* (self-published, 2021), 23.
13. Dennis Cunning，與作者以電子郵件通信，2020年6月2日。

第一章　安置車，安置人

1. Pope Francis, Laudato Si': On Care for Our Common Home (Vatican City: The Holy See, 2015), sec. 153, vatican.va /content/francesco/en/encyclicals/documents/papa-francesco_20150524 _enciclica-laudato-si.html.
2. Mott Smith，作者訪談，2020年2月21日。
3. Brian Wiersema, "Emerging Solana Beach," *San Diego Union-Tribune,* June 7, 1984.
4. Lee Romney, "Beyond Repair? Landlord to Evict, Not Fix Up Units," *Los Angeles Times,* November 19, 1992.
5. Ginger Hitzke，作者訪談，2020年10月17日。
6. Chris Salviati, "Super Commuting Patterns at the County Level," *Apartment List*, accessed August 13, 2019, apartmentlist.com/research/super-commuting-at-the-county-level.
7. Texas General Land Office, *Texas Beach Accessibility Guide* (Austin, TX: January 2011), 3–4, glo.texas.gov/coast/coastal-management/forms/files/texas-beach-accessibility -guide.pdf.
8. Town of Greenwich Department of Parks and Recreation, "Summer in Greenwich," 2021.
9. Keith M. Phaneuf, "New Haven Lawmaker Would Ban Exclusionary Beach Policies," *CT Mirror,* February 2, 2021, ctmirror.org/2021/02/02/new-haven-lawmaker-would-ban-exclusionary-beach-policies.

10. Carolina Reid, "The Costs of Affordable Housing Production: Insights from California's 9% Low-Income Housing Tax Credit Program," Terner Center for Housing Innovation, UC Berkeley, March 2020, ternercenter.berkeley.edu/uploads/LIHTC_Construction_ Costs_March_2020.pdf.
11. C. J. Gabbe and Gregory Pierce, "Hidden Costs and Deadweight Losses: Bundled Parking and Residential Rents in the Metropolitan United States," *Housing Policy Debate* 27, no. 2 (2017): 217–29, doi.org/10.1080/10511482.2016.1205647.
12. Liam Dillon, Ben Poston, and Julia Barajas, "Affordable Housing Can Cost $1 Million in California. Coronavirus Could Make It Worse," *Los Angeles Times*, April 9, 2020, latimes.com/homeless-housing/story/2020-04-09/california-low-income-housing-expensive -apartment-coronavirus.
13. Karl Schwing, "San Diego Coast District Deputy Director's Report for September 2017," California Coastal Commission, September 6, 2017, documents.coastal.ca.gov/reports/2017 /9/w12/w12-9-2017-report.pdf.
14. Marty Graham, "Guns Aimed at Solana Beach Cheap Housing," ˆ, January 18, 2019, sandiegoreader.com/news/2019/jan/18/guns-aimed-solana-beach-cheap-housing.
15. Sherilyn Sarb, "San Diego Coast District Deputy Director's Report," California Coastal Commission, December 1, 2016, documents .coastal.ca.gov/reports/2016/12/w11-12-2016.pdf.
16. Sarb, "San Diego Coast District Deputy Director's Report."
17. Solana Beach City Council, Joint Regular Meeting, April 23, 2014, solanabeach.granicus.com/MediaPlayer.php?view_id=5&clip _id=1464.
18. Kristina Houck, "HOA Suing Solana Beach After City Council OKs Affordable Housing Project," *Del Mar Times,* August 6, 2014, delmartimes.net/sddmt-hoa-suing-solana-beach-after-city-council -oks-2014aug06-story.html.
19. Jonathan Horn, "New Life Looms for Old Solana Beach Trailer Park Site," *San Diego Union-Tribune*, October 15, 2011, sandiegouniontribune.com/sdut-new-life-looms-old-solana-beach-trailer -park-site-2011oct15-story.html.
20. Dillon, Poston, and Barajas, "Affordable Housing Can Cost $1 Million in California."

21. Dillon, Poston, and Barajas, "Affordable Housing Can Cost $1 Million in California."

第二章　為停車空間而戰

1. Tim Logan, "Neighbor Sues to Block Pine Street Inn Project in Jamaica Plain," *Boston Globe,* August 9, 2020, bostonglobe.com/2020/08/09/business/neighbor-sues-block-pine-street -inn-project-jamaica-plain.
2. Donna Bryson, "Why We Can't Have Affordable Homes: Parking Problems Stalled 36 Homes for Some of the Poorest Residents," *Denverite,* July 27, 2020, denverite.com/2020/07/27/why-we-cant-have-affordable-things-parking-problems-stalled-36-homes-for -some-of-the-poorest-residents.
3. Jonathan D. Epstein, "PUSH Buffalo Apartment Project Gets Pushback on Parking," *Buffalo News,* June 24, 2020, buffalonews.com/news/local/push-buffalo-apartment-project-gets-pushback-on-parking/article_6741f745-ce7c-5f2f-b4be-5c38079c4085.html.
4. Alex Pareene, "The Indignity of Automobile Dependence," AP Substack, May 10, 2022, theap.substack.com/p/the-indignity-of-automobile-dependence.
5. Manny Garcia, "Across 26 Metro Areas, Residents Largely Support Allowing Missing Middle Homes in Residential Neighborhoods," Zillow, April 11, 2022, zillow.com/research/modest-densification -zhar-30934.
6. Sarah Marusek, *Politics of Parking: Rights, Identity, and Property* (London: Routledge, 2016), 16.
7. Jonathan M. Katz, "In Chapel Hill, Suspect's Rage Went Beyond a Parking Dispute," *New York Times,* March 3, 2015.
8. Kathryn Van, "No Arrest in Fatal Shooting Dur- ing Argument over Handicap Parking Space," *Tampa Bay Times,* July 24, 2018, tampabay.com/news/publicsafety/crime/No-arrest-in-fatal-shooting-during-argument-over-handicap-parking-space_170174041.
9. Michael A. Heller and James Salzman, *Mine: How the Hidden Rules of Ownership Control Our Lives* (New York: Anchor, 2021), 44.
10. R. Barry Ruback and Daniel Juieng, "Territorial Defense in Parking Lots: Retaliation against Waiting Drivers," *Journal of Applied Social Psychology* 27, no. 9 (1997): 821–34.

11. Jay Hamburger, "Park City Police Told of Parking Shortage as Person Wonders 'If He Should Just Leave Town,'" ParkRecord.com, July 20, 2021, parkrecord.com/news/park-city/park-city-police-told-of-parking-shortage-as-person-wonders-if-he-should-just-leave-town.
12. Sam Roberts, "Fight City Hall? Nope, Not Even Mother Teresa," *New York Times,* September 17, 1990.
13. Calvin Trillin, *Tepper Isn't Going Out* (New York: Random House, 2003), 15.
14. Diane Boudreau, "Urban Ecology: A Shady Situation," *Chain Reaction* 4 (2003): 18–19, cited in Tom Vanderbilt, *Traffic: Why We Drive the Way We Do* (New York: Knopf, 2008).
15. Vanderbilt, *Traffic*, 144.
16. Michelle D. Miller, "Neighborhood Parking Programs: Are They Unconstitutionally Discriminatory?," *Boston College Environmental Affairs Law Review* 6, no. 3 (1978), lawdigitalcommons.bc.edu/cgi/viewcontent.cgi?article=1854&context=ealr.
17. Ike Brannon, "Gerrymandered Parking," City Journal, September 21, 2021, city-journal.org/how-washington-dc-gerrymanders-parking.
18. Matt Yglesias, "A Bold Agenda for DC Housing," *Slow Boring*, July 25, 2022, slowboring.com/p/a-bold-agenda-for-dc-housing.
19. Susan Holgren，作者訪談，2020年10月22日。

第三章　紐約王牌交通助理員的困境

1. Josh Barro, "Here's Why Stealing Cars Went Out of Fashion," *New York Times,* August 11, 2014, nytimes.com/2014/08/12/upshot/heres-why-stealing-cars-went-out-of-fashion.html.
2. Mark Childs, *Parking Spaces: A Design, Implementation, and Use Manual for Architects, Planners, and Engineers* (New York: McGraw-Hill, 1999), xxi.
3. Michael Manville, "Parking Pricing," in *Parking: Issues and Policies*, ed. Corinne Mulley and Stephen Ison (Bingley, UK: Emerald, 2014), 137–55.
4. Ana Russi，作者訪談，2021年3月14日。
5. Nicholas Pileggi, "The War on Traffic," *New York*, July 23, 1984, 26–31.
6. Russi，訪談。

7. Pileggi, "War on Traffic."
8. "Hearing May 10 Set in Meter Maid Case," *New York Times,* April 26, 1967.
9. Emanuel Perlmutter, "Meter Maids Out for a Second Day," *New York Times,* May 25, 1967.
10. Douglas Martin, "Traffic Agents Battle for Respect," *New York Times*, September 24, 1993.
11. John Van Horn，作者訪談，2020年10月13日。
12. "Wallander Opposes Lifting Parking Ban in Home Areas," *New York Times*, March 31, 1947.
13. Alex Dworkowitz, "How the Alternate Side Lives," *The Awl*, May 22, 2014, theawl.com/2014/05/how-the-alternate-side-lives.
14. James Longhurst, "Street Privilege: New Histories of Parking and Urban Mobility," *The Metropole (Blog)*, April 29, 2020, themetropole.blog/2020/04/29/street-privilege-new-histories-of-parking -and-urban-mobility.
15. "Meter Maid Pays $10 Traffic Fines," *New York Times*, September 7, 1960.
16. C. Gerald Fraser, "City Meter Maids Are Plagued by the Public's Insults, Harassments and Assaults," *New York Times*, September 28, 1969.
17. "Rebroadcast: An Interview with Mike Cataneo and a Conversation about the Parking Ticket Heard Around the World," December 24, 2019, in The Parking Podcast, podcast, produced by Isaiah Mouw, MP3 audio, 19:34, parkingcast.com/blog/rebroadcast-an-interview-with-mike-cataneo-and-a-conversation-about-the-parking-ticket-heard -around-the-world.
18. "Meter Maids Decry Assaults on Ranks by Irate Motorists," *New York Times*, October 5, 1975.
19. Elizabeth Brondolo，作者訪談，2021年3月5日。
20. Elizabeth Brondolo et al., "Anger-Related Traits and Response to Interpersonal Conflict among New York City Traffic Agents," *Journal of Applied Social Psychology* 28, no. 22 (November 1998): 2089–118, onlinelibrary.wiley.com/doi/abs/10.1111/j.1559-1816 .1998.tb01362.x.
21. Elizabeth Brondolo, *Agent Conflict Resolution Training* (New York: St. John's University and NYC Department of Transportation, 1995).
22. Brondolo訪談。

23. Chris Yigit, "It's Time to Address Parking Enforcement Officer Safety," *Parking Today*, March 2020, 26.
24. John M. Glionna, "Parking-Ticket Rage Targets the Messenger," *Los Angeles Times*, January 25, 2007, latimes.com/archives/la-xpm-2007-jan-25-me-sfparking25-story.html.
25. Bradley Berman, "The Disco Ball Is How You Know She Won't Give You a Parking Ticket," *New York Times,* September 16, 2021, nytimes.com/2021/09/16/business/meter-maid-cars-san-francisco.html.
26. Jon Hurdle, "City Finds a Reality Show Hard to Watch," *New York Times*, June 22, 2009, nytimes.com/2009/06/22/us/22philadelphia.html.
27. Julie Dixon，作者訪談，2020年10月30日。
28. Laura McCrystal,"Philly's Parking Agency Still Overpays Executives and Has Too Many Political Patronage Jobs, Audit Finds," *Philadelphia Inquirer*, December 9, 2020, inquirer.com/politics/philadelphia/philadelphia-parking-authority -audit-20201209.html.
29. Joseph Goldstein, "Bangladeshis Build Careers in New York Traffic," *New York Times*, November 28, 2013, nytimes.com/2013/11/29/nyregion/bangladeshis-build-careers-in-new-york-traffic.html.
30. Alex Marshall, "Americans Like Free Parking. They Don't Realize It Doesn't Exist," *Governing*, December 17, 2020, governing .com/community/Americans-Like-Free-Parking-They-Dont-Realize -It-Doesnt-Exist.html.
31. Barry Tarshis, "The Parking Hassle: A System to Beat the System," *New York*, March 17, 1969, 60–62.
32. Seinfeld, season 3, episode 22, "The Parking Space," directed by Tom Cherones, written by Larry David, Jerry Seinfeld, and Greg Daniels, aired April 22, 1992, on NBC.
33. William H. Whyte, "How to Unclog Midtown Traffic," *New York*, December 12, 1977, 47–58.
34. William Phelps Eno, *The Parking Problem: A Library Research* (Saugatuck, CT: Eno Foundation for Highway Traffic Control, 1942), 42.
35. Whyte, "How to Unclog Midtown Traffic."
36. Raymond Fisman and Edward Miguel, "Corruption, Norms, and Legal

Enforcement: Evidence from Diplomatic Parking Tickets," *Journal of Political Economy* 115, no. 6 (2007): 1020–48, journals.uchicago.edu/doi/10.1086/527495.

37. Pileggi, "War on Traffic."
38. Sam Schwartz and Richard Levine, "Don't Even Think of Parking Here," unpublished manuscript in author's collection, 3.
39. Fisman and Miguel, "Corruption, Norms, and Legal Enforcement."
40. Calvin Trillin, *Tepper Isn't Going Out* (New York: Random House, 2003), 205.
41. Ginger Adams Otis, "Placard Sharks Hit Bravest," New York Post, February 10, 2008, nypost.com/2008/02/10/placard-sharks-hit-bravest.
42. Susan Edelman and Aaron Short, "Police Groups in Scheme to Let Doctors Park in Illegal Spots," *New York Post*, April 9, 2017, nypost.com/2017/04/09/police-groups-perpetuate-permit-scheme-letting-doctors-park-in-illegal-spots.
43. Transportation Alternatives, "Totally Bogus: A Study of Parking Permit Abuse in NYC," static1.squarespace.com/static/5cab9d9b 65a707a9b36f4b6c/t/5f08c32f5a33675b8c20c3e6/1594409779490/Totally_Bogus.pdf.
44. James C. McKinley Jr., "Dozens Charged with Using Fake Parking Placards to Avoid Tickets," New York Times, October 3, 2017, nytimes.com/2017/10/03/nyregion/fake-parking-placards-new-york .html.
45. Transportation Alternatives, "Totally Bogus."
46. John Kaehny，作者訪談，2021年3月10日。
47. @PlacardAbuse [pseud.]，作者訪談，2020年7月3日。
48. N. R. Kleinfeld and John Eligon, "Officers Jeer at Arraignment of 16 Colleagues in Ticket-Fixing Investigation," *New York Times*, October 28, 2011, nytimes.com/2011/10/29/nyregion/officers-unleash-anger-at-ticket-fixing-arraignments-in-the-bronx.html.
49. Alan Feuer, "Traffic Graft, from the Boot- legger to the Mayor," *New York Times*, April 27, 2018, nytimes.com/2018 /04/27/nyregion/tracking-graft-from-the-bootlegger-to-the-mayor.html.
50. Errol Louis, "Placard Abuse, a Gateway Drug: It's How Much Broader Municipal Corruption Begins," *New York Daily News*, January 28, 2019, nydailynews.com/opinion/ny-oped-placard-abuse-a-gateway-drug-20190107-

story.html.

51. Errol Louis (@errollouis),「如果我們知道公務員日復一日從城市各處的超市與酒館偷牛奶——警察不僅視而不見，甚至參與其中——沒有人應該聳聳肩說：『管他的！』在紐約市停車，花費比一加侖牛奶要多出許多。」Twitter, June 2, 2021, 3:20 p.m., twitter.com/errollouis/status/1399853446329733120.
52. Amanda Eisenberg (@aeis17),「『如果你收到停車罰單，別擔心，我們會處理。』史蒂夫・柯恩（Steve Cohn）在介紹布魯克林的地區檢察官艾瑞克・岡薩雷斯〔Eric Gonzalez〕前打趣道。」Twitter, October 29, 2021, 6:01 a.m., twitter.com/aeis17/status/1454070870918434817.
53. Jesse Coburn, "Ignored, Dismissed: How the NYPD Neglects Complaints about Driver Misconduct," *Streetsblog NYC*, October 21, 2021, nyc.streetsblog.org/2021/10/21/ignored-dismissed-how-the-nypd -neglects-311-complaints-about-driver-misconduct.
54. David Meyer, "New Bill Would Pay New Yorkers to Rat Out Illegal Parkers, Including Placard Holders," *New York Post*, November 19, 2020, nypost.com/2020/11/19/new-bill-would-pay-new-yorkers-to-rat-out-illegal-car-parking.
55. David Meyer, "NYPD Union Mocks Proposal to Pay New Yorkers for Ratting Out Parking Violators," *New York Post*, November 20, 2020, nypost.com/2020/11/20/nypd-union-mocks-proposal-to-pay-nyers-to-rat-out-parking-violators.

第四章　置城市於死地而後生

1. John C. Teaford, The Metropolitan Revolution: *The Rise of Post-Urban America* (New York: Columbia Univer- sity Press, 2006), 46.
2. Clay McShane, *Down the Asphalt Path: The Automobile and the American City* (New York: Columbia University Press, 1995), 134.
3. Kerry Segrave, *Parking Cars in America, 1910 –1945: A History* (Jefferson, NC: McFarland, 2012), loc. 490 of 2950, Kindle.
4. Segrave, *Parking Cars in America,* loc. 597.
5. Paul Barrett, *The Automobile and Urban Transit: The Formation of Public Policy in Chicago*, 1900–1930 (Philadelphia: Temple University Press, 1983), 145.

6. John A. Jakle and Keith A. Sculle, *Lots of Parking: Land Use in a Car Culture* (Charlottesville: University of Virginia Press, 2005), 8.
7. Jane Holtz Kay, "A Brief History of Parking," *Architecture,* February 2001, 77–79, usmodernist.org/AJ/A-2001-02.pdf.
8. McShane, *Down the Asphalt Path*, 194.
9. Miller McClintock, *Metropolitan Street Traffic Survey* (Cambridge, MA: Albert Russel Erskine Bureau for Street Traffic Research at Harvard University, 1926), 146.
10. Barrett, *Automobile and Urban Transit*, 63.
11. Mark Bottles, "Mass Politics and the Automobile in Los Angeles," in *The Car and the City: The Auto- mobile the Built Environment, and Daily Urban Life*, ed. Martin Wachs and Margaret Crawford (Ann Arbor: University of Michigan Press, 1992), 198–200.
12. Eran Ben-Joseph, *Rethinking a Lot: The Design and Culture of Parking* (Cambridge, MA: MIT Press, 2012), 69.
13. Barrett, *Automobile and Urban Transit*, 160.
14. Jakle and Sculle, *Lots of Parking*, 31.
15. Richard Schicker, "The Parking Irritant," *Nation*, May 9, 1959, 427–29.
16. Jakle and Sculle, *Lots of Parking*, 135.
17. "Wallander Opposes Lifting Parking Ban in Home Areas," *New York Times*, March 31, 1947.
18. Gordon Cowan, "Minneapolis Business Provides New Parking Garages," *American City*, January 1952.
19. Teaford, *Metropolitan Revolution*, 45.
20. Teaford, *Metropolitan Revolution*, 72.
21. James Flink, "America Adopts the Automobile," in Wachs and Crawford, *Car and the City*, 97.
22. John Kain, "The Distribution and Movement of Jobs and Industry," in *Metropolitan Enigma*, ed. James Q. Wilson (New York: Doubleday, 1970), 1–43.
23. Robert A. Beauregard, *Voices of Decline: The Postwar Fate of U.S. Cities*, 2nd ed. (New York: Routledge, 2002), 94.

24. Teaford, *Metropolitan Revolution*, 19.

25. William Phelps Eno, *The Parking Problem: A Library Research* (Saugatuck, CT: Eno Foundation for Highway Traffic Control, 1942), 58.

26. Julian Scheineson, "This Parking Garage Leaves Nothing to Chance," American City, March 1968.

27. Jeffrey Hardwick, *Mall Maker: Victor Gruen, Architect of an American Dream* (Philadelphia: University of Pennsylvania Press, 2010), 10.

28. Hardwick, *Mall Maker*, 22.

29. Hardwick, *Mall Maker*, 75.

30. Hardwick, *Mall Maker*, 128–30.

31. Hardwick, *Mall Maker*, 133.

32. Hardwick, *Mall Maker*, 92.

33. Hardwick, *Mall Maker*, 131.

34. Hardwick, *Mall Maker*, 133.

35. Hardwick, *Mall Maker*, 145.

36. J. B. Thomas, "Statement by J.B. Thomas at a Presentation of the Gruen Plan," March 3, 1956, Fort Worth Public Library Archives, The Gruen Plan, box 1, folder 7, fortworthtexasarchives.org/digital/collection/p16084coll18/id/52/rec/1.

37. Hardwick, *Mall Maker*, 170.

38. Hardwick, *Mall Maker*, 176.

39. Hardwick, *Mall Maker*, 185.

40. "Downtown Needs a Lesson from the Suburbs," *BusinessWeek*, October 22, 1955, 64–66.

41. "Tomorrow's Greater Fort Worth," 1955–56, Fort Worth Public Library Archives, The Gruen Plan, box 1, folder 3, fortworthtexasarchives.org/digital/collection/p16084coll18/id/50/rec/42.

42. "Report on Parking Facilities for 'The Gruen Plan'," De Leuw, Cather, and Company, Chicago, September 1956, Fort Worth Public Library Archives, the Gruen Plan, box 1, folder 5, fortworthtexasarchives.org/digital/collection/p16084coll18/id/82/rec/23.

43. Hardwick, *Mall Maker,* 181.

44. Hardwick, *Mall Maker,* 181.
45. Wolf Von Eckardt, "The Urban Liberator: Victor Gruen and the Pedestrian Oasis," *Washington Post*, February 23, 1980.
46. Dave Amos, "Understanding the Legacy of Pedestrian Malls," Journal of the American Planning Association 86, no. 1 (2020): 11–24, doi.org/10.1080/01944363.2019.1656103.
47. Hardwick, *Mall Maker,* 198.
48. Hardwick, *Mall Maker*, 218.
49. Ben-Joseph, *Rethinking a Lot*, 91.
50. Victor Gruen and Herbert Askwith, "Plan to End Our Traffic Jam," *New York Times*, January 10, 1960.
51. Victor Gruen, *The Heart of Our Cities: The Urban Crisis: Diagnosis and Cure* (New York: Simon and Schuster, 1964), 124.
52. Hardwick, *Mall Maker*, 157
53. Hardwick, *Mall Maker*, 216
54. Neil R. Peirce, "The Shopping Center and One Man's Shame," *Los Angeles Times*, October 22, 1978.
55. Peirce, "The Shopping Center and One Man's Shame."
56. Peirce, "The Shopping Center and One Man's Shame."
57. Teaford, *Metropolitan Revolution*, 120.
58. Economies, Planning, and Prospects," *Architectural Record*, March, 1960, 211.
59. "Parking Lots Owned by 465 Cities," *American City*, September 1952, 169.
60. Ben-Joseph, *Rethinking a Lot,* 76.
61. *Parking Principles,* Highway Research Board (Washington, DC: National Academy of Sciences, 1970), 10.
62. Federal City Council, "Parking in the Nation's Capital," Washington, DC, September 1964, 2.
63. United States Congress, House Committee on the District of Columbia, "Parking Facilities" (Washington, DC: US Government Printing Office, 1968), 186.
64. "Does Off-Street Parking Increase Land Valuations?," American City, July

1952.

65. Segrave, *Parking Cars in America*, loc. 1180.

66. Erik Ferguson, "Zoning for Parking as Policy Process: A Historical Review," Transport Reviews 24, no. 2 (2004): 177–94.

67. Jane Jacobs, *The Death and Life of Great American Cities* (New York: Vintage Books, 1968), 19.（《偉大城市的誕生與衰亡》，2019年繁體中文版由聯經出版。）

68. Schicker, "Parking Irritant."

第五章　鋪設的天堂

1. Maria Cecilia P. Moura, Steven J. Smith, David B. Belzer, "120 Years of US Residential Housing Stock and Floor Space," *PLoS ONE* 10, no. 8 (2015): e0134135, doi.org/10.1371/journal.pone.0134135.
2. Christopher Alexander, Murray Silverstein, and Sara Ishikawa, *A Pattern Language: Towns, Buildings, Construction* (New York: Oxford University Press, 1977), 177.
3. "Mayor to Crash Gates at Park's Garage Debut," *Chicago Tribune*, August 26, 1954.
4. Earl Swift, The Big Roads: *The Untold Story of the Engineers, Visionaries and Trailblazers Who Created American Superhighways* (Boston: Houghton Mifflin Harcourt, 2011), 243.
5. Swift, *Big Roads*, 204.
6. Swift, *Big Roads*, 302.
7. D. C. Hyde, "In Business Areas, Think in Terms of Mass Transit," *American City*, October 1952, 153.
8. H. S. Bingham, "City Transit Can Thrive Again," *American City*, January 1953.
9. George Berkley, "Municipal Garages in Boston: A Cost-Benefit Analysis," *Traffic Quarterly* 19, no. 3 (1965): 213–28.
10. Swift, *Big Roads*, 250.
11. John A. Jakle and Keith A. Sculle, *Lots of Parking: Land Use in a Car Culture* (Charlottesville: University of Virginia Press, 2005),
12. Jakle and Sculle, *Lots of Parking*, 179.

13. Mikhail Chester et al., "Parking Infrastructure and the Environment," *Access*, Fall 2011.

14. Christopher G. Hoehne et al., "Valley of the Sun-Drenched Parking Space: The Growth, Extent, and Implications of Parking Infrastructure in Phoenix," *Cities* 89 (2019): 186–98, doi.org/10.1016/j.cities.2019.02.007.

15. C. J. Gabbe and Michael Manville, "The Opportunity Cost of Parking Requirements: Would Silicon Valley Be Richer if Its Parking Requirements Were Lower?," *Journal of Transport and Urban Land Use* 14, no. 1 (2021): 277–301.

16. Mikhail Chester, Alysha Helmrich, and Rui Li, "Inventorying San Francisco Bay Area Parking Spaces: Technical Report Describing Objectives, Methods, and Results," *Mineta Transportation Institute Publications* (2022), doi.org/10.31979/mti.2022.2123.

17. 低預估值是取自Eric Scharnhorst, "Quantified Parking: Comprehensive Inventories for Five US Cities," *Research Institute for Housing America*, 2018. 高預估值則是取自Polly Trottenberg；參見Gersh Kuntzman, "Reporter's Notebook: Corey's a 'Master' Planner—and Other City Hall Takeaways," *Streetsblog NYC*, June 13, 2019, nyc.streetsblog.org/2019/06/13/reporters-notebook-coreys-a-master-planner-and-other-city-hall-takeaways.

18. Matthew Roth, "San Francisco First City in the Nation to Count Its Parking Spaces," *Streetsblog SF*, May 29, 2010, sf.streetsblog.org/2010/03/29/san-francisco-first-city-in-the-nation-to-count-its -parking-spaces.

19. Scharnhorst, "Quantified Parking."

20. Geoff Manaugh and Nicola Twilley, "The Philosophy of SimCity: An Interview with the Game's Lead Designer," Atlantic, May 9, 2013, theatlantic.com/technology/archive/2013/05/the-philosophy-of-simcity-an-interview-with-the-games-lead-designer/275724.

21. Johanna Lehne and Felix Preston, *Making Concrete Change: Innovation in Low-Carbon Cement and Concrete* (London: Chatham House, 2018), chathamhouse.org/2018/06/making-concrete-change-innovation-low-carbon-cement-and-concrete.

22. T. E. Dahl, S*tatus and Trends of Wetlands in the Conterminous United States*

2004–2009 (Washington, DC: U.S. Fish and Wildlife Service, 2011), 40.

23. Benoît Geslin et al., "The Proportion of Impervious Surfaces at the Landscape Scale Structures Wild Bee Assemblages in a Densely Populated Region," *Ecology and Evolution* 6, no. 18 (September 2016): 6599–615, doi.org/10.1002/ece3.2374.
24. Oliver Gillham, *The Limitless City: A Primer on the Urban Sprawl Debate* (Washington, DC: Island Press, 2002), 85.
25. Annalise G. Blum et al., "Causal Effect of Impervious Cover on Annual Flood Magnitude for the United States," *Geophysical Research Letters* 47, no. 5 (March 2020): e2019GL086480, doi.org/10.1029/2019GL086480.
26. C. R. Hakkenberg et al., "Characterizing Multi-decadal, Annual Land Cover Change Dynamics in Houston, TX Based on Automated Classification of Landsat Imagery," *International Journal of Remote Sensing* 40, no. 2 (2019): 693–718, doi.org/10.1080 /01431161.2018.1516318.
27. "Watch Two Decades of Growth in Houston," Kinder Institute Research, November 21, 2017, kinder.rice.edu/2017 /11/21/watch-two-decades-of-growth-in-houston.
28. John S. Jacob, "Houston-Area Freshwater Wetland Loss, 1992–2010," Texas A&M AgriLife Extension, 2015, cdn-ext.agnet.tamu.edu/wp-content/uploads/2019/04/ERPT-001-more -flooding-fewer-fish-freshwater-wetland-loss-in-the-houston-area-1992 -2010-1.pdf.
29. "Another Flood," *Houston Chronicle*, January 8, 2017, houstonchronicle.com/opinion/editorials/article/Another-flood-10867145.php.
30. Warren Campbell, "Western Kentucky University Stormwater Utility Survey 2020," Western Kentucky School of Engineering and Applied Sciences, March 13, 2020, digitalcommons.wku.edu/cgi/viewcontent.cgi?article=1002&context=seas_faculty_pubs.
31. Texas Department of Transportation, Environ- mental Affairs Division, "Technical Report: Statewide On-Road Green- house Gas Emissions Analysis and Climate Change Assessment," October 2018, ftp.txdot.gov/pub/txdot/get-involved/sat/loop-1604-from-sh16-i-35 /091020-greenhouse-gas-report.pdf.
32. Angie Schmitt, Right of Way: Race, Class, and the Silent Epidemic of

Pedestrian Deaths in America (Washington, DC: Island Press, 2020).

33. Institution of Highways and Transportation (2005), "Parking Strategies and Management, London," in *Parking Issues and Policies*, ed. Stephen Ison and Corrine Mulley (Bingley, UK: Emerald Group, 2014), 4.

34. Stacy C. Davis, Susan E. Williams, and Robert G. Boundy, *Transportation Energy Data Book*, ed. 35 (Oak Ridge, TN: Oak Ridge National Laboratory, October 2016), energy.gov/eere/vehicles/fact-962-january-30-2017-vehicles-capita-other-regions countries-compared-united-states.

35. "Annual Passenger Travel Tends to Increase with Income," U.S. Energy Information Administration, May 11, 2016, eia.gov/todayinenergy/detail.php?id=26192.

36. INRIX Research, "Searching for Parking Costs Americans $73 Billion a Year," press release, July 12, 2017, inrix.com /press-releases/parking-pain-us.

37. Data retrieved from SLOPE: State and Local Planning for Emergency, a project of the National Renewable Energy Laboratory, in July 2020, eere.energy.gov/sled/#/results/sources?city=Orlando&abv=FL&section=electricity&currentState=Florida&lat =28.5383355&lng=-81.3792365.

38. *The Simpsons*, season 4, episode 9, "Mr. Plow," directed by Jim Reardon, written by Jon Vitti, aired November 19, 1992, on Fox.

39. *Nationwide Personal Transportation Survey 1990*, cited in Donald Shoup, "An Opportunity to Reduce Minimum Parking Requirements," *Journal of the American Planning Association* 61, no. 1 (1995), doi.org/10.1080/01944369508975616.

40. Raymond Smith, "Parking Structure Cost Outlook for 2020," WGI, no date, wginc.com/wp-content/uploads/2020/07/Parking-Construction-Cost-Outlook.pdf.

41. Todd Litman, "Parking Costs," Victoria Transport Policy Institute, 13, vtpi.org/tca/tca0504.pdf.

42. Mark Delucchi, "The Annualized Cost of Motor-Vehicle Use in the U.S., 1990–1991: Summary of Theory, Data, Methods, and Results," Institute of Transport Studies, University of Califor- nia, Davis, 1998, 52.

43. Chris McCahill et al., "Effects of Parking Provision on Automobile Use in

Cities: Inferring Causality," *Journal of the Transportation Research Board* 2543, no. 1 (2016): 159–65, doi.org/10 .3141/2543-19.

44. Parking built into houses: Adam Millard-Ball et al., "What Do Residential Lotteries Show Us about Transportation Choices?," *Urban Studies* 59, no. 2 (2022): 434–52, doi.org/10.1177/0042098021995139.
45. Rachel Weinberger et al., "Residential Off-Street Parking Impacts on Car Ownership, Vehicle Miles Traveled, and Related Carbon Emissions New York City Case Study," *Journal of the Transportation Research Board* 2118, no. 1 (2009): 24–30, doi.org/10.3141 /2118-04.
46. Rachel Weinberger, "Parking Mismanagement: An RX for Congestion," in *Parking and the City,* ed. Donald Shoup (New York: Routledge, 2018), 103.
47. Zhan Guo, "Residential Street Parking and Car Ownership: A Study of Households with Off-Street Parking in the New York City Region," *Journal of the American Planning Association* 79, no. 1 (2013): 32–48, doi.org/10.1080/0 1944363.2013.790100.
48. Michael Manville, "Bundled Parking and Vehicle Ownership: Evidence from the American Housing Survey," *Journal of Transport and Land Use* 10, no. 1 (2017), doi.org/10.5198/jtlu.2016.730.
49. Adam Millard-Ball, Jeremy West, Nazanin Rezaei, and Garima Desai, "What Do Residential Lotteries Show Us about Transportation Choices?" *Urban Studies* 59, no. 2 (February 2022): 434–52, doi. org/10.1177/0042098021995139.
50. Shoup, "An Opportunity to Reduce."
51. Daniel G. Chatman et al., M*aking Effective Fixed-Guideway Transit Investments: Indicators of Success* (Washington, DC: National Academies Press, 2014), doi.org/10.17226/22355.
52. Donald Shoup, "Evaluating the Effects of Cashing out Employer-Paid Parking: Eight Case Studies," *Transport Policy* 4, no. 4 (October 1997), 201–16, doi. org/10.1016/S0967-070X(97)00019-X.
53. David Gutman, "The Not-So-Secret Trick to Cutting Solo Car Commutes: Charge for Parking by the Day," *Seattle Times*, August 10, 2017, seattletimes. com/seattle-news/transportation/the-not-so-secret-trick-to-cutting-solo-car-

commutes-charge-for-parking-by-the-day.
54. Victor Dover, 引自 Donald Shoup, *The High Cost of Free Parking*, updated ed. (New York: Routledge, 2011), 122.
55. Kelcie Ralph, "Is It Really Too Far? Overestimating Walk Time and Distances Reduces Walking," *Transportation Research Part F: Traffic Psychology and Behaviour* 74 (October 2020), doi.org/10.1016/j.trf.2020.09.009.
56. Richard Willson，作者訪談，2019年11月21日。
57. Shoup, *High Cost of Free Parking*, 82.
58. David Fields，作者訪談，2019年12月6日。
59. Rachel Weinberger and Joshua Karlin-Resnick, "Parking in Mixed-Use US Districts: Oversupplied No Matter How You Slice the Pie," *Journal of the Transportation Research Board 2537*, no. 1 (2015), doi.org/10.3141/2537-19.
60. Samuel King, "There's Plenty of Parking around South Congress, Study Finds. But Nobody Knows Where It Is," KUT 90.5, November 29, 2019, kut.org/transportation/2019-11-29/theres-plenty-of-parking-around-south-congress-study-finds-but-nobody -knows-where-it-is.
61. Caitlyn M. May, "Parking Study Shows No Parking Issue," *Albany Democrat-Herald*, November 13, 2019, democratherald.com /news/local/parking-study-shows-no-parking-issue/article_aa1dc144-5ef1-5830-a314-bbad4fe8d18b.html.
62. Shamarria Morrison, "City Parking Study Does Not Recommend Creating Additional Parking Downtown," WPSD Local 6, March 9, 2020, wpsdlocal6.com/news/city-parking-study-does-not-recommend-creating-additional-parking-downtown/article_210c5cac-625d-11ea-82a5-9358fc4eb87b.html.
63. Daniel Rowe, "Right Size Parking: Final Report," King County Metro Transit, August 2015, metro.kingcounty.gov/programs-projects/right-size-parking/pdf/rsp-final-report-8-2015.pdf.
64. Jesse London and Clark Williams-Derry, "Who Pays for Parking? How the Oversupply of Parking Undermines Housing Affordability," Sightline Institute, December 2013.
65. Jonathan Rogers et al., "Estimating Parking Utilization in Multi-family Residential Buildings in Washington, D.C.," *Transportation Research Record Journal of the Transportation Research Board 2568*, no. 1, 72–82 (2016)

doi:10.3141/2568-11.

66. "Stalled Out: How Empty Parking Spaces Diminish Neighborhood Affordability," Center for Neighborhood Technology, 2016, cnt.org/sites/default/files/publications/CNT_Stalled%20Out_0.pdf.

67. "Metro Boston Perfect Fit Parking Initiative: Phase II Report," Metropolitan Area Planning Council, 2019, perfectfit parking.mapc.org.

68. Norman Garrick, "Valuing Parking and the Land on Which It Stands," lecture, Compass Community Planning Association of Southwest Idaho, 2020.

69. J. Morrall and D. Bolger, "The Relationship Between Downtown Parking Supply and Transit Use," *ITE Journal* 66, no. 2 (1996).

70. Wilfred Owen, *The Metropolitan Transportation Problem* (Washington, DC: Brookings Institution, 1966), 70.

第六章　如何利用停車來洗錢、避稅與偷竊

1. *Seinfeld*, season 3, episode 22, "The Parking Space," directed by Tom Cherones, written by Larry David, Jerry Seinfeld, and Greg Daniels, aired April 22, 1992, on NBC.

2. Brian Iske，作者訪談，2019年11月22日。

3. Michael Brawne, "Parking Terminals," *Ekistics* 10, no. 61 (November 1960): 332–35, jstor.org/stable/43615944.

4. Fred A. Bernstein, "Come to Park: Stay for the Architecture," *New York Times*, December 1, 2009.

5. Eran Ben-Joseph, *Rethinking a Lot: The Design and Culture of Parking* (Cambridge, MA: MIT Press, 2012), 4.

6. Tom Vanderbilt, "Can Parking Lots Be Great?," *Slate*, March 31, 2012, slate.com/culture/2012/03/eran-ben-josephs-rethinking-a-lot-reviewed.html.

7. "The Least Meaningful Job in America (According to PayScale)," *Slate*, July 22, 2015,slate.com/blogs/moneybox/2015/07/22/the_least_meaningful_job_in_america _according_to_payscale_it_involves_cars.html.

8. *The Parking Lot Movie*, directed by Meghan Eckman (2010).

9. John Van Horn, *Death by Parking* (Los Angeles: self-published, 2017), 31.

10. Dennis Cunning，作者訪談，2020年6月4日。

11. Ben Feigenbaum，作者訪談，2019年12月9日。
12. Cunning 訪談。
13. Linda Loyd, "11 Ex-Employees for Airport's Lots Convicted in Scam," *Philadelphia Inquirer*, May 21, 1997.
14. Bob Warner, "Former Parking Aide Tells Court of Scam," *Philadelphia Daily News*, March 28, 2000.
15. Bob Warner, "Cyber Whiz Paced $3.4M Scam," *Philadelphia Daily News,* March 29, 2000.
16. Bob Warner, "2 Leaders Guilty in Airport Scam," *Philadelphia Daily News*, April 6, 2000.
17. Linda Loyd, "Official Linked to Parking Scam at Phila. Airport," *Philadelphia Inquirer*, October 9, 1997.
18. Bob Warner, "2 Deny Skimming Airport $$," *Philadelphia Daily News*, April 4, 2000.
19. United States v. Gricco, 277 F.3d 339 (3d Cir. 2002).
20. Connie Bruck, Master of the Game: *How Steve Ross Rode the Light Fantastic from Undertaker to Creator of the Largest Media Conglomerate in the World* (New York: Simon & Schuster, 2013), 27.
21. Bruck, *Master of the Game*, 43–44.
22. Bruck, *Master of the Game*, 43–44.
23. "Market Mystery," Forbes, June 1, 1970, 22–23.
24. Lee Dembart, "Broad Parking Ban in Manhattan Begins as Mayor Yields to Ruling," *New York Times*, June 16, 1977.
25. Carter B. Horsley, "Plan Would Trip Parking Spaces," *New York Times*, August 16, 1981.
26. Richard Levine, "Car Madness in Manhattan: Cure Sought," *New York Times*, October 11, 1987.
27. Leonard Boxer，作者訪談，2020年6月16日。
28. Christopher Gray, "What Are Dakota and Montana Doing in New York?," *New York Times*, September 28, 1986.
29. David Bird, "Parking Costs Mount with No End in Sight," *New York Times,* October 22, 1984.

30. Emily Sacher, "New Parking Lots Can't Find Space," *Newsday*, October 21, 1985.
31. Cunning訪談。
32. Clyde Wilson，作者訪談，2020年6月16日。
33. Tom Robbins, "Taken for a Ride," *New York Daily News*, March 6, 1994.
34. Frederick B. Lacey, "Decision of the Independent Administrator, Investigations Officer vs. Victor Alfieri and Eugene Bennett," October 27, 1992, 29–31.
35. William K. Rashbuam, "Two Are Charged in Money-Laundering Scheme," *New York Times,* July 14, 2001, nytimes.com/2001 /07/14/nyregion/two-are-charged-in-money-laundering-scheme.html.
36. Frederick B. Lacey, "Opinion of the Independent Administrator, Investigations Officer vs. Cirino 'Charles' Salerno and William Cutolo," August 20, 1990, 13–14.
37. Bruck, *Master of the Game*, 248.
38. Organized Crime: 25 Years after Valachi: Hearings before the Senate Permanent Subcommittee on Investigations of the Committee on Governmental Affairs, Day 5, 100th Cong. 883 (1988) (affidavit of Vincent Cafaro, New York, NY).
39. Bruck, *Master of the Game*, 249.
40. Bruck, *Master of the Game*, 250.
41. Bruck, *Master of the Game*, 253.
42. Bruck, *Master of the Game*, 253.
43. Doug Sarini，作者訪談，2020年6月16日。
44. Clyde Wilson, "Newcomers—Welcome to the Parking Business," *Parking Today*, November 2021, 40.

第七章　深入商業停車產業的核心之旅

1. Brian Dixon et al., "Parking at Disney World" [PowerPoint slides], presented at Disney World, Florida, October 21, 2019.
2. Ferris Bueller's Day Off, directed by John Hughes (1986).
3. Carl DePinto，與作者談話，2019年10月21日。
4. Christine Banning, "Welcome Address," speech at The Mobility Revolution:

2019 NPA Convention & Expo, Orlando, Florida, October 21, 2019.
5. Jim Huger，作者訪談，2019年10月22日。
6. Bella Miller, "Tickets, Towing and Tyranny: Duke Parking and Transportation," *Duke Chronicle*, November 13, 2019, dukechronicle.com/article/2019/11/duke-university-parking-tickets-unjust.
7. Iris Liang, " 'There's No Way to Win against Parking': Faculty, Staff Vent Frustrations against Parking and Transportation," *Duke Chronicle*, November 18, 2019, dukechronicle.com/article/2019/11/faculty-staff-frustrations-parking-and-transportation-duke-university.
8. Carl DePinto，與作者對話，2019年11月26日。
9. "Former UC President Clark Kerr, a National Leader in Higher Education, Dies at 92," press release, UC Berkeley Public Affairs, December 2, 2003, berkeley.edu/news/media/releases/2003 /12/02_kerr.shtml.
10. Clark Kerr, *The Uses of the University*, 5th ed. (Cambridge, MA: Harvard University Press, 2001), 15.
11. John A. Jakle and Keith A. Sculle, Lots of Parking: Land Use in a Car Culture (Charlottesville: University of Virginia Press, 2005), 216.
12. Kiriana Cowansage，與作者的電子郵件通信，2019年10月29日。
13. Cowansage, 與作者的電子郵件通信。
14. Eran Ben-Joseph, *Rethinking a Lot: The Design and Culture of Parking* (Cambridge, MA: MIT Press, 2012), 4.
15. "Ben Thomas, "Mayo Clinic On-Site Parking Reaction," YouTube video, December 3, 2015, 1:23, youtube.com/watch?v=KUkOupnpu_4.
16. Carl DePinto，與作者對談，2019年10月21日。
17. 120 With SpotHero, one study: Joseph P. Schwieterman, C. Scott Smith, and Jessica Kupets, "Driving toward Efficiency: How SpotHero and Other Parking Booking Intermediaries Add Value to Off-Street Parking in Chicago," Chaddick Institute Policy Series, DePaul University, November 21, 2019.

第八章　當華爾街買下芝加哥的停車收費表

1. Chicago City Council, "Authorization for Execution of Intergovernmental Agreement with Chicago Park District and Lease Agreement with Loop

Parking, LLC for Chicago Downtown Parking System," *Journal of the Proceedings of the City Council of the City of Chicago, Illinois*, November 1, 2006.

2. Paul Volpe, interview, November 1, 2017, Richard M. Daley Oral Histories, University of Illinois–Chicago Digital Collection, collections.carli.illinois.edu/digital/collection/uic_rmdoh/id/18 /rec/43.
3. Paul Volpe，訪談。
4. Michael Maciag, "How Autonomous Vehicles Could Affect City Budgets," *Governing*, July 28, 2017, governing.com/gov-data/gov-how-autonomous-vehicles-could-effect-city-budgets.html.
5. Michael Condon, *The Chicago Parking Meter Concession of 2008* (Chicago: Windy City Publishing, 2017), 4.
6. "Chicago Privatization Blitz Draws Crit- ics," NPR, December 8, 2008, npr.org/templates/story/story.php?storyId=97973438.
7. Ben Joravsky and Mick Dumke, "FAIL,Part One: Chicago's Parking Meter Lease Deal," *Chicago Reader,* April 9, 2009, chicagoreader.com/news-politics/fail-part-one-chicagos-parking -meter-lease-deal.
8. Patryk Piwinski, "Chicago Metered Parking System Concession Agreement: An Analysis of the Long-Term Leasing of the Chicago Parking Meter System," files of the 32nd Ward Office, Alderman Scott Waguespack, City of Chicago.
9. Condon, *Chicago Parking Meter Concession*, 37.
10. Condon, Chicago *Parking Meter Concession*, 49–53.
11. Joravsky and Dumke, "FAIL: Part One."
12. Joravsky and Dumke, "FAIL: Part One."
13. Dan Blake, "Daley Takes Blame for Meters," *Chicago Tribune*, May 20, 2009.
14. Adie Tomer and Lara Fishbane, "Big City Downtowns Are Booming, but Can Their Momentum Outlast the Coronavirus?," Brookings Institution, May 6, 2020, brookings.edu/research/big-city-downtowns-are-booming-but-can-their-momentum-outlast -the-coronavirus.
15. Nathan Carter，作者訪談，2020年7月28日。
16. Nathan Carter，作者訪談，2020年9月22日。
17. Carter 訪談，2020年7月28日。

18. David Hoffmann, "Report of Inspector General's Findings and Recommendations: An Analysis of the Lease of the City's Parking Meters," Office of the Inspector General, City of Chicago, June 2, 2009. igchicago.org/wp-content/uploads/2011/03/Parking-Meter -Report.pdf.
19. Darrell Preston, "Windfall for Investors, a Loss for the Windy City," *Bloomberg Businessweek,* August 16, 2020.
20. F. Salmon, "Chicago's Good Parking Deal," Reuters, November 23, 2009, web.archive.org/web/20091128063520/blogs.reuters.com/felix-salmon/2009/11/23/chicagos-good -parking-deal. Accessed 27 July 2022.
21. Dan Mihalopoulos and Dan Blake, "Daley Decries Meter Report," *Chicago Tribune,* June 3, 2009.
22. Mihapoulos and Blake, "Daley Decries Meter Report."
23. Mihapoulos and Blake, "Daley Decries Meter Report."
24. Fran Spielman, "Parking Meter Changeover Led to Windfall for City Mechanics," *Chicago Sun-Times*, March 31, 2010.
25. David Hoffmann, "Report of Inspector General's Findings and Recommendations: An Analysis of the Lease of the City's Parking Meters," Office of the Inspector General, City of Chicago, June 2, 2009, 26, igchicago.org/wp-content/uploads/2011/03/Parking-Meter-Report.pdf.
26. Ben Joravsky and Mick Dumke, "FAIL, Part Two: One Billion Dollars!," *Chicago Reader*, May 21, 2009, chicago reader.com/news-politics/fail-part-two-one-billion-dollars.
27. Marilyn Katz, interview, June 9, 2018, Richard M. Daley Oral Histories, University of Illinois–Chicago Digital Collection, collections.carli.illinois.edu/digital/collection/uic_rmdoh/id/129/rec/19.
28. Paul Volpe, interview, November 1, 2017, Richard M. Daley Oral Histories, University of Illinois–Chicago Digital Collection, collections.carli.illinois.edu/digital/collection/uic_rmdoh/id/18/rec/43.
29. Gabe Klein，作者訪談，2019年12月6日。
30. Hal Dardick and Kristen Mack, "Meter Deal Isn't a Hit with Hopefuls," *Chicago Tribune*, November 1, 2010.
31. Dan Mihalapoulos, "Daley's Budget Guts Parking Meter Deal Funds," *Chicago*

News Cooperative, October 13, 2010, web.archive.org/web/20120723080116/ chicagonewscoop.org/daleys-budget -guts-parking-meter-deal-funds.

32. William Blair & Co., "Chicago Metered Parking System Long-Term Concession," January 2, 2011, web.archive.org/web/2011 0102161415/ williamblair.com/documents/MeterTransaction.pdf.

33. "Fool Me Once," editorial, *Chicago Tribune*, May 5, 2013.

34. Stephanie Farmer, "Cities as Risk Managers: The Impact of Chicago's Parking Meter P3 on Municipal Governance and Transportation Planning," *Environment and Planning A: Economy and Space* 45, no. 9 (2014): 2168, doi. org/10.1068/a130048p.

35. Mary Wisniewski, "More Rush-Hour Parking?," *Chicago Sun-Times*, April 10, 2010.

36. Studs Terkel, *Working: People Talk about What They Do All Day and How They Feel about What They Do* (New York: Pantheon Books, 1974), 142.

37. Jenni Bergal, "Parking Abuse Hampers Disabled Drivers," Pew Trusts, Stateline, November 13, 2014, pewtrusts.org/en/research-and-analysis/blogs/ stateline/2014/11/13/parking-abuses-hamper-disabled-drivers.

38. San Francisco Office of the Comptroller–City Service Auditor,「停車收費表的收款與舉報罰金占了預期收入的百分之九十六，尚不包括各種合法豁免權的損失利潤約三千一百一十萬元」November 13, 2014, accessibleparkingcoalition.org/wp-content/uploads/SFMTA-Parking-Meter-Revenue -Audit-Report.pdf.

39. John Kass, "For Blue-Card Scammers, the Jig Will Be Up Soon," *Chicago Tribune*, December 22, 2013.

40. Greg Hinz, "Emanuel Revises Chicago Parking Meter Deal, but How Good Is It Now?," *Crain's Chicago Business*, April 29, 2013, chicagobusiness.com/ article/20130429/BLOGS02/130429788/chicago-parking-meter-deal-revised-but-is-it-better.

41. Scott Waguespack, "Rahm's Parking Meters 2013—City Keeps Paying, CPM Keeps Getting More Revenue," files of the 32nd Ward Office, City of Chicago, April 2014.

42. Mick Dumke, "Appellate Court: Chicago's Parking Meter Deal Is Lousy but

We're Stuck with It," *Chicago Reader*, June 21, 2014, chicagoreader.com/Bleader/archives/2014/06/21/appellate-court-chicagos-parking-meter-deal-is-lousy-but-were-stuck-with-it.

43. Hal Dardick, "Advantage, Meter Firm," *Chicago Tribune*, May 24, 2013.
44. Fran Spielman, "Ald. John Arena under Fire for Demanding Parking Perk before Cubs-Sox Game," *Chicago Sun-Times*, May 21, 2018, chicago.suntimes.com/2018/5/21/18392802/ald-john-arena-under-fire-for-demanding-parking-perk-before-cubs-sox-game.
45. Hal Dardick, "Free Sunday Parking Has Cost, Some Aldermen Say," *Chicago Tribune,* May 29, 2013.
46. Klein 訪談。
47. Fran Spielman, "Hated Parking Meter Deal Just Gets Worse," *Chicago Sun-Times*, August 3, 2020.

第九章　停車教授成立異教

1. Mike Adamick, "Cheap Parking Costly for Cities," *Philadelphia Inquirer*, April 3, 2005.
2. Kevin Holliday，作者訪談，2020年10月12日。
3. "Mission Hills Residents Upset over Mayor Glo- ria's Decision to Remove over 20 Parking Spaces," KUSI News San Diego, February 22, 2021, kusi.com/mission-hills-residents-upset-over-mayor-glorias-decision-to-remove-over-20-parking-spaces.
4. Donald Shoup，作者訪談，2020年2月20日。
5. Donald Shoup, *The High Cost of Free Parking*, updated ed. (New York: Routledge, 2011), 208.
6. Eran Ben-Joseph, *Rethinking a Lot: The Design and Culture of Parking* (Cambridge, MA: MIT Press, 2012), 79.
7. Shoup, *High Cost of Free Parking*, 46.
8. 2019 Detroit City Code, Detroit, Michigan, "Chapter 50 Zoning," Article XIV, Development Standards, Division 1, Off-street Parking, Loading, and Access, library.municode.com/mi/detroi/codes/code_of_ordinances?nodeId=n2019DECO_CH50ZO_ARTX IVDEST.

9. Shoup, *High Cost of Free Parking*, 78.
10. Seth Goodman, "The United States of Parking," in *Parking and the City,* ed. Donald Shoup (New York: Routledge, 2018), 109–24.
11. Daniel McKenna-Foster，作者訪談，2020年10月2日。
12. Donald W. Maley and R. Weinberger, "Food Shopping in the Urban Environment: Parking Supply, Destination Choice, and Mode Choice," 2011, cited in Rachel Weinberger, "Three Faces of Parking: Emerging Trends in the U.S.," in *Parking: Issues and Policies*, ed. Corinne Mulley and Stephen Ison (Bingley, UK: Emerald, 2014), 254.
13. Christopher McCahill and Norman Garrick, "Parking Supply and Urban Impacts," in *Parking: Issues and Policies*, ed. Corinne Mulley and Stephen Ison (Bingley, UK: Emerald, 2014), 33–56.
14. Donald Shoup, "Cashing Out Employer- Paid Parking: An Opportunity to Reduce Minimum Parking Requirements," *Journal of the American Planning Association* (Winter 1995): 14–28.
15. Shoup, *High Cost of Free Parking*, 138.
16. Rachel Leingang, "Want Really Cheap Park- ing at ASU? The Church of Jesus Christ of Latter-Day Saints Can Help," *Arizona Republic*, September 30, 2019.
17. Shoup, *High Cost of Free Parking*, 43.
18. Andres Duany et al., *Suburban Nation: The Rise of Sprawl and the Decline of the American Dream* (New York: Macmillan, 2010), 22.
19. Jerry Walters, Brian Bochner, and Reid Ewing, "Getting Trip Generation Right: Eliminating the Bias Against Mixed Use Development," PAS Memo, American Planning Association, May–June 2013, planning.org/publications/document/9139902.
20. Kelly Clifton, Kristina M. Currans, and Christopher D. Muhs, "Adjusting ITE's Trip Generation Handbook for Urban Context," *Journal of Transport and Land Use* 8, no. 1 (2015): 5–29, doi.org/10.5198/jtlu.2015.378.
21. Todd Litman, "Breaking the Cycle of Automobile Dependency," *Planetizen*, June 3, 2019, planetizen.com/blogs/104620-breaking-cycle-automobile-dependency.
22. Randy McCourt，作者訪談，2020年12月14日。

23. Shoup, *Parking and the City,* 10.
24. Bruce Belmore, "President's Message," *ITE Journal: A Community of Transportation Professionals*, February 2019, 4.
25. John A. Jakle and Keith A Sculle, *Lots of Parking: Land Use in a Car Culture* (Charlottesville: University of Virginia Press, 2005), 39–40.
26. Kerry Segrave, *Parking Cars in America, 1910–1945: A History* (Jefferson, NC: McFarland, 2012), loc. 2099 of 2950, Kindle.
27. Cynthia Crossen, "When Parallel Parking Was New and Meters Seemed Un-American," *Wall Street Journal*, July 30, 2007, wsj.com/articles/SB118574808780081653.
28. Katherine Edgerly and David Skophammer, The Customer Experience Parking Transformation," *Parking Today,* April 2020, 30.
29. Highway Research Board, *Parking Principles* (Washington, DC: National Academy of Sciences, 1970), 10.
30. United States Department of Justice, Civil Rights Division, "Investigation of the Ferguson Police Department," March 4, 2015, justice.gov/sites/default/files/opa/press-releases/attachments/2015/03/04/ferguson_police_department_report.pdf.
31. Shoup, "Free Parking or Free Markets," *in Parking and the City*, 338.
32. Shoup, *High Cost of Free Parking*, 314.
33. Shoup, *High Cost of Free Parking*, 314.
34. Shoup, *High Cost of Free Parking*, 354.
35. Bill Fulton, "Parking Management That Actually Manages Parking," *Fulton4Ventura* (blog), September 14, 2010, fulton4ventura.blogspot.com/2010/09/parking-management-that-actually.html.
36. Michael Manville, "Parking Pricing," in *Parking: Issues and Policies*, ed. Corinne Mulley and Stephen Ison (Bing- ley, UK: Emerald, 2014), 137–55.
37. Robert Lindsey, "The Rush These Days Is Hardly for Gold, *New York Times*, January 15, 1988.
38. Gregory Pierce and Donald Shoup, "SF*park*: Pricing Parking by Demand," Access 43 (Fall 2013): 20–28, accessmagazine.org/wp-content/uploads/sites/7/2015/10/SFpark.pdf.

39. Michael Manville and Daniel G. Chatman, "Theory Versus Implementation in Congestion-Priced Parking: An Evaluation of SFpark, 2011–2012," *Research in Transportation Economics* 44, no.1 (June 2014): 1–9.

40. Jay Primus, "Charging the Right Prices for On-Street Parking," in Shoup, *Parking and the City*, 334.

41. Pierce and Shoup, "SF*park*."

42. Primus, "Charging the Right Prices," 334.

43. The White House, "Housing Development Toolkit," September 2016, obamawhitehouse.archives.gov/sites/whitehouse.gov/files/images/Housing_Development_Toolkit%20f .2.pdf.

第十章　停車建築

1. Devin T. Frick, *Bullock's Department Store* (Mount Pleasant, SC: Arcadia Publishing, 2015).

2. "Phillip Corrin to Head Downtown Parking Plan," *Los Angeles Times*, October 24, 1955.

3. "Parking and Traffic Still Unaffected," *Los Angeles Times*, December 6, 1957.

4. "Parking Map of Downtown," *Los Angeles Times*, November 27, 1958.

5. Allison B. Cohen, "Buying into LA," *Los Angeles Times*, April 13 2003.

6. Joel Garreau, *Edge City* (New York: Anchor Books, 1991), 124.

7. Payton Chung，作者訪談，2020年1月23日。

8. Katelyn Stangl, "Parking? Lots! Parking over the Minimum in Los Angeles," UCLA Institute of Transportation Studies, June 2019, doi.org/doi:10.17610/T65P41.

9. U.S. Census Bureau and U.S. Department of Housing and Urban Development, "New Privately-Owned Housing Units Completed: Units in Buildings with 2–4 Units," FRED Economic Data, Federal Reserve Bank of St. Louis, fred.stlouisfed.org/series/COMPU24USA.

10. Mott Smith，作者訪談，2020年2月20日。

11. Donald Shoup, Introduction, in *Parking and the City*, 18.

12. Robert Venturi and Denise Scott Brown, "A Significance for A&P Parking Lots or Learning from Las Vegas," *Architectural Forum*, March 1968, 36–43,

usmodernist.org/AF/AF-1968-03.pdf.
13. Erin Edgemon, "First Look: Why the New 405 Colorado Tower Looks So Different," *Austin Business Journal*, July 13, 2020, bizjournals.com/austin/news/2020/07/13/first-look-austin-405-colorado-tower.html.
14. Stefanos Polyzoides, Roger Sherwood, and James Tice, *Courtyard Housing in Los Angeles: A Typological Analysis* (Berkeley: UC Press, 1982).
15. Steven A. Treffers, "The Embodiment of Speculation and Regulation: The Rise and Fall of the Dingbat Apartment," in *Dingbat 2.0: The Iconic Los Angeles Apartment as Projection of a Metropolis* (Los Angeles: Dopplehouse, 2016), 71–74.
16. Susan Orlean, *The Library Book* (New York: Simon & Schuster, 2018), 237.
17. Chase Scheinbaum, "L.A.'s Small Lot Homes: Destroying Low-Rent Housing, Restoring the American Dream, or Both?," KCET, February 9, 2015, kcet.org/agenda/las-small-lot-homes-destroying -low-rent-housing-restoring-the-american-dream-or-both.
18. Daniel Dunham，作者訪談，2020年3月11日。
19. Michael Cieply, "At the Movie Museum, Like the Rest of LA, It's All about the Parking," Deadline, October 7, 2021, deadline.com/2021/10/movie-museum-like-rest-of-la-about-parking-1234851165.
20. Marisa Gerber, "Want to Park in Koreatown? Get Ready for a Blood Sport," *Los Angeles Times*, May 28, 2019, latimes.com/local /lanow/la-me-ln-koreatown-parking-ktown-black-car-silver-car -20190528-story.html.
21. National Association of Home Builders, "Housing Opportunity Index," 4th Quarter 2019. (Los Angeles– Long Beach–Glendale ranks last of 238 American metros, with 11.3 per- cent of homes classified as "affordable" for the median income.)
22. Carol Schatz，作者訪談，2020年6月22日。
23. Izek Shomof，作者訪談，15, 2020年7月15日。
24. Robert A. Jones, "Once More with Enthusiasm," *Los Ange- les Times Magazine*, October 1999, 11–14.
25. Jones, "Once More with Enthusiasm."
26. Ed Leibowitz, "How Developer Tom Gilmore's Wild Idea Launched the

Downtown Loft Craze," *Los Angeles Magazine*, July 1, 2004, lamag.com/longform/how-developer-tom-gilmores-wild-idea-launched-the-downtown-loft-craze.

27. Frances Anderton, "Swank Plans in Skid Row Los Angeles," *New York Times*, January 25, 2001.
28. Leibowitz, "How Developer Tom Gilmore's Wild Idea Launched the Downtown Loft Craze."
29. Jones, "Once More with Enthusiasm."
30. Jones, "Once More with Enthusiasm."
31. "Tom Gilmore: A CSQ&A with the Downtown Developer," *C-Suite Quarterly*, March 31, 2015, csq.com/2015/03/tom-gilmore-a-csq-and-a-with-the-downtown-developer/#.Yb9mHi1h1hA.
32. Tom Gilmore，作者訪談，2020年10月15日。
33. Donald Shoup, *High Cost of Free Parking*, updated ed. (New York: Routledge, 2011), 160.
34. Downtown Center Business Improvement District, "Downtown Los Angeles Housing Information," 1st Quarter 2009, web.archive.org/web/20110719141954/downtownla.com/pdfs /econ_residential/1Q09HousingBook.pdf.
35. KGNOW, "The Woman That Revitalized Downtown Los Angeles, Carol Schatz Square Dedication 5.3.18," May 7, 2018, YouTube video, 19:14, youtube.com/watch?v=6WhseBANiys.

第十一章　舒普主義者進軍市政廳

1. Andres Duany et al., *Suburban Nation: The Rise of Sprawl and the Decline of the American Dream* (New York: Macmillan, 2010), 163.
2. Chrissy Mancini Nichols，作者訪談，2020年1月24日。
3. Chrissy Mancini Nichols，作者訪談，2020年2月27日。
4. Metropolitan Planning Council, "The City of Chicago's Proposed 2015 TOD Ordinance: Estimated Impacts on Devel- opment Area and Economic Benefits," July 2015, Chicago, Illinois, metroplanning.org/uploads/cms/documents/2015_tod_ordinance_impacts_mpc_analysis.pdf.

5. Borna Khoshand, "Parking Minimums Hold Developers Back: Examining the Impact of TOD Ordinances," Streetsblog Chicago, January 26, 2021, chi.streetsblog.org/2021/01/26/parking-minimums-are-holding-developers-back-examining-the-impact-of-chicagos -tod-ordinances.
6. Paul Sajovec，作者訪談，2020年10月13日。
7. Lindsay Bayley，作者訪談，2020年7月14日。
8. Jane Wilberding，作者訪談，2020年7月24日。
9. Joseph P. Schwieterman and Dana M. Caspall, T*he Politics of Place: A History of Zoning in Chicago* (Chicago: Lake Claremont Press, 2005), 62.
10. Joseph P. Schwieterman and Dana M. Caspall, *The Politics of Place: A History of Zoning in Chicago* (Chicago: Lake Claremont Press, 2005), 45.
11. *United States v. City of Parma*, 494 F. Supp. 1049 (N.D. Ohio 1980).
12. Amy Dain, "The State of Zoning for Multi-family Housing in Greater Boston," Massachusetts Smart Growth Alliance, June 2019, ma-smartgrowth.org/wp-content/uploads/2019/06/03 /FINAL_Multi-Family_Housing_Report.pdf.
13. Daniel Baldwin Hess and Jeffrey Rehler, "Minus Minimums: Development Response to the Removal of Minimum Parking Requirements in Buffalo (NY)," *Journal of the American Planning Association* 87, no. 3 (2021): 396–408, doi.org/10.1080/01944363.2020.1864225.
14. C. J. Gabbe, Gregory Pierce, and Gordon Clowers, "Parking Policy: The Effects of Residential Minimum Parking Requirements in Seattle," *Land Use Policy* 91 (February 2020): 104053, doi.org/10.1016/j.landusepol.2019.104053.
15. Michael Andersen, "Oregon Nears Green Light for Big Parking Reform," Sightline, May 21, 2022, sightline.org/2022/05/21/oregon-nears-green-light-for-big-parking-reform.
16. Kate Sweeney, "Atlanta Looks for Solutions to City's Parking Lot Deserts," WABE, May 26, 2016, wabe.org/atlanta-looks -solutions-city-s-parking-lot-deserts.
17. David Hyde, "Should Seattle Declare War on Parking to Fight Climate Change?," KUOW, January 18, 2018, kuow.org/stories/should-seattle-declare-war-parking-fight-climate -change.
18. Tony Jordan，作者訪談，2020年2月26日。

19. John Van Horn, "The Money Comes from Only One Place," *Parking Today*, January 19, 2021, parkingtoday.com /blog/2021/01/the-money-comes-from-only-one-place.
20. Donald Shoup, "On-Street Parking Management Versus Off-Street Parking Requirements," in *Parking and the City*, ed. Donald Shoup (New York: Routledge, 2018), 228.
21. Tony Jordan, "Parking over Pre-school," *The Parking Minute* (blog), June 1, 2021, theparkingminute.com /parking-over-preschool.
22. Cary Westerbeck，作者訪談，2020年2月22日。
23. Patrick Siegman, "Should Blind People in Berkeley Be Required to Buy Parking Spaces?," *Streetsblog Cal*, January 25, 2021, cal.streetsblog.org/2021/01/25/should-blind-people-in-berkeley-be-required-to-buy-parking-spaces.
24. Office of the Governor of California (@CAGovernor), "CA is making housing cheaper & easier to build by eliminating parking requirements for new housing near transit and daily destinations like jobs, grocery stores, & schools. Thanks to the work of @laurafriedman43, we're prioritizing people and the planet over cars." Twitter, 4:54 p.m. September 22, 2022. twitter.com/CAgovernor/status/1573098564976508928.
25. Jared Brey, "Why California's Parking Reform Matters for Housing and Climate," Governing, September 7, 2022, governing.com/community/why-californias-parking-reform-matters-for-housing -and-climate.

第十二章　市場現況：最低停車位設置要求取消，然後呢？

1. Martha Roskowski, "Ideas to Accelerate Parking Reform in the United States," *Institute for Transportation & Development Policy*, 2021.
2. Kyle Gebhart, "Parking Oversupply in East Harlem: Analysis of Parking Occupancy and Mode Usage at East River Plaza in New York City," paper presented at the 92nd Annual Meeting of the Transportation Research Board, Washington, DC, January 2013, trid.trb.org/view/1243080.
3. Jim O'Grady, "After Hundreds of Millions of Dollars of Public Subsidies, Barely Used Yankees Parking Garages Face Financial Collapse," WNYC, May 9, 2011, wnyc.org/story/285001-barely-used-yankees-parking-garages-face-

financial-collapse.

4. Gabriel Sandoval, "Yankee Stadium Parking Lot Woes Block Soccer Field Goal, Cost Taxpayers Millions," *The City*, December 7, 2020, thecity.nyc/2020/12/7/22159981/yankee-stadium-parking-lot-woes -block-soccer-field-goal.
5. Michael Neibauer, "DC Pays Off DC USA Garage 15 Years ahead of Schedule," *Washington Business Journal*, February 13, 2014, bizjournals.com/washington/breaking_ground/2014/02/dc-pays-off-dcusa-garage-15-years.html.
6. Roskowski, "Ideas to Accelerate Parking Reform."
7. Casey Rackham, "17 Jokes about Trader Joe's Parking Lots That You'll 100% Relate To," *BuzzFeed*, July 29, 2019, buzzfeed.com/caseyrackham/trader-joes-parking-lots.
8. Ellen Edmonds, "Sticker Shock: Owning a New Vehicle Costs Nearly $10,000 Annually," AAA Newsroom, August 19, 2021, newsroom.aaa.com/2021/08/sticker-shock-owning-a-new-vehicle-costs -nearly-10000-annually.
9. Ben Eisen and Adrienne Roberts, "The Seven- Year Auto Loan: America's Middle Class Can't Afford Its Cars," *Wall Street Journa*l, October 1, 2019, wsj.com/articles/the-seven-year-auto-loan-americas-middle-class-cant-afford-their-cars-11569941215.
10. Sarah Rabil, "Latta's Growing Pains," *Charlotte Observer*, July 26, 2006.
11. Clay Grubb，作者訪談，2020年7月20日。
12. Clay Grubb, "How to Save Renters $15 Million with One Easy Change," *Charlotte Observer*, September 14, 2018.
13. David Cunningham，作者訪談，2020年3月9日。
14. Rider Levett Bucknall, "Quarterly Construction Cost Report, Third Quarter (2012)," cited in Donald Shoup, "The High Cost of Minimum Parking Requirements," in *Parking: Issues and Policies,* ed. Corinne Mulley and Stephen Ison (Bingley, UK: Emerald, 2014), 92.
15. "Post-Car Real Estate Developer, Culdesac, Announces First Car-Free Neighborhood Built from Scratch in the U.S.," press release, November 19, 2019, businesswire.com/news/home /20191119005568/en.
16. Jeff Berens，作者訪談，2019年11月21日。
17. Adie Tomer, Joseph Kane, and Jennifer S. Vey, "Connecting People and Places:

Exploring New Measures of Travel Behavior," Brookings Institution, October 2020, brookings.edu/interactives/connecting-people-and-places-exploring-new-measures-of-travel-behavior.

18. 226 half a mile of a retail cluster: Andres Sevstuk, *Street Commerce: Creating Vibrant Urban Sidewalks* (Philadelphia: University of Pennsylvania Press, 2020), 23.

第十三章　美國人為何住進了車庫

1. Richard Fry, Jeffrey S. Passel, and D'Vera Cohn, "A Majority of Young Adults in the U.S. Live with Their Parents for the First Time since the Great Depression," Pew Research Center, September 4, 2020, pewresearch.org/fact-tank/2020/09/04/a-majority-of-young-adults-in-the-u-s-live-with-their-parents-for-the-first-time-since-the -great-depression.
2. Gustavo Arellano, "Save the Murals," *Los Angeles Times*, April 16, 2008.
3. José Trinidad Castañeda，作者訪談，2020年2月20日。
4. Thomas Pynchon, *The Crying of Lot 49* (New York: Harper Perennial, 2014), 14.
5. Dana Cuff，作者訪談，2020年1月31日。
6. Stephanie Chavez and James Quinn, "Substandard Housing: Garages: Immigrants In, Cars Out," Los Angeles Times, May 24, 1987.
7. Jared Brey, "Dana Cuff on Backyard Houses, an Architect's Role in Affordable Housing, and Spatial Justice in L.A.," *Next City*, October 8, 2019, nextcity.org/daily/entry/dana-cuff-on-backyard-houses-an-architects-role-in-affordable-housing.
8. Karen Chapple et al., "Reaching California's ADU Potential: Progress to Date and the Need for ADU Finance," Terner Center for Housing Innovation, UC Berkeley, August 2020, 8, ternercenter.berkeley.edu/wp-content/uploads/pdfs/Reaching_Californias_ADU_Potential_2020.pdf.
9. City of Los Angeles Department of City Planning, Housing Progress Report: July–September, 2018, accessed December 19, 2021, planning.lacity.org/odocument/7b7f2d26-d4a2-428b-8c19 -0e846fd443a4.
10. City of Los Angeles Department of City Planning, Housing Progress Report, October–December, 2018, planning.lacity.org /odocument/42cb2634-2885-

4c33-9ff4-31c8f33c34d1#:~:text=In%202018%2C%20the%20City%20of,projects%20that%20required %20planning%20approvals.

11. J. B. Jackson, "The Domestication of the Garage," *Places Journal*, February 2019, placesjournal.org/article/j-b-jackson-the-domestication-of-the-garage. Originally published in Landscape 20, no. 2 (1976).
12. Olivia Erlanger and Luis Ortega Govela, *Garage* (Cambridge, MA: MIT Press, 2018), 32.
13. Drummond Buckley, "A Garage in the House," in *The Car and the City: The Automobile, the Built Environment, and Daily Urban Life*, ed. Martin Wachs and Margaret Crawford (Ann Arbor: University of Michigan Press, 1992), 133.
14. Buckley, "A Garage in the House," 138.
15. Jackson, "Domestication of the Garage."
16. Buckley, "A Garage in the House," 126.
17. James Howard Kunstler, *The Geography of Nowhere: The Rise and Decline of America's Man-Made Landscape* (New York: Free Press, 1994), 151.
18. 引用自 Clay McShane, *Down the Asphalt Path: The Automobile and the American City* (New York: Columbia University Press, 1995), 145.
19. Buckley, "A Garage in the House," 127.
20. Buckley, "A Garage in the House," 129.
21. David Gebhard, "The Suburban House and the Automobile," in *The Car and the City,* 106–23.
22. Kunstler, *Geography of Nowhere,* 11.
23. Beth Bailey, From Front Porch to Back Seat: *Courtship in Twentieth-Century America* (Baltimore, MD: Johns Hop- kins University Press, 1989).
24. Jackson, "Domestication of the Garage."
25. Timothy Egan, "In Portland, Houses Are Friendly. Or Else," *New York Times*, April 20, 2000.
26. Sam Khater and Kristine Yao, "Granny Flats, Garage Apartments, In-Law Suites: Identifying Accessory Dwelling Units from Real Estate Listing Descriptions Using Text Mining," Freddie Mac, July 16, 2020, freddiemac.com/research/insight/20200716-identifying-accessory-dwelling-units-from-real-estate.

27. Magda Maaoui, "A Granny Flat of One's Own? The Households That Build Accessory-Dwelling Units in Seattle's King County," *Berkeley Planning Journal* 30, no. 1 (2018), dx.doi .org/10.5070/BP330137884.
28. Alysia Bennett, Dana Cuff, and Gus Wendel, "Backyard Housing Boom: New Markets for Affordable Housing and the Role of Digital Technology," *Technology | Architecture + Design 3*, no. 1 (2019): 76–88, doi.org/10.1080/24751448.2019.1571831.
29. V. Mukhija, "Outlaw In-Laws: Informal Second Units and the Stealth Reinvention of Single-Family Housing," in *The Informal American City: Beyond Taco Trucks and Day Lab*, ed. V. Mukhija and A. Loukaitou-Sideris (Cambridge, MA: MIT Press, 2014), 39–58.
30. Chavez and Quinn, "Substandard Housing."
31. Jaysha Patel, "Long Beach City College Creates Program That Will Let Homeless Students Sleep in Cars on Campus," ABC 7, November 4, 2021, abc7.com/long-beach-city-college-homeless-students-parking-pilot-program-sleeping-in-cars/11191128.
32. José Trinidad Castañeda,，作者訪談，2020年7月24日。

第十四章　打造「溝」中花園

1. Michael Stern, "Rival Ice Cream Vender Held in Mister Softee Holdup Case," *New York Times*, July 26, 1969.
2. Sabrina Tavernise and Howard O. Stier, "Ice Cream Truck Feud Leaves 2 Badly Hurt," *New York Times*, March 30, 2004, nytimes.com/2004/03/30/nyregion/ice-cream-truck-feud-leaves-2-badly-hurt.html.
3. Maria Campanella，作者訪談，2021年3月4日。
4. Andy Newman and Emily S. Rueb, "A Renegade Muscles In on Mister Softee's Turf," *New York Times*, May 30, 2016, nytimes.com/2016/05/31/nyregion/a-king-of-ice-cream-a-renegade-upstart-and -a-simmering-turf-war.html.
5. Summons, *City of New York v. Athanasios Fotinakopoulos et al.* (N.Y. Sup. Ct. 2019) (No. 450802/19), courthousenews.com/wp-content/uploads/2019/06/ice-cream-comp.pdf.
6. Jesus Sanchez, "King Taco Got Start in Old Ice Cream Van," *Los Angeles Times*, November 16, 1987, latimes.com/archives/la-xpm-1987-11-16-fi-14263-

story.html.

7. "Surely Chicago Has Bigger Things to Worry About Than a Cupcake Truck," *Washington Post*, August 14, 2019, washingtonpost.com/opinions/surely-chicago-has-bigger-things-to-worry-about-than-a-cupcake-truck/2019/08/14/1bc6d268-bde4-11e9-9b73-fd3c65ef8f9c_story.html?wpisrc=nl_ideas&wpmm=1.
8. Benjamin Schneider, "How Parking Day Went Global," *Bloomberg*, September 15, 2017, bloomberg.com/news/articles/2017-09-15/a-brief-history-of-parking-day?sref=C3P1bRLC.
9. Valeria Luiselli, Sidewalks (Minneapolis: Coffee House Press, 2014), 71.
10. Aaron Naparstek, "City Launches 'Public Plaza Initiative' at DUMBO Pocket Park," *Streetsblog NYC*, August 10, 2007, nyc.streetsblog .org/2007/08/10/city-launches-public-plaza-initiative-at-dumbo-pocket- park.
11. Janette Sadik-Khan and Seth Solomonow, *Streetfight: Handbook for an Urban Revolution* (New York: Penguin Books, 2016), 189.（《偉大城市的二次誕生》，2018年繁體中文版由臉譜出版。）
12. Sadik-Khan and Solomonow, *Streetfight*, 27.
13. New York City Department of Transportation, New York City Mobility Report, October, 2016, nyc.gov/html/dot/downloads/pdf/mobility-report-2016-screen-optimized.pdf.
14. Richard Rein, *American Urbanist: How William H. Whyte's Unconventional Wisdom Reshaped Public Life* (Washington, DC: Island Press, 2022), 189.
15. Sadik-Khan and Solomonow,《偉大城市的二次誕生》, 86.
16. Sadik-Khan and Solomonow,《偉大城市的二次誕生》, 95.
17. 參見 Courtland Milloy, "Bicyclist Bullies Try to Rule the Road in D.C.," *Washington Post,* July 8, 2014, washingtonpost.com/local/bicyclist-bullies-try-to-rule-the-road-in-dc/2014/07/08/f7843560-06e3-11e4-bbf1-cc51275e7f8f_story.html?itid=lk_inline_manual_2.
18. Anthony Weiner said in 2013: Andrew Kaczynski, "Anthony Weiner Pulls Out F-Bombs to Rip Bike Lanes," August 13, 2013, buzzfeednews.com/article/andrewkaczynski/anthony-weiner-pulls-out-f-bombs-to-rip-bike-lanes.
19. Andrea Bernstein, "Chriss Quinn: Don't Talk About Bike Lanes at Dinner

Parties," WNYC, January 11, 2013, wnyc.org/story/284074-chris-quinn-dont-talk-about-bike-lanes-at-dinner-parties.

20. Erik Wemple, "WSJ Editorializer: "The Bike Lobby Is an All-Powerful Enterprise," *Washington Post*, June 3, 2013, washingtonpost.com/blogs/erik-wemple/wp/2013/06/03/wsj-editorializer-the-bike-lobby-is-an-all-powerful-enterprise.
21. Citi Bike, "Ridership Records and Improving the Rider Experience," May 2021, ride.citibikenyc.com/blog/ridershiprecords.
22. How's My Driving NY (@HowsMyDrivingNY), "Known fines for #NY_86921ME: $127,055.00 | Fined $22,020.00 | Reduced $86,610.00 | Paid $18,425.00 | Outstanding," Twitter, September 24, 2019, 11:20 a.m., twitter.com/HowsMyDrivingN Y/status/1176562123117404162.
23. USPS Help (@USPSHelp),「我從當地郵局聽到的消息是：曼哈頓的停車位極少。如果我們的宅配員要找到不會干擾自行車專用道的時間，那我們永遠無法及時與有效率地送信。^ARL，」Twitter, March 8, 2018, 1:12 p.m., twitter.com /USPSHelp/status/971856288689766400.
24. Matthew Haag and Winnie Hu, "1.5 Million Packages a Day: The Internet Brings Chaos to N.Y. Streets," *New York Time*s, October 27, 2019.
25. Ryland Lu, "Pushed from the Curb: Optimizing Curb Space for Use by Ride-Sourcing Vehicles," paper presented at the 98th Annual Meeting of the Transportation Research Board, Washing- ton, DC, January 2019, trid.trb.org/view/1573377.
26. Eric Jaffe, "Delivery Vehicles Waste a Lot of Time Searching for Parking. Cities Can Fix That," *City Monitor*, August 19, 2020, web.archive.org/web/20201104232030/citymonitor.ai/transport/delivery-vehicles-parking-traffic-loading-zone-study-5231.
27. Howard Yaruss，與作者電子郵件通信，2020年12月23日。
28. Howard Yaruss，作者訪談，2021年1月14日。
29. Public meetings of the New York City Community Board 7 Transportation Committee, October–December, 2019.
30. Public meetings of the New York City Community Board.
31. Public meetings of the New York City Community Board.

第十五章　新世界

1. Casey Cep, "How a Megachurch Adapted to Social Distancing," *New Yorker*, April 18, 2020, newyorker.com/culture/photo-booth/honk-twice-for-hallelujah-what-church -looks-like-in-the-parking-lot.
2. Jessica Farrish, "From Church Pews to the Parking Lot," *Register-Herald*, April 18, 2020, register-herald.com/health/from-church-pews-to-the-parking-lot/article_feb93218-5214 -5a8f-9e22-c31b3121c1ca.html.
3. Kevin Cole, "Car-Horn Hallelujahs 'Broke Sa- tan's Eardrums' at King of Kings Parking Lot Easter Service," Omaha World-Herald, April 12, 2020, omaha.com/news/local/car-horn-hallelujahs-broke-satans-eardrums-at-king-of-kings-parking-lot-easter-service/article_6e14f2f0-ab45-516c-901a-983d0d1f44b7.html.
4. "L.A. Designates Open-Air Dining Areas along 101 Freeway Median," *Onion*, July 28, 2020, theonion.com/l-a-designates -open-air-dining-areas-along-101-freeway-1844531667.
5. Laura Bliss, "Where Covid's Car-Free Streets Boosted Business," *Bloomberg*, May 11, 2021, bloomberg.com/news/articles /2021-05-11/the-business-case-for-car-free-streets.
6. The Brian Lehrer Show, "Mayoral Campaign Update; Vaccine Volunteers; Long Island Police Hiring Practices Under Scrutiny; Ask the Mayor," aired May 28, 2021, WNYC, wnyc .org/story/the-brian-lehrer-show-2021-05-28.
7. David Meyer and Kevin Sheehan, "NYC Gave Up 8,550 Parking Spots for al Fresco Dining amid COVID," *New York Post,* May 23, 2021, nypost.com/2021/05/23/nyc-gave-up-8550-parking-spots-for-outdoor-dining-amid-covid.
8. Steven Nessen (@s_nessen), "Mayoral forum discusses@ShabazzStuart 'the gentleman' as Eric Adams calls him, says his bike parking system Oonee is 'amazing' should be 'throughout the en- tire city and we should expand it . . . Love the idea,'" Twitter, March 2, 2021, 4:54 p.m., twitter.com/s_nessen/status/1366552386521731072.
9. Gersh Kuntzman, "EXCLU- SIVE: City Takes Major Steps to Get Garbage Off the Sidewalk," Streetsblog NYC, March 11, 2021, nyc.streetsblog.org/2020/03/11/exclusive-city-takes -major-steps-to-get-garbage-off-the-

sidewalk.
10. Eve Kessler, "DECISION 2021: The Next Mayor Will Monetize Free Parking," *Streetsblog NYC*, December 15, 2020, nyc.streetsblog.org/2020/12/15/decision-2021-the-next-mayor-will -monetize-free-parking.
11. Dave Colon, "Manhattan BP Candidate Seeks to Curb Sidewalk Package Warehousing Issue," *Streetsblog NYC*, April 13, 2021, nyc.streetsblog.org/2021/04/13/manhattan-bp-candi date-seeks-to-curb-sidewalk-package-warehousing-issue.
12. Transportation Alternatives, "NYC 25x25: A Challenge to New York City's Leaders to Give Streets Back to People," 2021, nyc25x25.org.
13. Zhan Guo and Shuai Ren, "From Minimum to Maximum: The Impact of Parking Standard Reform on Residential Parking Sup- ply in London from 2004–2010," *Urban Studies* 50, no. 6 (2013): 1183–200.
14. Athlyn Cathcart-Keays, "Oslo's Car Ban Sounded Simple Enough. Then the Backlash Began," *Guardian*, June 13, 2017, theguardian.com/cities/2017/jun/13/oslo-ban-cars-backlash-parking.
15. Christophe Najdovski，作者訪談，2020年1月8日。

結論

1. Anna Wiener, "Our Ghost-Kitchen Future," *New Yorker*, June 28, 2020, newyorker.com/news/letter-from-silicon-valley/our -ghost-kitchen-future.
2. John Van Horn, "Suddenly We Have a Unicorn—Now What?," *Parking Today*, December 12, 2018, parkingtoday.com/blog/2018 /12/suddenly-we-have-a-unicorn-now-what.
3. Greg Anderson，作者訪談，2020年8月13日。